DANS

MILLE ANS

CORBEIL. — IMPRIMERIE B. RENAUDET.

DANS MILLE ANS

PAR

E. CALVET

140 ILLUSTRATIONS PAR V. NEHLIG

PARIS
LIBRAIRIE CH. DELAGRAVE
15, RUE SOUFFLOT, 15

LE SECRET DU DOCTEUR ANTIUS

CHAPITRE PREMIER

UN SAVANT DANS L'EMBARRAS

Le 14 juin 1880, le physicien J.-B. Terrier, dont les travaux ont jeté tant de lumière sur la théorie mécanique de la chaleur, paraissait en proie à une agitation que trahissait le désordre de sa démarche, habituellement calme, lente et mesurée.

Le savant parcourait dans tous les sens son vaste laboratoire et s'arrêtait parfois brusquement, en jetant de longs regards sur une feuille de papier qu'il tenait à la main.

« Singulière dépêche ! dit-il tout à coup, à voix basse, elle ne porte à son texte que ces trois mots : *Grande découverte, venez;* mais elle n'en constitue pas moins une énigme sur laquelle je ne puis asseoir aucune hypothèse raisonnable. La conquête doit être importante, car Antius, aussi sévère pour lui-même que pour les autres, ne joue de l'épithète qu'avec discernement. »

Et le professeur se perdit de nouveau dans les conjectures.

« Rastoin, dit-il à son préparateur, quelle heure avez-vous ?

— Quatre heures dix-sept, Monsieur, » répondit le jeune homme, qui avait tiré de sa poche une montre d'argent large comme une terrine, et avait constaté avec effroi que sa première heure de liberté était déjà fortement entamée.

Le professeur, après un moment d'hésitation, se dirigea vers la porte, enleva son chapeau, qui coiffait un galvanomètre, l'enfonça jusqu'aux oreilles et, repoussant sa canne, prit, malgré un ciel éclatant et trente degrés de chaleur, un vaste parapluie digne de figurer dans un phalanstère. Il s'arrêta encore en levant les yeux vers le plafond, puis descendit dans la rue.

Il n'avait pas fait dix pas, que Rastoin, la clef en poche, s'élançait légèrement en sens inverse, en s'écriant :

« Dieu merci, j'ai encore le temps de tirer une coupe aux bains Henri IV ! »

Malgré les préoccupations qui agitaient son esprit, le physicien avait pris ce pas calme et mesuré qui est l'indice le plus apparent de la dignité professorale. Il suivit avec sagacité le côté de la rue qui n'était pas exposé aux rayons ardents du soleil et se dégagea sans hésitation de ce labyrinthe de ruelles bizarrement contournées, qui sillonnent en caractères chinois l'espace compris entre le quai des Grands-Augustins et le boulevard Saint-Germain.

Il remonta lentement le boulevard Saint-Michel et pénétra dans le jardin du Luxembourg qu'il se disposait à traverser en ligne droite, lorsque, surpris par les éclats d'une fanfare militaire qui se trouvait sur son chemin le plus direct, il opéra brusquement un quart de conversion. Cette manœuvre, provoquée par l'horreur instinctive que le savant éprouvait pour toute espèce de bruit, le conduisit dans l'allée de l'Observatoire, qu'il coupa obliquement pour s'engager à travers les chaussées désertes, qui, à cette époque, dominaient les fondrières de l'ancien jardin botanique.

Cinq minutes plus tard, il entra d'un pas délibéré dans la rue Carnot. Arrivé au bout de cette voie, qui a l'aspect trompeur d'une impasse, il tourna à droite et suivit pendant quelque temps le trottoir peu fréquenté de la rue Notre-Dame des Champs.

Enfin, il s'arrêta devant une porte qui partageait symétriquement un vieux mur couvert de mousse et dominé par deux peupliers vigoureux, plantés en arrière comme des sentinelles.

Le professeur tira énergiquement un bouton de cuivre rouillé, qui ne quitta son fourreau qu'avec un grincement de colère.

Deux minutes plus tard, un pas lourd et pressé fit crier le sable du jardin, et la porte s'entr'ouvrit lentement.

Terrier aperçut devant lui une vieille femme, qui le salua de la tête, en mettant l'index en travers de la bouche, signe familier qui annonce toujours un mystère. En outre, contrairement à cet usage pratiqué dans les cinq parties du monde qui consiste à introduire le visiteur, la personne qui venait d'entre-bâiller la porte se glissa entre le mur et le battant et sortit dans la rue.

La vieille dame qui venait de se livrer à cette manœuvre singulière, était connue sous le nom de madame Boquet, et dirigeait depuis vingt ans la maison du docteur Antius, la gloire et la providence du quartier.

Dans un rayon de trois cents mètres, il était admis comme une vérité indiscutable qu'elle possédait au suprême degré l'ordre, l'esprit de direction et l'entente supérieure de la cuisine, qualités qui, de l'aveu de tous les célibataires, constituent les trois vertus théologales de la gouvernante.

Le jour où commence cette histoire, le physicien put constater au premier coup d'œil que de graves perturbations avaient dû compromettre le calme et la tranquillité de la maison du docteur.

Madame Boquet, qui paraissait fort animée, débita en effet, *ex abrupto*, le discours suivant :

« C'est le ciel qui vous envoie, Monsieur le professeur. Pour moi, je sens

que ma pauvre tête se perd. Je crois bien, voyez-vous, que le diable hante
maison. Figurez-vous que Monsieur n'est plus reconnaissable. Dep
quelque temps, il s'enferme toute la journée et ne veut recevoir personne.

Enfin il s'arrêta devant une porte.

nuit, il se lève et descend au jardin, où il se promène lentement pen
deux ou trois heures, en parlant tout haut. Il mange à peine et d'
manière distraite. Il y a là-dessous quelque grand malheur qui nous men
je vous assure..... »

Cet exorde de la gouvernante causa quelque inquiétude au physicien.

« A quelle époque, madame Boquet, a commencé ce désordre, qui, eu égard à l'existence chronométrique de mon vieil ami, me surprend autant que vous ? demanda-t-il.

— Cela a commencé la semaine dernière, le jeudi soir. A deux heures, monsieur partait pour l'Académie. A six heures, il n'était pas encore rentré. Pour la première fois de sa vie, il était en retard. La colère commençait à me gagner, lorsque monsieur ouvrit la porte et s'avança lentement dans l'allée, les yeux fixés à terre.

« Il monta dans sa chambre sans rien dire et redescendit en paletot et sans cravate. Il se mit à faire le tour du jardin. J'allai le prévenir que la table était servie.

« — Il s'agit bien de dîner, dit-il brusquement.

« Et il poursuivit sa promenade.

« Je n'avais jamais entendu rien de pareil.

« Je l'arrêtai encore en me plaçant devant lui et lui criai qu'il était sept heures.

« Il me suivit avec mauvaise humeur et vint s'asseoir à table, mais comme un homme qui n'a pas sa tête.

« Lundi, M. Gédéon, son propre neveu, est venu le voir. Il a voulu entrer dans le cabinet ; mais monsieur s'est mis dans une grande colère et l'a renvoyé.

« Pour combattre ce mal mystérieux, j'ai tout tenté. J'ai préparé les plats les plus rares, peine perdue. J'ai fait huit sortes d'infusions, monsieur n'y touchait pas. Enfin, avant-hier, je suis allée consulter la vieille somnambule de la rue Stanislas, qui est capable de tout deviner.

— Eh bien ? interrogea le savant avec curiosité.

— Elle m'a assuré que monsieur était ensorcelé et que, dès qu'il ne le serait plus, il irait beaucoup mieux.

— Le sujet est plus remarquable par sa logique que par sa lucidité, dit le professeur.

— Ce matin, poursuivit la gouvernante, j'ai eu un peu d'espoir. Monsieur, en quittant la table, m'a dit :

« — Madeleine, est-ce que Gédéon n'est pas venu ici l'autre jour ?

« — Si, Monsieur ; mais vous l'avez renvoyé, et, en partant, le jeune homme était furieux.

« — Bien. Aujourd'hui, passe chez lui, et dis-lui de venir dîner. Porte en même temps cette dépêche au télégraphe, c'est pour mon ami M. Terrier ; j'ai des choses importantes à lui dire. Nous dînerons ici tous les trois. Que le festin soit magnifique !

» Jugez de mon étonnement ; monsieur parlait comme vous et moi. Mais, hélas ! cela n'a pas duré. A peine monsieur avait-il terminé ses recommandations, qu'il est rentré dans son laboratoire, d'où il n'est pas encore sorti. »

CHAPITRE II

LE NEVEU D'ANTIUS

Sur la fin de cette narration pittoresque, les deux interlocuteurs avaient pénétré dans le jardin et s'avançaient vers la maison.

Tout à coup, la cloche de la porte d'entrée se mit à battre un carillon formidable.

« Qui peut sonner d'une manière aussi sauvage? » cria la vieille dame avec colère.

Soudain le bruit cessa, et un air de chasse, habilement imité et jeté à pleins poumons, retentit dans les airs.

« C'est M. Gédéon, dit la gouvernante : j'aurais dû m'en douter. Ce jeune homme me fera mourir dix ans plus tôt, » ajouta-t-elle, en se dirigeant vers la porte, non sans ruminer quelque verte apostrophe à l'adresse du sonneur facétieux.

Mais celui-ci parut tout à coup à califourchon sur le mur, sauta dans les plates-bandes avec l'agilité d'un chat et courut vers la vieille femme, qu'il prit par le cou.

« Bonjour, femme Boquet, dit-il. Mais quel revirement s'est opéré dans la cervelle de mon oncle? L'autre jour, il me met à la porte, fort impoliment, et aujourd'hui il m'invite à dîner. »

Et, apercevant à dix pas le professeur immobile, il vint respectueusement le saluer, pendant que la gouvernante retournait à ses fourneaux.

« Vous êtes sans doute du festin, mon ex- et excellent maître, dit le jeune homme. Votre présence en ces lieux ne me surprend guère, car vous êtes un commensal habituel de la maison. Quant à moi, je dirai volontiers comme le doge de Gênes à Louis XIV : « Ce qui m'étonne le plus ici, c'est de m'y « voir. »

« Il y a quatre jours, en effet, j'étais venu présenter à mon oncle une requête des plus légitimes.

« Il se tenait dans son cabinet, dont la porte était fermée à triple tour, particularité qui me fit concevoir sur-le-champ de sinistres présages. Je frappe.

« — Qui est-là? fit-il.

« — Moi.

« — Qui êtes-vous ?

« Stupéfaction sur toute la ligne. Il n'avait pas reconnu mon organe sonore.

« — Est-ce qu'il serait fou ? pensai-je avec effroi.

« Je repris :

« — Je suis en personne Achille-Gédéon Cahusac, votre neveu, fils légitime de feu Pierre-André Cahusac et de feu Julie-Antoinette Antius, votre sœur. Je suis en outre bachelier ès lettres, vacciné.....

« — Tu reviendras plus tard.

« — Mon cher oncle, l'affaire est grave, et je ne puis attendre.

« — Parle, mais sois bref.

« — Voici la chose en deux mots. Figurez-vous que j'ai pour ami un étudiant en médecine qui s'appelle Jacques Collardon. Hier, nous passions sur le quai, quand il aperçoit dans la boîte d'un bouquiniste une superbe édition des œuvres de Bichat, cotée trente-cinq francs. « Nous l'aurons pour « trente, » dit-il, et, en effet, après un court débat, le marchand cède sur ce point. Collardon fait ficeler les livres, se fouille et s'écrie : « Tiens, voilà « que j'avais oublié que ce matin j'ai donné un acompte à mon tailleur. « Gardez-moi le paquet jusqu'à la fin du mois, je reviendrai le prendre contre « espèces sonnantes. » Le marchand se récrie. Moi, toujours soucieux des intérêts de la science, je tire mes derniers trente francs et je les avance à mon ami. Vous concevez dans quel embarras.....

« — Me prends-tu pour un imbécile? cria mon oncle. Tes ficelles deviennent de plus en plus grossières, mon garçon.

« La mèche était éventée.

« Il est vrai que je n'avais pas été très fort. La fiction me servant assez mal, j'eus recours à la sincérité.

« — Vous êtes barbare, mon oncle, poursuivis-je ; mais plaçons la question sur son véritable terrain. Croyez-vous, oui ou non, que j'aie besoin d'argent ?

« — Pour cela, oui.

« — Eh bien, puisque vous possédez les deux beaux titres de tuteur et de banquier, aurez-vous la cruauté de me refuser une petite avance de trois louis sur le mois prochain? Je vous promets de dépouiller le vieil homme.

« — Oui, je le connais, le vieil homme que tu veux dépouiller. Tu n'auras pas un liard. Au reste, je suis bien bon de t'écouter si longtemps.

« — Voyons, continuai-je avec douceur, comme la bonne harmonie résulte de concessions réciproques, partageons le différend ; trente francs peuvent me sauver du gouffre.

« — Va-t'en au diable ! cria cet homme sans entrailles.

« Et il s'éloigna brusquement.

« Sachant que rien ne le ferait sortir de son antre, je tournai les talons à mon tour, la tête en proie à toutes les combinaisons de haut calcul capables de résoudre le terrible problème contre lequel je venais de me casser le nez.

« Aujourd'hui, je n'ai pas été médiocrement surpris de l'arrivée de madame Boquet, qui, sans autre préambule, m'apportait une invitation à dîner.

— De mon côté, mon cher ami, dit le professeur, j'ai été spécialement invité par dépêche. Antius m'annonce qu'il a fait une grande découverte, et il faut que la chose soit importante, car chez lui l'enthousiasme est assez mesuré. Il a voulu aussi sans doute te faire part de son invention, en ta qualité de pupille et d'héritier présomptif. Il est même vraisemblable qu'il sera aujourd'hui vis-à-vis de toi dans de meilleures dispositions.

— Parbleu, maître, vous m'ouvrez d'heureux horizons, non pas quant à la cause directe de mon invitation, si toutefois vos prévisions sont justes, car elle me laisse froid, les découvertes scientifiques n'intéressant guère un profane. La question importante pour moi est l'adoucissement probable de mon oncle à mon égard, et sur ce point je suis de votre avis. Le brave homme aura réfléchi, et, honteux de l'atrocité de sa conduite à mon endroit..... »

La phrase de l'optimiste fut coupée par l'appel de la gouvernante, qui, du seuil de la porte, cria aux deux interlocuteurs :

« Monsieur vient de sortir de son laboratoire, et la table est servie. »

Le professeur et Gédéon se dirigèrent vers la maison, qui disparaissait à moitié dans un luxueux encadrement de fleurs et de plantes grimpantes.

Ils n'avaient pas fait vingt pas qu'un petit homme, portant gaillardement la soixantaine, descendait d'un pas rapide les cinq marches du perron qui ornait la porte centrale. Tout son être paraissait le siège d'une activité intense. En quatre pas, le docteur fut près de ses invités, et, saisissant la main du physicien :

« Bonjour, Terrier, fit-il. Je suis fort aise de vous voir, car j'ai décidé qu'en égard à notre vieille amitié, et surtout à votre très haute compétence, vous seriez le premier..... Mais procédons par ordre. Je vous dirai d'abord que je suis réellement accablé. Pendant dix jours, mon cerveau a été en proie à une ébullition soutenue. J'aurais dû certainement y mettre plus de modération, car Ésope a eu raison en affirmant qu'il ne faut pas que l'arc soit toujours tendu. Mais l'idée me poursuivait, fixe, tenace, absolue. Enfin, hier, j'avais déjà l'espérance, cette nuit j'ai conquis la certitude. Mais quel est donc le quantième du mois ?

— Samedi, 14 juin, d'après l'almanach, répondit Gédéon, qui n'avait encore soufflé mot. Il est vrai qu'on dit : Menteur comme un almanach, ajouta-t-il d'une manière sentencieuse.

— Ah ! fort bien. En t'apercevant tout à l'heure, je me demandais : Quelle cause particulière peut amener ici mon neveu, dont je ne reçois habituellement la visite que le dernier jour du mois ? Serait-ce aujourd'hui le trente ?

— Voyons, mon oncle, je n'ai ni la prétention ni surtout l'envie de faire des découvertes scientifiques ; mais, malgré cela, ou peut-être à cause de cela, comme rien ne la trouble, ma tête est en parfait équilibre, et je me rappelle sûrement qu'aujourd'hui, à une heure, madame Boquet est venue de votre part à mon logis m'apporter une invitation à dîner.

— Après tout, c'est bien possible, dit Antius. Je crois que, dans mon expansion, j'aurais invité l'univers entier.

— Je vous remercie alors de la préférence.

Bonjour, Terrier, fit le professeur.

— Ah! diable, fit le docteur, jeudi dernier je devais présider à la Société de biologie. Au fait, un autre vice-président m'aura remplacé, et je dois déclarer que tous s'en tirent fort bien, surtout Mirbel, malgré son absurde théorie sur les pôles nerveux. Mais voilà notre cuisinière qui semble en fureur et fait mine de se diriger vers nous. Pour éviter la bourrasque, gagnons la salle à manger. »

CHAPITRE III

COUP D'OEIL RÉTROSPECTIF SUR LES TROIS HÉROS DE CETTE HISTOIRE

Les convives se dirigèrent vers la maison et pénétrèrent dans une salle assez vaste, très confortablement meublée.

De grands rideaux de velours vert, tombant jusqu'à terre, réglaient l'entrée du jour. Un amas de vaisselle plate, de cristaux et de faïence polychrome, très habilement groupé derrière les glaces d'un immense bahut en chêne sculpté, jetait un éclat resplendissant. Quatre tableaux très honorablement signés, et représentant les trésors gastronomiques que la nature enfante aux quatre saisons, ornaient la muraille. Sur la cheminée, au-dessus d'un socle en marbre noir, un énorme buste d'Hippocrate en bronze florentin paraissait avoir été fixé à cette place d'honneur pour surveiller les savants repas que donnait périodiquement Antius. Enfin, au milieu de la salle, une épaisse table elliptique, soutenue par un énorme pied sculpté présentait un spectacle enchanteur.

Devant chaque couvert, un groupe de verres de cristal de diverses grandeurs était rangé en bataille ; sur les côtés, deux fortes bouteilles, poudreuses, ventrues et solidement coiffées de rouge, semblaient deux dragons chargés de veiller sur une magnifique soupière d'argent, assise au centre de la table et qui, malgré son épais couvercle, projetait de vigoureux filets de vapeur odorante.

Les trois hommes prirent place.

Nous allons profiter du silence relatif qui règne à la table du docteur, pour esquisser d'un trait rapide et fidèle le portrait des trois personnages qui occupent le rôle le plus important dans cette histoire.

Le docteur Antius était un petit homme de soixante ans, replet, actif, infatigable ; la figure, toujours animée, toujours en mouvement, était éclairée par deux yeux clairs, vifs et doués d'une rare puissance de pénétration.

A peine sorti des bancs de la Faculté, on avait signalé ses savantes recherches sur les alcaloïdes. Quatre ans après, à la suite d'un brillant concours, il comptait parmi les agrégés de l'École et professait avec éclat la chimie organique. Riche, il s'était spécialement adonné à la science pure. Néanmoins, la rumeur publique l'accusait de connaître le chemin de toutes les mansardes des environs, d'oublier fréquemment sa bourse sur le lit du malade et de s'emporter au premier mot de reconnaissance.

Aussi ce bourru bienfaisant était-il l'objet de la sympathie générale. Lorsqu'il sortait de sa maison, tous les fronts, sur une ligne de trois cents mètres, se découvraient devant lui.

Le cabinet de chimie et de physiologie qu'il avait construit à grands frais, dans un pavillon isolé au fond de son jardin, aurait honoré une Faculté, tant par l'abondance que par le choix des matières et des instruments. Depuis longtemps, il se livrait à l'étude approfondie des centres nerveux, et ses travaux remarquables lui avaient conquis une grande réputation dans le monde savant. Aucun anatomiste n'avait fouillé le cerveau avec autant d'habileté, de patience et d'intérêt.

Plusieurs fois, ses collègues, en le citant dans leurs rapports, n'avaient pas craint d'ajouter à son nom l'épithète d'*éminent* pendant que quelques-uns, il est vrai, discutaient avec passion ses théories. Il faut ajouter que peu d'adversaires osaient l'attaquer directement avec la parole, car la contradiction le faisait éclater et provoquait une explosion de boutades comiques, dont quelques-unes étaient légendaires dans le monde académique.

L'aphorisme qui prétend que les extrêmes s'attirent, semblait particulièrement vérifié par l'amitié qui unissait depuis trente ans le médecin et le professeur Terrier. Ce dernier, en effet, était essentiellement calme, grave, ponctuel et mesuré.

D'un tempérament impassible, il n'aurait pas été plus ému au milieu d'un cataclysme qu'en présence d'une simple expérience d'hydrostatique.

Ses élèves n'appréciaient pas moins l'honorabilité de son caractère que la profondeur de ses connaissances.

Plus d'un, sans ressources, avait pu poursuivre ses études transcendantes, grâce à l'appui du maître, qui, dans ces circonstances, avec une simplicité antique, pratiquait de formidables brèches dans l'édifice modeste de ses économies.

Gédéon Cahusac, le troisième convive, était un assez fort gaillard de vingt-quatre ans, à la mine éveillée. Il pouvait hardiment revendiquer partout le titre de gai compagnon, et c'était du reste pour le moment sa seule ambition en ce monde.

A l'âge de vingt ans, après trois assauts successifs, il avait décroché les palmes du baccalauréat ès lettres, et il crut avoir suffisamment mérité de la patrie. A quinze ans, il avait perdu son père, très honorable juge de paix en retraite.

Quand il eut atteint sa majorité, sa mère le mit en possession de l'héritage paternel; mais le nouveau capitaliste trouva sur son chemin tant de dérivatifs qu'au bout de deux ans son notaire dut le prévenir que, désormais, il allait s'attaquer à l'arrière-garde.

Ce jour-là, M° Desiflard avait fait appeler son client et lui avait tenu ce sage discours :

« Mon cher Gédéon, en examinant vos comptes, j'ai été épouvanté. Je fus l'ami de votre père, vous le savez. Je vous dois donc quelques conseils. J'avouerai d'abord que, dans votre cas, il y a un peu de ma faute, car j'aurais dû vous surveiller plus étroitement. Mais qui aurait pu supposer que vous vous comporteriez d'une manière aussi folle ? Sans que nous nous en soyons aperçus l'un et l'autre, vous êtes arrivé à deux pas de la ruine. Croyez-moi, ménagez la dernière épave.

« Convertissez en rentes les quinze mille francs qui vous restent, et allez habiter avec madame votre mère, qui vous recevra, j'en suis sûr, à bras ouverts. »

Gédéon, qui n'était pas un sot, comprit la justesse du conseil, remercia le notaire et le pria de lui prendre pour sept cent cinquante francs de rente.

« Voilà que, au moment où je suis ruiné, je deviens rentier, » dit-il simplement.

Tranquillisé sur ce point, il donna congé de son entresol, et, l'esprit et le cœur remplis des plus magnifiques intentions, il pria encore M° Desiflard d'aller demander pour lui à sa mère le vivre et le couvert.

La bonne dame pleura de joie en apprenant que son fils voulait désormais se conduire sagement ; elle lui prépara la plus belle pièce du logis. Elle agrandit même son appartement en louant une vaste pièce qui avait servi d'atelier de peinture ; l'enfant prodigue put donc remiser son musée, composé de : sabres, fleurets, masques, gants, cannes, trompes, fusils, poignards, couteaux, arcs, flèches, massues, filets, avirons, hamac, pipes, etc.

Gédéon eut dès lors une existence relativement tranquille. Au bout d'un an, son imagination, ses fantaisies et ses habitudes semblaient régulièrement canalisées, lorsque, malgré les soins de son oncle, assisté de ses plus illustres collègues, madame Cahusac fut emportée par une rapide maladie.

Mais, la prévoyante mère, avec cette sûreté et cette puissance de prévision qui animent parfois les mourants, prenant les mains de son fils, lui dit en présence de son frère :

« Mon enfant, je suis condamnée ; on me le cache, mais je le sens. Le moment est suprême ; écoute-moi bien. Tu as déjà dépensé une petite fortune, j'en ai gémi, mais je ne t'ai jamais adressé de reproches, et c'est peut-être un tort. Tu vas être en possession de ce qui nous reste. Tout est converti en rentes sur l'État. Confie les titres à ton oncle, et chaque mois il te donnera régulièrement ta pension. Elle suffira pour te faire vivre honorablement, si tu as un peu d'ordre. Et puis, mon enfant, songe à une profession pour l'avenir.

« Maintenant je mourrai sans regrets, si tu me promets de suivre mes conseils. »

Gédéon, les larmes aux yeux, jura solennellement à sa mère qu'il obéirait à ses dernières volontés, et le docteur, non moins ému, prit l'engagement formel de maintenir son neveu dans la bonne voie.

Quelques heures après, madame Cahusac avait rendu le dernier soupir.

Un mois après, Gédéon donna congé de l'appartement, ne conservant que l'atelier, auquel il annexa deux pièces où il fit disposer tous les meubles de la famille.

Le docteur, réservant strictement le prix du loyer, qui eût été fort exposé, commença à lui servir sa pension mensuelle de deux cent cinquante francs. Le jeune homme eut d'abord plusieurs accès de réflexions sérieuses et envisagea successivement toutes les professions auxquelles il pouvait prétendre ; mais chacune lui présentait des cas rédhibitoires. Au fait, j'ai le temps, se dit-il ; ne nous pressons pas. Un sage assure que, dans les questions graves, il faut longuement réfléchir. Un classique a formulé le *festina lente* ; j'ai donc le droit de m'abriter derrière ces autorités, si jamais on me persécute sur ce sujet. Après tout, je suis assez fidèle à mon serment de ne pas rester inactif. Hier encore, j'ai remonté mon canot d'Asnières à la Râpée, et je ne crois pas qu'il y ait beaucoup de terrassiers qui aient fourni autant de travail. Avant-hier, j'ai fait tout l'après-midi assaut de canne chez Lecour, et, en sortant de là, je pouvais certainement m'écrier comme Titus : « Je n'ai pas perdu ma journée. »

Nous devons ajouter qu'à une époque récente il s'était pris d'une belle passion pour la peinture et avait tenté à plusieurs reprises de développer un talent encore à l'état rudimentaire ; mais son art ne s'était encore traduit que par la composition d'une fresque de fantaisie, appliquée subrepticement sur un mur blanchi à la chaux, et dont les tons incendiaires faisaient rugir tous les rapins du voisinage.

En outre, il sacrifiait volontiers à Euterpe, en fréquentant une classe de trompe, qui fonctionnait dans le deuxième sous-sol d'un café du boulevard Saint-Michel. Enfin, grâce à des dispositions spéciales, il était arrivé à imiter dans la perfection tous les comiques de la capitale.

Cette existence fantaisiste n'était pas la véritable solution de la vie à bon marché ; aussi, dès le milieu du mois, Gédéon était-il généralement attelé, pour une bonne quinzaine, à la queue de Lucifer.

Il avait même devancé cette époque fatale, le jour où nous l'avons vu essuyer un échec contre le blocus inflexible du docteur.

CHAPITRE IV

INTER POCULA

En ce moment, Gédéon ne semblait préoccupé ni de sa situation ni de son avenir, car depuis cinq minutes, en homme qui ne veut laisser rien perdre, il s'escrimait contre la partie calcaire d'une formidable patte de homard.

« Je crois, fit-il tout à coup, en relevant la tête, qu'un homme condamné à ne manger que des pattes de crustacé garnirait peu son estomac, mais en revanche userait terriblement ses mâchoires. »

Le docteur, qui venait d'enfoncer un large couteau à manche d'argent dans un pâté de Nérac, opina silencieusement du bonnet.

« Madeleine, s'écria-t-il un moment après, je vois les truffes, mais je n'aperçois pas le bordeaux. »

La servante, sans dire un mot, saisit sur le buffet une bouteille de haute marque, fit sauter le bouchon d'un tour de main et remplit les verres du deuxième calibre.

Les merveilles enfantées par madame Boquet se succédaient avec une sage lenteur devant les commensaux, qui pendant quelque temps continuèrent à officier avec activité. Le silence n'était interrompu que par les saillies comiques du jeune homme. Contre son habitude, le docteur restait muet et dirigeait machinalement le festin. Sa pensée était évidemment étrangère à tout ce qui se passait autour de lui.

« Monsieur Terrier, dit tout à coup Gédéon, dont la figure avait pris la teinte du coquelicot, vous qui avez été envoyé en mission scientifique en Océanie et qui avez observé de près les mœurs des cannibales sans les avoir pratiquées, ou du moins je l'espère, laquelle des deux pensez-vous que les anthropophages apprécieraient le mieux de madame Boquet, ou de sa cuisine?

— Elles auraient, je crois, le même succès, » dit galamment le professeur.

La vieille dame se signa rapidement.

« On dit pourtant que certains voyageurs ont pénétré chez eux et y ont même séjourné en évitant la broche. Vous en êtes du reste personnellement, et permettez-moi d'ajouter heureusement, la preuve.

— Oui, certes. Le naturaliste voyageur du Chaillu, entre autres, a chassé, dans l'Afrique équatoriale, le gorille en compagnie de ces messieurs, et les a vus manger les restes de ceux de leurs compatriotes qui étaient morts de maladie, procédé que je n'approuve pas, mais qui résout une grave question d'hygiène générale. J'ajouterai qu'ils sont surtout très friands des prisonniers de guerre, ce qui explique leurs combats perpétuels. Aussi je ne crois pas que de longtemps les questions internationales soient réglées chez eux par des congrès pacifiques, spectacle éminemment moral dont jouiront nos arrière-neveux.

— Vous croyez donc qu'un jour les champs de bataille seront définitivement fixés sur le tapis vert des conférences?

— Sans doute.

— Je l'espère aussi. Mais quel raisonnement vous conduit à cette conclusion humanitaire?

— Il y en a plusieurs. Considère d'abord que les hommes se sont successivement battus d'individu à individu, de famille à famille, de hameau à hameau, de peuplade à peuplade, de province à province, de nation à nation, et enfin de nations alliées à nations alliées. Il ne restera donc plus que la possibilité de se battre de continent à continent, ce qui me paraît impraticable. Or, comme cette tendance à l'agglomération est indéniable, lorsque tous les peuples seront unis, il faudra bien qu'ils restent tranquilles.

— Fort bien. Je comprends.

— De plus, l'innombrable quantité des combattants qui entrent en ligne, la précision, la rapidité et la puissance des armes, la facilité et la vitesse des transports, conditions qui se développeront de plus en plus avec les progrès de la science, feront de la guerre un objet de plus en plus épouvantable. D'ailleurs les peuples commencent à comprendre qu'ils ont de plus en plus besoin de se connaître, de s'unir et d'échanger leurs produits.

— Je suis convaincu, dit le jeune homme. Il est maintenant certain pour moi que, dans mille ans, on ne verra plus de guerriers qu'à l'Opéra-Comique.

— Dans mille ans, ajouta le professeur pensif, il y a bien des choses qu'on ne verra plus. Par contre, on en verra bien d'autres qu'on ne soupçonne pas.

— Je ne suis pas curieux, fit Gédéon ; mais je donnerais bien le quart de mon musée pour être transporté tout à coup dans le monde, tel qu'il sera dans dix siècles.

— Et moi, la moitié de mon laboratoire, » déclara le physicien.

Le docteur se dressa tout à coup, pâle et frémissant.

« *Vous voudriez voir ce qui se passera dans mille ans ?* » s'écria-t-il d'une voix vibrante ; « *eh bien, Messieurs, vous allez le voir.* »

Le professeur et le jeune homme, frappés de stupeur par cette explosion inattendue, le regardèrent sans répondre.

Les trois hommes restèrent silencieux.

Le repas touchait à sa fin. Après avoir débarrassé la table, madame Boquet apporta dans ses bras une cave à liqueurs en citronnier incrusté d'argent. Ce meuble abritait quatre flacons, pleins de vieilles liqueurs d'origine estimée.

Les convives prirent leur café, avec tout le recueillement que comporte une opération dont les gastronomes les plus éminents ont signalé l'importance.

Quelques moments après, le docteur alluma un cigare, exemple qui fut imité sur-le-champ par ses commensaux. Pendant quelques minutes, les spirales bleuâtres s'élevèrent lentement vers le plafond.

Le professeur rompit le silence.

« Je vous avoue, Antius, dit-il, que votre dépêche m'a fortement surpris. J'ai été singulièrement embarrassé pour lui attribuer un sens rationnel.

Lorsque votre gouvernante m'a ouvert la porte du jardin, la bonne dame avait l'air tellement effaré et elle a témoigné une telle épouvante de l'excès de vos préoccupations, que j'ai été moi-même sérieusement inquiet.

— Quant à moi, remarqua Gédéon, j'ai la conviction, vu mon incompé-

Le docteur se leva tout à coup, pâle et frémissant.

tence, que ce secret scientifique m'offrira à peu près l'intérêt d'une question de haute algèbre, ce qui n'est pas beaucoup dire.

— Vos suppositions sont également erronées, car ma découverte intéresse l'humanité entière, et ses conséquences sont incalculables, dit le docteur d'un air inspiré.

— Eh bien, Antius, ajouta le professeur, le moment est des plus favorables pour nous dévoiler le mystère ; jamais vous n'aurez eu un auditoire plus recueilli et plus attentif.

— Je dois d'abord rectifier une erreur, déclara le docteur. Lorsque, tout à l'heure, j'ai dit : *ma découverte*, je n'étais pas absolument dans le vrai. Les premiers éléments, fournis par le hasard, avaient été étudiés antérieurement et avaient déjà donné des résultats dignes de frapper l'attention. C'est du reste à ce titre qu'ils m'avaient été soumis. Mais je puis affirmer que, en très peu de jours, de ce qui n'était qu'un fait singulier j'ai dégagé un prodige. Je dois ajouter que, pendant toute la durée de mes recherches, mon esprit a été soumis sans relâche à cette concentration intense, qui fit jaillir du cerveau de Newton le principe de la gravitation universelle. Je prends maintenant les faits au début. »

Le docteur, après s'être recueilli un moment, regarda fixement ses convives, et, contrairement à ses habitudes de volubilité, il prit lentement et solennellement la parole.

CHAPITRE V

INCIDENT ACADÉMIQUE

— Le 4 juin, dit-il, nous avions séance extraordinaire à l'Académie. Au moment où je pénétrai dans la salle, le président venait d'ouvrir la séance.

Contrairement à l'usage, il ne manquait que la moitié des membres, car la journée devait être chaude. Il s'agissait de nommer un titulaire et deux membres correspondants. On disait qu'il y avait de la cabale. Pendant la lecture du procès-verbal, une grande partie des retardataires était entrée, et, lorsque l'on commença le dépouillement de la correspondance, il ne restait que peu de sièges vides.

L'opération marchait d'un bon train, quand Rozier, l'un des secrétaires, prit sur le bureau un petit paquet enveloppé de toile et soigneusement ficelé, qui jusque-là avait échappé à l'attention de l'hémicycle. Après avoir lu la suscription, il ouvrit la bouche d'une manière démesurée, signe par lequel il manifeste d'habitude son étonnement.

Promenant ensuite sur l'assemblée un regard circulaire significatif, pour forcer l'attention, il remit l'objet à Barrière qui occupait le fauteuil. Celui-ci, ayant pris connaissance de l'adresse, dévida avec saccades ce chapelet de gloussements qui remplace le rire chez les hypocondriaques.

Cet état insolite avait produit son effet. Tous les yeux étaient braqués sur le bureau, car cette double manifestation faisait présager quelque chose d'extraordinaire.

Au milieu du plus profond silence, le président prit la parole.

« Messieurs, dit-il en élevant le colis de la main gauche, l'objet que j'ai l'honneur de vous présenter, et dont la nature m'est inconnue, arrive de l'Indo-Chine. C'est un envoi du Père André, des Missions étrangères, à qui la science doit de très remarquables documents sur l'ethnographie des peuples qui habitent les rives du Cambodge.

« Le fait en lui-même n'aurait rien d'étonnant, si la carte, qui est cousue sur l'enveloppe, ne mentionnait un vœu contraire à tous les règlements académiques.

« Voici intégralement l'adresse :

Envoi du Père André, en mission à Ban Coksay,
royaume de Luang-Prabang,
Siam.

A Monsieur le Président de l'Académie de médecine, pour être confié à l'examen du docteur Antius, s'il existe encore. »

Un éclat de rire général accueillit le prudent correctif qui accompagnait le désir du respectable missionnaire, et tous les regards convergèrent vers moi. Je me levai.

« Le père André, dis-je, est un vieil ami, dont je n'avais pas de nouvelles depuis dix ans. Je dois avouer que j'avais sur son compte les mêmes inquiétudes qu'il témoigne sur le mien. Je constate avec bonheur que nous avons le droit d'être rassurés l'un et l'autre. »

Un murmure d'assentiment, que je crois sincère, accueillit mes paroles.

Le président me fit remettre par un huissier le paquet mystérieux, et l'attention de l'assemblée se porta sur le scrutin qui allait s'ouvrir. Quant à moi, j'étais agité par un vif sentiment de curiosité. Je ne supposais pas, en effet, que le missionnaire m'eût adressé de quatre mille lieues un simple lézard empaillé, ou quelque objet analogue.

L'aspect de l'objet n'avait rien d'extraordinaire.

Il était de forme allongée. Sa longueur ne dépassait pas quarante centimètres, son diamètre en mesurait quinze environ.

Mais ses dimensions réelles devaient être bien inférieures, car, au toucher,

Messieurs, l'objet que j'ai l'honneur de vous présenter arrive de l'Indo-Chine...

on sentait qu'il avait été emprisonné sous plusieurs enveloppes assez résistantes. Son poids était peu considérable. Mon esprit embrassa tour à tour toutes les conjectures ayant un caractère de probabilité, mais ce fut en vain; chacune se heurtait contre de sérieuses contradictions.

Enfin, ne tenant plus en place, je copiai servilement les bulletins de mon voisin et lui remis mes votes, ou plutôt les siens en double, en le chargeant de les jeter dans l'urne quand elle passerait devant nos sièges.

Je me levai, et, saisissant le paquet indo-chinois, je me retirai dans la pièce la plus éloignée et la plus silencieuse du bâtiment.

Je poussai un fauteuil vers une petite table qui était près de la fenêtre, et, m'étant assis, je me mis à l'œuvre.

Une forte toile goudronnée, serrée sur toutes ses faces par une cordelette très résistante et très habilement disposée, constituait la première enveloppe de l'objet mystérieux. Un large cachet de cire rouge recouvrait les extrémités de la corde. A l'aide de la lame de mon canif, j'enlevai peu à peu la cire, et je trouvai un nœud très compliqué. Il me parut difficile à dénouer. Comme la patience n'est pas ma vertu dominante, je procédai comme Alexandre, en face du nœud gordien : je le tranchai. Sous cette première enveloppe de toile, j'en trouvai une autre en paille tressée d'une finesse remarquable. Les bords en étaient réunis par une couture serrée, que je dus débrider dans toute sa longueur. Je rencontrai ensuite un faisceau épais de paille de riz, destiné sans doute à amortir les chocs, et au-dessous un étui de forte toile, que je fus obligé de fendre de haut en bas. Enfin, un cylindre de fer-blanc, dont le couvercle était fortement soudé, apparut.

Ma curiosité se trouvait de plus en plus surexcitée par toutes ces précautions, mais j'étais maintenant forcé de suspendre l'opération, car le seul instrument que j'avais à ma disposition ne me permettait pas de rompre ce dernier obstacle.

Je me rendis au laboratoire, où personne ne devait pénétrer ce jour-là. J'allumai le chalumeau à double courant d'oxygène et d'hydrogène, et je chauffai à blanc l'extrémité du tisonnier. Je promenai la surface incandescente sur l'anneau de soudure; le plomb se liquéfiait à mesure. Lorsque la circonférence entière fut réduite, je soulevai le couvercle, qui céda facilement.

Un sac en papier gris ficelé rectangulairement occupait à peu près toute la cavité de l'étui et n'était séparé de l'enveloppe métallique que par une quadruple feuille de papier blanc, qui tapissait intérieurement le cylindre.

J'enlevai le sac central, et je pris le papier, que j'ouvris avec émotion. C'était une lettre.

Les trois premières feuilles étaient consacrées à des notes d'ethnographie

Je me mis à l'œuvre.

et d'observations de physique générale, destinées au prochain fascicule et qui obtiendront un succès légitime.

La dernière relatait un fait extraordinaire. Saisi par une fièvre intense, accompagnée de délire, le missionnaire a dû sa guérison instantanée à une infusion infinitésimale d'une plante qu'il m'envoyait. Elle lui a été apportée par deux de ses néophytes, le pêcheur Pha-Keo et son fils Chang, qui, confiants dans la vertu de cette panacée, sont allés l'arracher aux flancs d'un gouffre épouvantable. Sous l'action de cette substance, le Père André a éprouvé des effets merveilleux de lucidité et de puissance analytique. Bien plus, sa pensée et ses *sens* franchissant une distance de quatre mille lieues, il a *assisté*, à Paris, dans la chapelle des Missions étrangères, à l'ordination d'un jeune prêtre désigné pour le soutenir dans ses travaux apostoliques. Cinq mois plus tard, sur le seuil de sa cabane, il donnait l'accolade au jeune missionnaire, qu'il reconnut immédiatement.

CHAPITRE VI

PREMIÈRE EXPÉRIENCE

Je dois d'abord déclarer, poursuivit le docteur, que, par leur clarté et leur précision, ces confidences avaient fortement frappé mon esprit.

La certitude des phénomènes, malgré leur caractère excessif, m'était garantie non seulement par l'honorabilité absolue de mon vieil ami, mais encore par sa réelle compétence dans les sciences naturelles.

Je me livrai d'abord à de patientes recherches sur le riche et éblouissant tableau de la flore tropicale, pour être fixé sur les caractères particuliers de la plante précieuse. Mes efforts furent vains.

Non seulement il me fut impossible de la classer rigoureusement, mais encore je ne pus trouver, dans aucune espèce, assez de caractères analogues pour lui assigner une place dans l'échelle botanique.

Abandonnant ce côté de la question, qui n'offre qu'une importance secondaire, je ne songeai plus qu'à expérimenter les propriétés de l'herbe merveilleuse.

Considérant que les substances que fournit la thérapeutique végétale agissent spécialement par leurs alcaloïdes, dont la puissance est en raison directe de leur concentration, soit qu'elles affectent directement les organes, soit que leur action se porte sur les centres nerveux, et en ce cas quelquefois sur les facultés pensantes, je résolus d'obtenir des extraits.

Je me mis à l'œuvre dès le même soir. Ayant détaché un faisceau de fibres chargé de fleurs desséchées, je le traitai par la macération alcoolique.

L'opération fut conduite avec le plus grand soin.

Le succès couronna mes efforts. J'obtins une première solution, que j'amenai peu à peu à consistance sirupeuse. Je ne m'arrêtai pas là. Établissant dans mon esprit une certaine analogie entre le principe de la plante indienne et l'opium, qu'on peut absorber encore à la dose d'un demi-gramme, mais qui renferme un alcaloïde d'une puissance bien supérieure, la morphine, qui devient un poison à la dose de quelques centigrammes, je divisai le lendemain la masse obtenue en deux portions égales, dont l'une fut mise de côté et soigneusement soustraite au contact de l'air. Sur la deuxième moitié, je résolus de pousser la concentration au maximum, convaincu que le principe essentiel gagnerait une intensité proportionnelle à la diminution de son volume.

Mon esprit était dans un état de surexcitation extrême pendant toute la durée de ces travaux, car je sentais que la solution d'un étrange problème était sous ma main.

Pendant huit jours, je mis en œuvre les procédés les plus patients et les plus délicats. Enfin, je pus recueillir une petite masse amorphe, opaque, brune, pesant quatorze centigrammes. Elle était parfaitement inodore.

Je l'enfermai avec soin dans un petit flacon de cristal très épais, dont le bouchon, usé à l'émeri, fut, par surcroît de précaution, recouvert d'un cachet de cire.

C'était le neuvième jour. J'avais passé la nuit entière, et j'étais brisé de fatigue. Malgré tout, je résolus de commencer l'expérience le soir même.

Deux heures après mon dîner, ou plutôt après un simulacre de repas, car chez moi l'appétit avait disparu totalement, je rentrai dans mon laboratoire. J'étais en proie à une émotion secrète, dont je ne m'expliquais pas l'intensité. Je fermai la porte à double tour de clef, après avoir envoyé Madeleine se coucher.

Vous concevez quelle prudence m'était commandée, en présence de cette substance inconnue dont les effets s'étaient manifestés avec une puissance si extraordinaire.

La raison me conseillait d'expérimenter d'abord et à très faible dose le premier extrait obtenu, dont la concentration n'avait pas été poussée aux dernières limites.

À l'aide de la balance de précision, je pesai un demi-milligramme de la substance. Je mesurai ensuite dans un verre gradué cinq grammes d'eau distillée. Cela fait, je versai l'alcaloïde dans l'eau, et avec une baguette de verre j'agitai le mélange pendant une minute.

Le liquide, sans perdre de sa transparence, avait pris une teinte légère-

Fermant les yeux, j'avalai d'un trait la liqueur mystérieuse.

ment irisée et présentait l'uniformité d'aspect, qui est un des caractères distinctifs des dilutions parfaites. Je m'assis dans mon fauteuil, le breuvage à la main.

Quoique, par tempérament autant que par profession, je sois peu accessible aux émotions ordinaires, j'étais en proie à une vive anxiété. J'éprouvais cette sensation d'angoisse indéfinissable qui s'empare de nous en présence de l'inconnu. Enfin, je me raidis dans un effort suprême, et, fermant les yeux, j'avalai d'un trait la liqueur mystérieuse.

Pendant quelques minutes, je n'éprouvai rien d'extraordinaire. Cependant, soit que le principe agisse d'abord sur certains organes de la vision, je sentais que mes yeux se fermaient peu à peu, et cela malgré toute la somme de résistance dont je pouvais encore disposer à ce moment.

Cependant, grâce à l'énergie que je mis en œuvre, je pus maintenir pendant quelque temps mes paupières à demi ouvertes, et je continuai à voir les objets qui étaient devant moi.

Mais alors j'éprouvai toutes les aberrations fantastiques que produit le cau-

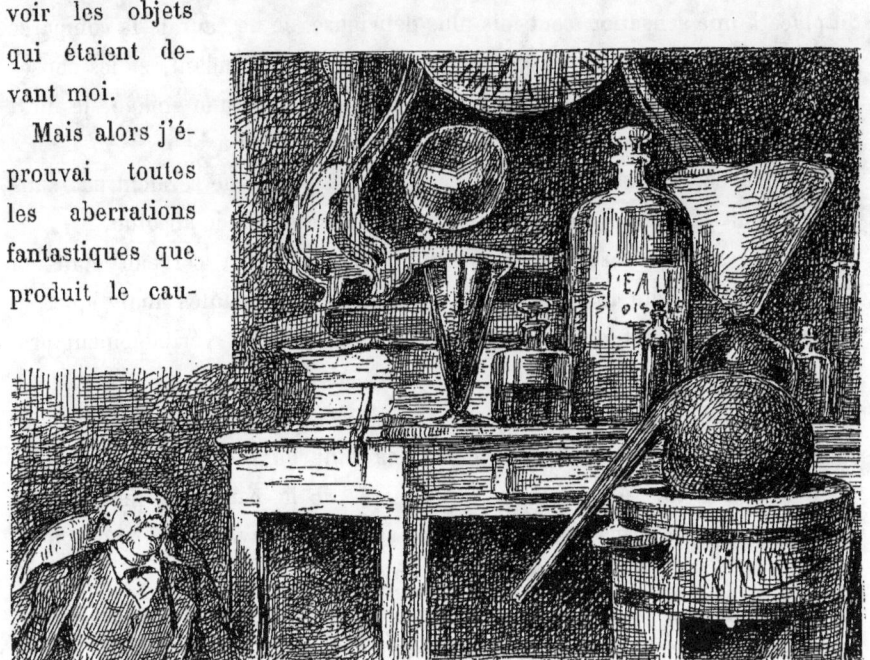

Tous les objets de mon laboratoire semblèrent en proie à une dilatation monstrueuse.

chemar. Tantôt ma lampe s'approchait de mes yeux, en prenant rapidement l'ampleur d'une tonne, tantôt elle s'éloignait fort loin en diminuant de volume, mais sans perdre absolument sa clarté. Le balancier de l'horloge prenait peu à peu des proportions formidables, puis devenait graduellement microscopique.

Bientôt, tous les objets de mon laboratoire semblèrent en proie à une dilatation monstrueuse. Tout en reculant jusqu'aux dernières limites de l'horizon, les murs, contre toutes les lois de la perspective, s'élevaient jusqu'aux nues.

Alors mes yeux se fermèrent entièrement. Je ne tardai pas à éprouver cette sensation singulière d'anéantissement, que connaissent bien tous les mangeurs de haschisch. Cet état est particulièrement agréable, et je comprends aujourd'hui que beaucoup d'Orientaux aient exposé leur tête en bravant la loi qui, dans certaines contrées, punissait de mort les amateurs de narcotiques.

Cette béatitude, qui avait surtout le caractère de l'inertie et de la passivité, fit place à une sensation cent fois plus délicieuse. Je ne saurais la comparer à aucun des effets que peut éprouver l'organisme. Cependant, si les choses les plus vagues peuvent se traduire à peu près par une image, je dirai volontiers que je sentais tout mon être *se fondre* peu à peu.

Lorsque cette crise, dont la durée et la fréquence ne seraient pas sans danger, vint à cesser, j'eus quelques moments de quiétude absolue.

Malgré ces impressions purement physiques, mon cerveau était en proie à une activité intense, et insensiblement mes facultés analytiques et imaginatives avaient pris une puissance et une sûreté véritablement prodigieuses.

Dans nos spéculations scientifiques, vous avez dû l'éprouver, Terrier, nous sommes quelquefois en présence d'idées dont l'assimilation est particulièrement difficile. Nous ne sommes séparés de la certitude que par une limite quelquefois insensible, mais qui oppose souvent une résistance, nécessitant une forte concentration de la pensée.

Dans l'état où je me trouvais, tous les nuages avaient disparu, et les abstractions les plus transcendantes pénétraient en moi, avec une évidence et une netteté axiomatiques.

CHAPITRE VII

CAS D'UBIQUITÉ

Je ne sais par quelle filiation d'idées je fus conduit à m'occuper de ce qui s'était passé à l'Académie le jour même, car je n'avais pas assisté à la séance. Alors, par un phénomène étrange, les conjectures firent place à la vision réelle.

Je me trouvai assis, immobile dans mon fauteuil, sans que mes voisins parussent s'apercevoir de ma présence.

Mirbel monta au bureau et annonça à l'assemblée que le président était rentré chez lui fortement indisposé, à la suite du grand dîner donné la veille par un membre opulent de la Société d'agriculture. Ce fait, je dois l'avouer, ne causa aucune inquiétude et provoqua même quelques sourires.

« Notre honorable président, ajouta-t-il, m'a fait prévenir ce matin qu'il ne pourrait diriger la séance et m'a chargé de le remplacer. Vous remarquerez aussi, Messieurs, dit-il après quelques moments de silence, que notre honorable collègue, le docteur Antius, est encore absent aujourd'hui. Jeudi dernier, il devait présider et n'a point paru. Il n'y a certainement que de graves raisons qui aient pu entraver l'exactitude du membre le plus ponctuel de notre assemblée. »

En disant ces mots, Mirbel avait deux ou trois fois tourné vers ma place. J'étais donc invisible. J'essayai de me lever pour répondre. Tout l'appareil nerveux des mouvements volontaires était paralysé chez moi. Je

Dulaurier et Thibault se donnèrent une poignée de main à travers mon estomac.

voulus ouvrir la bouche pour faire constater ma présence. Cela me fut impossible. Je me vis donc forcé d'assister à la séance comme un fantôme invisible et intangible. Je dis intangible, car mes deux voisins, Dulaurier et Thibault, se donnèrent une poignée de main à travers mon estomac.

Bientôt après, j'entendis la lecture du procès-verbal de la dernière séance. Il ne signalait rien de remarquable, et je me félicitai intérieurement d'être resté chez moi. Après deux ou trois communications insignifiantes, le fameux Poulard prit la parole, pour réfuter un mémoire que j'avais lu un mois auparavant. Son argumentation était encore plus misérable qu'à l'ordinaire. Il n'avait été encore qu'ennuyeux, lorsque, à bout de ressource, il devint tout à coup agressif. A un moment donné, il se permit même de traiter mon résumé de collection de balivernes.

J'essayai encore de me dresser pour mettre à la raison cet impertinent personnage, mais ce fut en vain.

Peu après, toutes les têtes reposaient sur les pupitres.

Quand il eut terminé, le vénérable anthropologiste Luberneau se hissa à la tribune et ouvrit un cahier, dont la taille et l'épaisseur provoquèrent un bâillement général.

Peu après, toutes les têtes reposaient sur les pupitres. J'entendis même deux ou trois ronflements sonores et réguliers.

Thibault et Dulaurier avaient échappé à la torpeur universelle. Le premier ombrait gravement de hachures le nez gigantesque de l'orateur, qu'il avait saisi avec assez de bonheur; l'autre regardait le plafond, cherchant une rime rebelle, qui devait terminer un sonnet du genre anacréontique, dont la terminaison semblait fortement le préoccuper.

Quand le vieux docteur eut achevé son volume, qu'il avait débité dans le désert, il tira de sa poche une vertèbre, une mâchoire et une clavicule de l'âge de pierre. Élevant successivement ces objets de la main gauche, il fit tour à tour leur histoire avec une prolixité de détails qui eût rendu l'Académie hydrophobe, si elle n'avait été plongée dans le sommeil le plus profond et le plus légitime.

Le bonhomme, qui heureusement pour lui est à moitié aveugle et aux trois quarts sourd, convaincu qu'on l'avait écouté avec une attention religieuse, descendit enfin de l'estrade avec un air visiblement satisfait.

L'horloge, qui sonnait cinq heures, réveilla en sursaut quelques dormeurs, qui secouèrent les autres, et la séance fut levée par Mirbel, lequel, retenu par les convenances présidentielles, s'était simplement assoupi.

En quelques minutes, la salle fut déserte. Je n'étais pas sans inquiétude en me sentant enchaîné sur mon fauteuil, pour un temps dont il m'était impossible de prévoir la durée.

L'huissier pénétra tout à coup dans l'hémicycle, et, se voyant seul, se mit à fredonner je ne sais quel refrain baroque de café-concert. Il se dirigea vers la porte du fond, l'ouvrit et disparut par l'escalier qui conduit à la cour intérieure.

Soudain, il me sembla que j'étais rentré en possession des mouvements volontaires. Je fis un effort et me levai sans difficulté. Tout en m'applaudissant d'avoir quitté l'état de momie, je m'élançai vers la grande porte, et descendis rapidement dans la rue. Le bruit de mes pas me rassurait. Je n'étais plus un fantôme. Je rentrai à la maison, sans être aperçu par Madeleine, qui en ce moment remplissait les mangeoires de la volière. Je gagnai le laboratoire et me jetai sur mon fauteuil.

Je m'endormis brusquement. Quand je me réveillai, il était six heures du matin.

L'action du narcotique avait donc duré huit heures, pendant lesquelles j'avais vécu en partie double.

Je montai me coucher. Il me fut impossible de fermer l'œil, car mon esprit était sous le coup d'une surexcitation extraordinaire. Au bout d'une heure, je me levai, mais je fus pris de vertige et forcé de m'asseoir. Je descendis avec la plus grande peine dans le salon. Je m'étendis sur un divan. Tout à coup, je fus envahi par une terreur profonde. Je ne pouvais parvenir à lier deux idées ; il me sembla que je devenais fou.

Toute la journée je restai dans un état d'idiotisme absolu. Ce n'est que le lendemain, ce matin par conséquent, que j'ai repris possession de mes facultés après un sommeil des plus agités.

A peine réveillé, j'ai sauté hors du lit. Il me tardait de contrôler les diverses phases qui avaient marqué cette vision singulière.

J'ai couru chez Dulaurier, qui habite à deux cents pas d'ici. C'est un homme fort matinal. Au moment où je pénétrais chez lui, il terminait sa barbe.

« Parbleu, confrère, dis-je en entrant dans son cabinet et sans autre préambule, je ne vous savais pas poète.

— Oh ! fit-il, visiblement embarrassé, si vous êtes venu d'aussi grand matin, Antius, pour me complimenter sur ce chapitre, vous avez perdu votre temps, car de ma vie je n'ai essayé de forcer la muse.

— Il me semblait pourtant qu'avant-hier, pendant que le vieux Luberneau débitait son rapport soporifique, vous donniez le dernier coup de lime à un sonnet qui m'a paru assez gaillard. Faut-il vous le réciter ?

— Gardez-vous-en bien. Au reste, j'avoue mon crime. Mais comment diable avez-vous eu connaissance de ce travers que je cache avec le plus grand soin, et auquel je ne m'abandonne que très rarement ?

— J'étais à côté de vous, et, ne soupçonnant pas mon voisinage, vous ne preniez aucune précaution. J'ajouterai que Thibault a assez bien réussi la charge du nez obéliscal de l'orateur. »

Dulaurier me regarda avec stupéfaction.

« Tout cela est exact, dit-il ; mais je vous assure que, si vous êtes venu à la séance, personne ne vous a vu. Il est vrai, ajouta-t-il, que tous nos honorables collègues ont ronflé consciencieusement pendant deux heures, et qu'à la fin Thibault et moi avons été envahis comme les autres.

C'est probablement à ce moment que vous êtes entré, et que vous avez pu savoir à quelles graves occupations nous nous étions livrés.

Vous n'avez sans doute pas tardé à vous éclipser, ce dont je vous félicite. »

Au moment où je pénétrais chez lui, il terminait sa barbe.

Comme je voulais accumuler les preuves, je poursuivis :

« Il est certain que personne ne m'a vu, surtout Poulard, à qui je me promets bien d'arracher quelques plumes, et cela bientôt.

— Ah ! fit Dulaurier, vous avez entendu...

— Non, mais on me l'a rapporté. Il a dit, je crois : *absurdités ?*
— Il n'est pas allé si loin. Il s'est contenté de l'expression : *balivernes.* »

J'étais fixé. Je serrai la main à mon collègue, en lui disant que le hasard seul m'avait conduit à sa porte.

Il m'accompagna, en me recommandant le silence sur ses élucubrations poétiques, vis-à-vis surtout des confrères. Je l'assurai qu'à cet égard il pouvait dormir tranquillement.

Dès que j'ai été rentré, je me suis empressé de vous appeler pour vous rendre compte de ces choses merveilleuses. Je réservais cette communication pour la fin du dîner. Je n'avais alors réellement en vue que l'intérêt qui résulterait pour nous de la relation exacte de cette étrange exaltation de la pensée, qui permet de voir à travers l'espace, le temps et la matière, lorsque le désir exprimé par vous de connaître ce qui se passera sur la terre dans mille ans a brusquement fait naître dans mon esprit le projet le plus audacieux.

Je vous le dis solennellement : j'ai la conviction sincère, profonde, absolue, que celui qui absorberait une fraction infinitésimale de la substance portée en son degré supérieur de concentration lirait aussi clairement dans l'avenir que j'ai lu dans le passé, car il y a certainement entre le passé, le présent et l'avenir, qui ne sont après tout que des idées de relation, un lien fatal dont il sera maître. Il lui suffira de concentrer sa pensée sur le mystère qu'il veut approfondir, dès que les premiers symptômes physiologiques se feront sentir.

« Voulez-vous, continua le docteur en fixant des yeux ardents sur ses convives, voulez-vous ce soir même tenter l'expérience ?

— Certainement, répondit tranquillement le physicien ; mais ne craignez-vous pas, Antius, que l'ingestion de l'alcaloïde concentré au maximum ne nous envoie faire des conjectures dans un monde meilleur ?

— Soyez sans crainte à cet égard, j'ai pris mes précautions. Ce matin même, j'ai expérimenté sur un cochon d'Inde. Non seulement je lui en ai fait avaler une quantité bien supérieure à celle que nous prendrons, mais encore je lui en ai injecté une assez grande quantité dans le tissu cellulaire sous-cutané.

« Il n'a paru aucunement incommodé. Au lieu d'aller, suivant son habitude, se cacher dans la partie la plus obscure de mon cabinet, il est venu gravement s'asseoir sur ma table. Pendant une demi-heure, il est resté *pensif*. Puis, apercevant le nouveau galvanomètre de Bourbouze, que j'ai acheté le mois dernier, il s'est levé vivement et est allé se promener tout autour, en l'examinant avec l'attention d'un connaisseur.

Il n'a paru aucunement incommodé.

Ce soir encore, il était fort gai, mais sa gaieté était digne. Il a dirigé vers moi des regards où j'ai surpris un sentiment ironique assez prononcé.

— Dès lors, je ne vois plus d'obstacles, dit le physicien.

— Il me tarde de savoir où en sera la navigation chez nos

arrière-neveux, s'écria Gédéon, dont l'imagination était déjà en campagne.

— Nous allons rentrer sans bruit dans le laboratoire, dit Antius, à voix basse; si madame Boquet, qui sans doute dort en ce moment près de ses fourneaux, se réveillait, tout serait perdu. »

CHAPITRE VIII

L'ÉPREUVE.

Les trois convives se levèrent en silence et traversèrent le couloir en étouffant le bruit de leurs pas.

Le docteur, qui marchait en tête, une lampe à la main, se dirigea vers le pavillon, dont il ouvrit la porte. Terrier et Gédéon, qui l'avaient suivi pas à pas, étaient arrêtés derrière lui. Se tournat vers eux, il leur dit à voix basse :

« Entrez avec précaution ; je vais refermer la porte sur vous et vous laisserai un moment dans l'obscurité. Il importe que j'envoie Madeleine se coucher, pour qu'elle ne se livre pas à l'inspection de la maison, de la cave au grenier, suivant son habitude. »

Les deux hommes entrèrent. Le docteur donna un tour de clef par excès de prudence et gagna la cuisine.

Madame Boquet, assise sur un escabeau étroit, la tête appuyée contre l'entablement d'un vieux bahut, dormait profondément, maintenue dans cette attitude difficile par une sorte d'équilibre inconscient.

Le docteur s'approcha de la gouvernante et lui cria dans l'oreille :

« Madeleine ! »

La vieille dame se dressa en sursaut, se frotta les yeux et s'écria :

« Me croyez-vous sourde par hasard ? D'abord, je ne dormais pas, j'étais seulement un peu assoupie. O mon Dieu, est-ce possible ? déjà minuit ! fit-elle en regardant un vieux coucou, qui battait sourdement la mesure à côté de la cheminée. Mais vous voulez donc vous rendre tous malades ? Et les autres ? Y a-t-il du bon sens à s'en aller à cette heure par ces quartiers déserts ? Je vais les reconduire à la porte, fit-elle en se levant.

— Il y a plus d'une heure qu'ils sont partis, dit Antius ; je les ai accompagnés moi-même ; ainsi monte te coucher, je ne tarderai pas à en faire autant. »

La bonne femme alluma un morceau de bougie d'un pouce de long à la flamme mourante du lampion qui tremblotait devant l'âtre, souffla sur celui-ci, et, après avoir promené un regard circulaire sur le théâtre de ses exploits, sortit de la cuisine et gravit lourdement l'escalier.

Le docteur s'avança jusqu'au milieu du corridor et attendit immobile pendant quelques instants. Lorsque madame Boquet eut pénétré dans sa chambre, il sortit sans lumière dans le jardin qui s'étendait devant la maison. A dix pas du perron, il se retourna et regarda la lucarne qui venait de s'éclairer. Au bout de cinq minutes, la fenêtre devint tout à coup obscure. Convaincu qu'il était dès lors en sécurité, il rentra, referma la porte à double tour et se dirigea vers le laboratoire.

Ses deux compagnons étaient debout et immobiles.

« Tout va bien, dit-il ; maintenant personne ne nous dérangera. »

Il promena alors sa lumière tout autour des murs, en fouillant tous les coins du regard.

« Ah ! le voici ! » s'écria-t-il ; et il montra à ses amis le cochon d'Inde allongé voluptueusement sur la bobine de Rumkorf. L'animal, surpris par cette exclamation, se leva avec dignité sur ses quatre pattes, les regarda l'un après l'autre avec une sorte de fixité dédaigneuse, puis reprit nonchalamment sa posture primitive.

« Il est certain que cet infime mammifère, qui nous regarde avec impertinence, est animé par une force singulière, dit le physicien.

— Et il se porte à merveille, ajouta Antius. Mais asseyez-vous, pendant que je vais tout préparer. »

Le professeur et le jeune homme prirent position dans deux vastes fauteuils de cuir qui étaient près de la table d'expériences. Le docteur ouvrit une armoire creusée dans l'épaisseur du mur et en tira un petit flacon, qu'il vint examiner à la lumière.

« Voici la substance, » dit-il avec émotion.

Gédéon se pencha.

« Je ne vois rien, dit-il ; est-ce que nous allons pratiquer l'homœopathie ? »

Elle gravit lourdement l'escalier.

Antius versa le contenu du flacon sur un disque de verre poli ; cinq globules microscopiques, de couleur brune, se mirent à courir sur la surface.

Une émotion soudaine avait saisi les trois hommes.

« Mes amis, dit gravement le docteur, avant de nous jeter dans l'inconnu, fixons fortement dans notre esprit la résolution suivante : dès que nous éprouverons les premiers symptômes de surexcitation intellectuelle, *concen-*

trons toutes nos forces pensantes sur le mystère que nous voulons approfondir, et surtout *ne perdons pas de vue qu'un lien indissoluble doit constamment nous unir.*

En disant ces mots, il rejeta deux globules dans le flacon, qu'il mit sous clef. Il prit ensuite trois verres gradués, dans chacun desquels il versa deux

A son exemple, chacun saisit un globule.

grammes d'eau distillée, et tendit l'un au jeune homme, l'autre au professeur.

A son exemple, chacun saisit un globule, le mit sur sa langue, et, absorbant le liquide qui devait servir de véhicule, avala le tout par un vigoureux mouvement de déglutition.

Les verres furent reposés sur le plateau. Le docteur prit la parole :

« Maintenant, à la garde de Dieu, dit-il solennellement. Conservons le calme et le recueillement, et dirigeons invariablement nos pensées vers le sujet qui nous occupe. »

Pendant dix minutes, un silence absolu régna dans le laboratoire. Chacun conservait une immobilité complète. Tout à coup, Gédéon donna quelques signes d'agitation, puis redevint aussitôt calme comme auparavant. Peu après, les mêmes symptômes se manifestèrent chez les deux savants. Le silence était toujours profond et solennel.

Un quart d'heure après, le jeune homme ferma tout à coup les yeux en se raidissant sur son siège.

« Mon oncle, maître, quelle étrange sensation ! dit-il d'une voix entrecoupée. Je suis emporté à travers les espaces.... Mon Dieu, quelle épouvante.... Je dévore les distances avec la vitesse de l'éclair.... Je vole en avant de la terre, sur son orbite. Ne m'abandonnez pas ! »

Et sa tête retomba inerte sur le dos du fauteuil. Les deux savants saisirent dans leurs mains les mains froides du jeune homme.

« Peut-être avons-nous eu tort de vouloir sonder l'avenir, dit Antius d'une voix sourde.

— Le sort en est jeté, murmura le physicien. Je sens aussi que mon cœur se glace. J'éprouve aussi une sensation de translation rapide.... Oh ! quelle vitesse effroyable.... La terre n'est plus qu'un atome derrière nous. Mais vous êtes tous deux près de moi. »

Et il se renversa lourdement.

Le docteur fut à son tour saisi d'un tressaillement profond. Il prononça quelques mots entrecoupés, et, les mains crispées, il se jeta brusquement en arrière. Quelques secondes plus tard, les trois hommes, immobiles, inertes, glacés, semblaient endormis de l'éternel sommeil.

DEUXIÈME PARTIE

MILLE ANS APRÈS

CHAPITRE PREMIER

RÉSURRECTION

Le soleil émergeait de l'horizon et criblait la campagne de flèches d'or, lorsque Gédéon ouvrit les yeux. Tous les objets qui l'entouraient lui parurent d'abord noyés dans une sorte de brume irisée, car la netteté de la vision n'existait pas encore chez lui.

« Oh! oh! dit-il, serais-je victime d'un cas de diplopie? Si j'ai encore des doutes à cet égard, j'ai des certitudes quant au rhume de cerveau, ajouta-t-il, après avoir vigoureusement éternué plusieurs fois. Parbleu, cela s'explique, fit-il en retirant toute mouillée sa main, qu'il avait étendue devant lui. Je suis simplement couché dans la rosée. Mon inexpressible est bien et dûment transpercé, » grommela-t-il après examen.

Il essaya de se lever, et, voulant prendre un point d'appui sur le sol, il mit la main sur une botte mouillée qui resta inerte à ce contact.

« Cette botte abrite un pied, auquel fait suite une jambe, laquelle appartient à quelqu'un, c'est certain. Si ma vue est trouble, mon raisonnement est clair, Dieu merci! » ajouta-t-il tout haut.

Il se leva, et, écartant les jambes pour reprendre son aplomb, il rencontra un obstacle qui le fit trébucher. Il se baissa en allongeant le bras et saisit l'extrémité d'une pantoufle.

« Comment se fait-il que cette nuit tant de citoyens aient l'idée de coucher à la belle étoile? dit-il. Je n'y comprends rien. »

Il se frotta vigoureusement les yeux, et, après dix minutes d'efforts, il parvint à distinguer peu à peu autour de lui.

« Grand Dieu! mon oncle, M. Terrier! s'écria-t-il. Comment peuvent-ils être là? Voilà une aventure, par exemple. Réveillons-les; peut-être auront-ils la clef du mystère. Oh! oh! si les hommes sérieux se mettent à découcher. »

En disant ces mots, il secoua d'abord doucement, et, ensuite, avec une vigueur croissante, les deux dormeurs, qui finirent par ouvrir les yeux.

Une stupéfaction profonde se peignit sur le visage des deux savants.

Ils faisaient de vains efforts pour coordonner leurs idées et paraissaient se débattre sous l'influence d'un cauchemar.

Pendant quelques moments, les questions se croisèrent avec volubilité; mais leur situation était de plus en plus inexplicable lorsque Antius prit la parole.

« Nous sommes dans un parc admirable, où tout semble ménagé avec un art infini, dit-il. Ce pays est certainement habité, car la nature n'y met pas tant de façons. »

A dix pas un petit ruisseau roulait ses ondes de cristal sur un lit de sable argenté.

« Ce cours d'eau va nécessairement quelque part, ajouta Gédéon ; suivons-le, nous aurons du moins toujours à boire. »

Ce conseil fut adopté. Les trois voyageurs se mirent en marche en suivant la rive.

Au bout de cent pas, le jeune homme s'arrêta court en s'écriant :

« Tiens, une femme !

— Une femme ?

— Rassurez-vous, elle est en pierre.

— Ma foi, c'est vrai, dit Terrier.

— Allons l'interroger, fit Gédéon.

— Ne ris pas, elle nous donnera peut-être le mot de l'énigme. »

Ils s'avancèrent rapidement vers un espace découvert, encadré par un cercle d'arbres majestueux. Une superbe statue de marbre blanc, montée sur un socle tout neuf, se dressait au centre de la circonférence.

« Que représente cette belle créature ? demanda Antius

— Ma foi, je ne vois aucun nom, il n'y a que la date. Par exemple, le sculpteur n'est pas ferré sur la chronologie, lisez vous-même. »

Le docteur s'avança et lut, gravée en lettres d'or, au milieu du socle, l'inscription suivante :

MMDCCCLXXX

« Deux mil huit cent quatre-vingt ! s'écria-t-il en se frappant le front. Mes amis, nous sommes tous les trois plus âgés de mille ans. Le breuvage enchanté a suspendu notre existence pendant dix siècles, et nous nous réveillons aujourd'hui.

— Eh bien, je n'en suis pas fâché, dit le professeur. Il me tarde de savoir si la physique a tenu tout ce qu'elle promettait.

— Grand Dieu, j'ai mille et vingt-quatre ans ! cria Gédéon, en courant vers le ruisseau.

— Est-ce que tu vas te noyer pour cela ? demanda Terrier.

— Non, je vais examiner mes rides et compter mes cheveux, si toutefois il m'en reste encore. »

Au bout de cinq minutes, il revint portant sur son visage un air de satisfaction des plus évidents.

« Eh bien, je l'ai échappé belle, dit-il. Il me semble même que j'ai rajeuni. Mais, s'écria-t-il tout à coup en éclatant de rire, voilà qui est drôle !

— Quoi donc ? demanda Terrier avec inquiétude, se voyant examiné de haut en bas.

— Mon cher professeur, car je puis maintenant vous parler familièrement, puisque nous sommes deux vieillards, vous avez des bottes fort convenables, mais votre gibus est éventré ; mon oncle a sur la tête sa calotte grecque, mais n'a aux pieds que des pantoufles ; quant à moi, je l'avoue, je suis en tenue assez extravagante.

Je crois en conséquence que nous allons faire belle figure dans le monde, poursuivit le jeune homme ; mais sommes-nous bien encore sur notre vieille planète ?

— Parbleu oui, répondit le professeur.

— Vous vous prononcez bien vite.

— Regarde le soleil. N'a-t-il pas le même diamètre apparent ?

— Si. Qu'est-ce que cela prouve ?

— L'âge aurait dû te mettre un peu de plomb dans la tête, dit le docteur. Si nous ne sommes pas sur la terre, nous sommes ou plus près ou plus loin du soleil, qui doit paraître ou plus grand ou plus petit. Ainsi supposons tour à tour que nous soyons dans les deux planètes les plus voisines de la Terre. De Mars, le soleil nous paraîtrait deux fois plus petit ; de Vénus, deux fois plus gros ; sans compter que dans le premier cas nous serions gelés, dans le deuxième rôtis.

— Bien. Mais, si nous sommes sur la terre, où sommes-nous ?

— Nous l'apprendrons bientôt, car, au fond de cette allée de vieux ormeaux, j'aperçois un palais, dit Terrier, dont les regards sondaient depuis un moment toutes les directions.

— Avançons, » fit le docteur.

Ils se mirent en route.

Une longue et large avenue gazonnée, bordée d'arbres gigantesques, s'étendait devant eux.

Ils s'y engagèrent.

Au bout de vingt pas, Gédéon s'arrêta brusquement. « Voyez, » s'écria-t-il, en saisissant d'une main le bras de son oncle et en étendant l'autre vers le ciel.

Les deux savants levèrent la tête et aperçurent avec stupéfaction un corps sombre et allongé, qui fendait l'air avec la vitesse d'un boulet.

« Le canon qui a lancé ce projectile doit avoir au moins le volume d'une cathédrale, dit Gédéon.

— Est-ce bien un projectile ? » murmura Terrier. Les voyageurs poursuivirent leur chemin, diversement préoccupés.

CHAPITRE II

ÉTONNEMENT RÉCIPROQUE

Quelques minutes plus tard, Antius s'arrêta soudain. « A travers le feuillage, dit-il, j'ai aperçu à cent pas d'ici quelqu'un qui marche parallèlement à nous et en sens contraire.

— Allons vers lui.

— En suivant cette allée, qui est perpendiculaire à notre direction, nous l'aurons rejoint avant deux minutes, » ajouta le docteur.

Ils s'élancèrent et se trouvèrent bientôt sur le même chemin, mais à cent pas en arrière du promeneur matinal.

Celui-ci était singulièrement vêtu. Il portait sur les épaules une sorte de burnous de laine blanche d'une légèreté extrême ; son large pantalon, fabriqué avec une fibre végétale d'une finesse remarquable, disparaissait en partie dans des bottes de cuir fauve dont les tiges étaient criblées de trous circulaires qui facilitaient la circulation de l'air ; sa tête était coiffée d'un chapeau hémisphérique de cuir blanc, dont le sommet et la base présentaient de nombreux orifices.

« Voilà un indigène, qui, s'il ne connaît pas la théorie scientifique du rayonnement de la chaleur, l'applique avec intelligence, » dit le professeur.

Au bruit des pas précipités des trois hommes, le promeneur se retourna et s'arrêta soudain.

Ils s'avancèrent jusqu'à lui.

« Monsieur, dit le docteur en se découvrant, nous sommes des voyageurs égarés en cet endroit. Seriez-vous assez bon pour nous dire où nous nous trouvons?

— Messieurs, répondit le promeneur, vous êtes dans le parc du Luxembourg.

— Comment! nous sommes si près de chez nous? fit Gédéon. J'espère que la rue de Fleurus existe encore?

— Je ne connais pas de voie de ce nom dans Paris.

— Comment! mais elle touche au Luxembourg.

— On vous a mal renseigné, Monsieur. Il n'y a que des avenues autour du parc, qui s'étend jusqu'au vieux port.

— Jusqu'au vieux port?

— Oui, Monsieur.

— Paris est donc port de mer?

— Il l'a été et ne l'est plus depuis quatre cent cinquante ans. Le port n'a plus aucune valeur industrielle ou commerciale, depuis que la science a conquis les prodigieux moyens de transport dont nous disposons aujourd'hui. Il en est de même du lac, où plusieurs milliers de navires manœuvraient à l'aise et qui n'est plus qu'un ornement de la cité.

— Monsieur, dit le physicien, nous serions très heureux de savoir ce que nous devons penser d'un corps opaque, allongé, à peu près cylindroconique, que nous avons vu passer sur nos têtes avec une extrême rapidité.

— Tout à l'heure?

— Il y a vingt minutes.

— C'est le courrier d'Amérique, car il arrive chaque jour à cette heure.

— On voyage donc maintenant dans les airs? s'écria Antius.

— Mais oui, Monsieur, et depuis fort longtemps on n'emploie plus que ce moyen de transport. Autrefois, la translation aérienne était réservée à quelques rares expériences scientifiques; mais cette invention, qui se perd dans la nuit des temps, a fait de tels progrès et est devenue tellement pratique, que chaque jour des milliers d'appareils traversent les mers et les continents avec des charges prodigieuses. Messieurs, poursuivit

Au bruit des pas précipités des trois hommes, le promeneur se retourna.

le promeneur, après avoir remarqué la stupéfaction que ses réponses avaient provoquée chez les trois hommes, à mon tour de vous demander un éclaircissement, si vous voulez bien me le donner.

— Volontiers, dit le professeur.

— D'abord vous êtes étrangers et venez sans doute de fort loin.

— A quoi voyez-vous cela?

— A bien des indices. D'abord à votre étonnement pour des choses que l'on voit ici chaque jour.

— C'est juste. Mais, d'autre part, notre langage indique que nous sommes Français.

— Cela ne prouve rien, Monsieur, car tous les peuples parlent la langue française aussi correctement que nous.

— Ma foi, je suis renversé! dit étourdiment Gédéon.

— En outre, Monsieur, ajouta le personnage en s'adressant à Terrier, il y a dans votre costume une chose qui m'intrigue au plus haut point.

— Laquelle?

— Ce tube noirci que vous portez sur la tête.

— C'est la coiffure habituelle de mes compatriotes.

— Vraiment?

— Je vous l'assure.

— Eh bien, nous voyons chaque jour des habitants de tous les pays du monde, et c'est la première fois que je me trouve en présence d'une coiffure aussi extraordinaire. Mon attention a été aussi frappée par un objet dont je ne m'explique pas l'utilité.

— Lequel?

— Cette chaînette de métal que vous portez sur l'estomac.

— La chaîne n'est que l'accessoire, Monsieur; voici l'objet qu'elle maintient, dit le physicien en tirant de son gousset un magnifique chronomètre.

— Une montre! Il y a longtemps que je n'en ai vu. Celle-ci est fort belle et fort ancienne, vous en trouveriez un bon prix au Musée des antiques.

— Merci pour le renseignement, car, s'il le faut, je m'en séparerai, ainsi que de la chaîne, qui a une assez grande valeur.

— La chaîne, Monsieur, n'a qu'une faible valeur comparative. Elle est en or, je crois?

— En or contrôlé, Monsieur.

— Eh bien, l'or ici est d'un prix modeste.

— Tant pis, dit Terrier. Mais comment savez-vous l'heure ?

— Chaque maison de la ville, bien plus chaque pièce de chaque maison a

Paris port de mer. — Le courrier d'Amérique. — Chaque maison a son cadran.

un cadran dont les aiguilles sont mues par un courant électrique universel, réglé par l'Observatoire central.

— Monsieur, recevez tous nos remerciements.

— En suivant la grande allée que vous avez quittée tout à l'heure, vous serez avant dix minutes dans l'avenue latérale du Muséum. »

Le professeur et ses compagnons saluèrent le promeneur, qui s'inclina et reprit sa marche interrompue en murmurant :

« D'où peuvent venir ces trois hommes singuliers? et, surtout, comment sont-ils arrivés ici? »

« Ainsi, dit tout à coup le docteur, nous étions au Luxembourg, et probablement à la même place où nous nous sommes endormis il y a mille ans! O mes amis, quels prodigieux étonnements nous sont réservés! Dans quel monde, dans quelle société allons-nous être jetés tout à coup? Nous avons franchi l'abîme des temps. N'allons-nous pas être vis-à-vis de nos arrière-neveux ce qu'eût été autrefois pour nous un sauvage de la Polynésie, jeté brusquement dans le centre le plus brillant de la civilisation?

— Non, dit gravement le professeur, car la raison et la vérité sont unes et indestructibles. Entre le cannibale et le savant du dix-neuvième siècle, il n'y avait aucun terme de comparaison possible. Entre nous et nos petits-neveux, quel que soit leur état de perfectionnement scientifique, il n'y aura que des différences. A l'époque déjà ancienne, où nous étions livrés à nos travaux et à nos recherches, plus de vingt siècles nous séparaient de Pythagore, d'Euclide et d'Archimède. Nous faisions déjà de précieuses moissons dans le champ dont ces trois géants de la science ancienne avaient tracé les premiers sillons. Supposez que, dans tout l'éclat de leur génie, ils aient ressuscité tout à coup dans le siècle de la vapeur et de l'électricité. Leur étonnement eût certainement été immense. Mais, en suivant la chaîne des spéculations abstraites dont ils avaient forgé les premiers anneaux, ils n'auraient pas tardé à connaître l'ensemble des matériaux amassés par la science pendant deux mille ans. Sans doute des conquêtes merveilleuses vont frapper nos regards, mais, par des études patientes et méthodiques, nous les rattacherons sans peine aux applications de notre vieille époque, que beaucoup considéraient comme les Colonnes d'Hercule du progrès.

— Quant à moi, qui ne m'appuie pas comme vous sur la philosophie transcendante et qui ne suis guidé que par le gros bon sens, je vais vous faire connaître mon opinion, dit le jeune homme.

— Parle.

— Je crois que, en nous parlant d'un lac au milieu de Paris et des courriers aériens d'Amérique, ce Parisien nous a lancé en pleine poitrine deux gasconnades, comme je n'en ai jamais entendu. De plus, en examinant votre chaîne de montre, dont vous avez du reste fièrement garanti le titre et dont nous espérons au besoin tirer grand profit, notre homme a dit : « Ici, l'or n'a que peu de valeur. » Que pensez-vous de lui, maintenant ?

— Ce n'est pas à lui que ce mot me fait penser, dit le physicien d'un air sombre, c'est à nous. J'avoue que cette observation m'a épouvanté. Peut-être l'or n'a-t-il réellement que très peu de valeur, et probablement les billets de banque n'en ont plus du tout.

— Oui, ajouta Antius, j'ai été frappé comme vous de l'opinion du promeneur. Heureusement, Terrier, vous avez votre chronomètre, qui pourra, selon les prévisions de l'obligeant citadin, nous tirer d'embarras pour quelque temps. Gédéon a aussi sa montre ?

— Hélas ! répondit celui-ci en se frappant le front, je n'ai que la chaîne. Un mois avant le fameux souper, je l'ai portée quelque part.

— C'est malheureux, fit le docteur.

— D'autant plus malheureux que c'était pour l'accrocher au clou.

— Au clou ?

— Oui, au mont-de-piété, puisqu'il faut mettre les points sur les *i*. On m'a avancé cent francs, et je devais dégager l'objet avant un an, moyennant dix pour cent d'intérêt, sous peine de perdre pour jamais ce trésor de famille.

— Eh bien, je ne te conseille pas d'aller la retirer, dit Antius.

— Pourquoi ?

— Parce que tu aurais dix mille francs à payer pour les intérêts simples.

— Et si tu as emprunté à intérêts composés, appuya lentement Terrier, il te faudrait verser une somme auprès de laquelle la terre en or massif ne constituerait qu'un acompte insignifiant.

— Oh ! oh ! » fit Antius en relevant la tête.

Le choix de cette quantité formidable, comme type de comparaison, lui avait paru le signe d'une perversion totale des facultés mathématiques de son compagnon.

« Est-ce que la rigueur géométrique de votre langage habituel n'aurait pas tout à l'heure cédé le pas aux audaces de l'hyperbole ? demanda-t-il.

— Dieu merci ! répliqua le professeur, je ne suis pas encore tombé en enfance, quoique mon âge soit en quelque sorte incommensurable ; je puis vous démontrer l'exactitude de mon affirmation, malgré son caractère prodigieux.

« La somme de cent francs, placée à dix pour cent, et à intérêts composés pendant mille ans, double cent trente-sept fois et produit un capital dépassant *dix-sept tridécillions de francs.*

« Or, mille francs d'or occupent un volume de *seize* centimètres cubes.

« Le volume de la somme précitée sera donc au moins de *deux cent soixante-douze duodécillions* de centimètres cubes, ou de *deux cent soixante-douze sextillions* de myriamètres cubes.

« D'autre part, le volume de la terre est de *un milliard quatre-vingt millions sept cent cinquante-neuf mille* myriamètres cubes.

« La masse d'or considérée est donc, au moins, DEUX CENT CINQUANTE MILLE MILLIARDS de fois plus grande que notre planète.

« En conséquence, déclara le professeur avec le ton d'un président d'assises prononçant une sentence, Gédéon doit au mont-de-piété une somme bien supérieure à celle que nous avons déterminée.

« — Alors je ne payerai pas, s'écria le jeune homme abasourdi, tant par l'habileté de son ancien maître que par l'énormité de la créance.

« — Pour le moment, dit le docteur, il s'agit de mettre tout en œuvre pour nous tirer d'affaire. »

Ils retournèrent sur leurs pas, et, ayant gagné l'allée centrale, ils la suivirent dans la direction du monument qu'Antius avait d'abord pris pour un palais.

A mesure qu'ils approchaient, l'aspect de la construction, d'abord indécis, en égard à la distance, devenait de plus en plus net, et la qualification dont le docteur s'était servi leur semblait de plus en plus méritée.

C'était réellement une merveille d'architecture. Les divers étages étaient en retrait les uns sur les autres et s'ouvraient sur de vastes terrasses, chargées d'arbustes, de fleurs et de verdure. Des groupes de colonnes corinthiennes couplées, et de grosseur décroissante, s'élevaient jusqu'au faîte, encadrant des fenêtres monumentales. L'effet était à la fois charmant, riche et grandiose.

CHAPITRE III

DÉPÊCHES OFFICIELLES EN 2880

Les voyageurs atteignirent l'extrémité de l'avenue, qui s'évasait tout à coup en un vaste demi-cercle de verdure, encadré d'arbres géants dont la voûte épaisse formait de sombres nuages sur le ciel éclatant.

Plusieurs fontaines jaillissantes, en marbre blanc, projetaient d'épaisses gerbes liquides et par moments disparaissaient dans une rosée compacte, qui répandait une fraîcheur délicieuse.

La terrasse du parc, qui s'étendait à perte de vue, dominait une voie large de cent mètres, dont le côté opposé à l'hémicycle était, dans son immense étendue, bordé de palais magnifiques.

Les trois hommes, saisis d'admiration, s'avancèrent, et leurs regards purent embrasser un spectacle féerique.

Une quadruple rangée d'arbres d'essence précieuse, différents d'aspect, mais groupés avec un art infini, partageait l'avenue en trois allées ombreuses. Celle du milieu était couverte de massifs de fleurs éclatantes, de jets d'eau et de statues.

Mais une autre partie du tableau porta leur étonnement aux dernières limites.

Aussi loin que la vue pouvait s'étendre, la portion de la chaussée qui n'était pas envahie par la verdure présentait une surface unie, propre et brillante comme le pont d'un navire. La couleur de ce singulier revêtement rappelait la teinte si douce à la vue du bistre clair.

Les voyageurs se perdaient en conjectures sur la nature de ce pavé étonnant, lorsque leur attention fut éveillée par un bruit confus de paroles qui devenait de plus en plus distinct.

Bientôt quelques bourgeois, émergeant d'un massif, se dirigèrent vers la balustrade.

A la vue des trois étrangers, un signe rapide d'étonnement effleura leurs visages, mais ils n'en poursuivirent pas moins leur conversation.

« *L'Éclair*, disait l'un, a une marche encore plus rapide : car, en comptant les escales, il n'a mis que cent sept heures pour voler de Paris à Tawaï-Pounamou.

— Tawaï-Pounamou ! répéta le professeur à voix basse.

— Est-ce que vous connaissez ce pays-là ? demanda Gédéon.

— Parbleu, c'est dans les environs que j'ai failli être mis à la broche.

— L'exposition a été réellement remarquable, poursuivit l'orateur du groupe. Les ateliers électriques étaient d'une rare perfection, les collections chimiques très abondantes et très variées, et le salon de photopeinture a mérité les éloges de tous les critiques. Quant à la bourse des métaux (et je puis en parler avec autorité, car, en ma qualité de fondeur, j'ai visité celles du monde entier), j'affirme que je n'en connais pas d'aussi grandiose.

— Avez-vous fait marché ? demanda son voisin de gauche.

— J'ai acheté trois cents tonnes de platine, » répondit modestement l'industriel.

Terrier dressa l'oreille.

« Voilà une provision qui permettra à toute la ville de renouveler ses casseroles, dit en riant son interlocuteur.

— Peste ! murmura le physicien, je payais autrefois jusqu'à cinq cents francs pièce mes capsules de moyenne grandeur. »

Le docteur, qui n'avait pas quitté des yeux le sol de l'avenue, intervint tout à coup dans la conversation.

« Monsieur, demanda-t-il, en se découvrant, au voyageur qui parlait avec tant d'enthousiasme de la Nouvelle-Zélande, vous plairait-il de nous donner quelques éclaircissements sur le magnifique pavage de votre cité ?

— Certainement, Monsieur. Le revêtement du sol, dans toute l'étendue de la ville, est en bois moulé.

— En bois moulé ?

— Sans doute. Vous n'ignorez pas que le bois désagrégé, et saisi par certaines substances chimiques, peut prendre toutes les formes lorsqu'il n'est encore qu'à l'état pâteux, et que, dès qu'il est durci par le feu, il a la solidité de l'acier fondu.

— Sans doute, répondit Antius avec embarras.

— Eh bien, Monsieur, la Suède, la Norwège, la Finlande et une partie de la Sibérie comptent, parmi leurs industries les plus florissantes, celle du bois pulvérisé, qui nous arrive en vrac, et que nous traitons sur place. Quant aux bois précieux des régions équatoriales, ils sont, comme vous le savez, réservés à la fabrication des meubles, qui à peu de frais peuvent prendre les formes les plus riches et les plus variées. Le pavé de Paris, comme vous pouvez vous en apercevoir, est en sapin du Nord, moulé sur une couche d'asphalte, et sa durée est indéfinie.

— Ce procédé est véritablement merveilleux, s'écria Antius, qui n'était pourtant pas généralement porté à l'enthousiasme.

— Il est certain, affirma en se rengorgeant un promeneur qui n'avait pas encore pris la parole, que Paris est mieux pavé que n'importe quelle ville du monde, sans en excepter Constantinople. »

Les voyageurs saluèrent le groupe et s'éloignèrent.

« Pourquoi cet original a-t-il parlé de Constantinople? s'écria tout à coup Antius en se frappant le front. Tout le monde sait que, dans la capitale de la Turquie, les rues sont remplacées par des fondrières ou des escaliers délabrés, et que les chiens errants sont chargés exclusivement de la propreté de la ville. Mais que pensez-vous du bois moulé, Terrier ?

— Beaucoup de bien. Cette invention, ou plutôt ce progrès dans l'espèce, n'a rien qui doive nous surprendre : car vous vous rappelez certainement qu'autrefois l'industrie du bois durci était déjà appliquée à la confection de certains objets d'ornementation. Or il est bien évident que les timides essais de nos contemporains ont pu, grâce aux progrès incessants des sciences appliquées, être conduits jusqu'aux résultats que nous avons sous les yeux. »

Un large escalier conduisait en pente douce à l'avenue. Ils descendirent lentement.

« Quelle ville enchantée ! s'écria Gédéon ; comme tout est vaste, riche et superbe ! Il n'y a certainement que des demi-dieux dignes d'habiter ici. »

Les étrangers marchaient depuis quelque temps en silence, lorsque le physicien s'arrêta soudain en saisissant chacun de ses compagnons par le bras.

« Il est certain, dit-il, poursuivant tout haut une idée que depuis longtemps il ruminait en lui-même, que l'abondance extraordinaire du platine, métal autrefois fort rare et fort précieux, vient corroborer l'affirmation du premier citoyen que nous avons rencontré en ce monde, touchant le peu de valeur de l'or.

« Non seulement cet état ne doit pas nous surprendre, mais il était fatal. Armé de la force incomparable de la navigation aérienne, secondé par des machines d'une perfection et d'une puissance que nous ne soupçonnons pas, l'ingénieur du vingt-neuvième siècle a dû certainement arracher à la terre une notable proportion des richesses répandues à sa surface. »

En ce moment, un sifflement aigu retentit derrière les voyageurs, qui tournèrent brusquement la tête.

Un véhicule à trois roues, de forme assez singulière et paraissant se mouvoir de lui-même, arrivait sur eux avec la rapidité d'une flèche.

Ils s'écartèrent vivement, et la voiture passa devant eux, sans autre bruit qu'un roulement de crépitations multiples, accompagnées de myriades d'étincelles bleuâtres, jaillissant des pointes d'un balai métallique appuyé sur l'essieu des grandes roues.

A demi étendu dans le tricycle, un personnage à physionomie placide dirigeait mollement de la main gauche un gouvernail qui commandait la roue antérieure.

« Voilà un appareil électrique des plus ingénieux, remarqua le docteur.

— D'autant plus ingénieux, ajouta le physicien, qu'il doit fournir à la fois la force et la lumière : car la lentille qu'il porte en avant est certainement éclairée par une légère dérivation du courant principal. »

Plusieurs locomobiles du même genre se montrèrent successivement dans les voies latérales, sans pénétrer dans l'allée centrale, qui paraissait exclusivement réservée aux piétons. Les conducteurs étaient d'une habileté à toute épreuve : car, à diverses reprises, deux véhicules qui paraissaient fondre l'un sur l'autre, arrivés presque au contact, s'évitaient mutuellement en décrivant les courbes les plus gracieuses.

« Par exemple, s'écria Gédéon émerveillé, on m'aurait affirmé que Paris encadrerait un jour un vrai lac, que mon imagination de champion du Rowing-Club eût été singulièrement flattée. L'hypothèse de la navigation aérienne ne m'eût trouvé que rétif ; mais celui qui aurait prétendu qu'un jour les voitures marcheraient toutes seules, aurait été fortement soupçonné d'avoir fouillé dans les vieux papiers de Cyrano de Bergerac. »

Les voyageurs gagnèrent l'allée centrale.

A deux cents mètres, la perspective était en partie rompue par une pyramide quadrangulaire. Une vingtaine de curieux paraissaient examiner ses faces avec un vif intérêt.

« Pourquoi tous ces citoyens ont-ils le nez en l'air ? demanda Gédéon. Assisterions-nous à quelque cérémonie religieuse pratiquée au soleil levant ? Serions-nous en face d'une secte de Parsis ? Oh ! voilà qui est curieux.

— Quoi donc ? fit Antius.

— Au milieu de la face de la pyramide, j'aperçois un singulier mouvement. »

Les deux savants concentrèrent vainement leurs regards sur le monolithe.

— Je ne vois rien, déclara le professeur.

— Et moi qui ai la puissance visuelle d'un loup-cervier, répliqua le jeune homme, j'aperçois très nettement une large bande de carton bleu pâle, qui s'étend peu à peu et qui a déjà gagné un mètre de surface. Elle est maintenant immobile.

— Approchons, dit vivement Antius.

A cinquante pas, Gédéon s'écria :

« Mais cette bande est imprimée.

— C'est probablement quelque avis officiel qui vient de paraître, » fit le professeur.

Pressés par la curiosité, ils doublèrent le pas et se trouvèrent bientôt assez près de la pyramide pour reconnaître que la conjecture du physicien était fondée.

« Voilà qui est véritablement prodigieux, » s'écria Gédéon.

Pendant ce temps-là, les groupes s'étaient dispersés dans toutes les directions.

Ils avancèrent encore et s'arrêtèrent en face d'un cadre d'un mètre carré environ, qui du haut en bas était imprimé en grandes lettres.

Gédéon, sans proposer son office, dit : « Écoutez, » et avec un certain tremblement dans la voix il lut tout haut :

MONITEUR OFFICIEL.

Dimanche, 15 *juin* 2880.

Télégrammes de la nuit.

Douvres, 11 *h*. 42.

La cinquième arche du pont suspendu de Calais à Douvres a été fortement ébranlée par la tempête qui a sévi ces jours derniers dans la Manche. Néanmoins les ingénieurs affirment que la circulation ne doit pas être interrompue, et que quelques jours suffiront pour réparer les dégâts.

« Un pont sur la Manche ! s'écria le docteur.

— Je l'avais prévu, dit tranquillement le physicien. Il devait être la

Une vingtaine de curieux paraissaient examiner ses faces. — Le pont sur la Manche.

huitième merveille du monde et s'élever victorieusement sur l'affreux tunnel, qui, par une étrange aberration des esprits, avait conquis la faveur de nos contemporains. Continue, dit-il au jeune homme ébahi.

— Volontiers.

PANAMA, 6 h. soir.

Une portion de l'ancienne voie établie le long du canal de Darien, qui unissait autrefois les deux Océans, vient de s'écrouler par suite de l'insuffisance des travaux de restauration.

Des discussions se sont élevées à ce sujet dans le sein de la Société des ingénieurs de l'État de Colombie. Quelques membres ont demandé de laisser les choses dans le statu quo, considérant que la voie et à plus forte raison le canal n'ont plus aucune utilité en raison des transports atmosphériques ; mais la majorité, combattant ces conclusions, a émis le vœu que le gouvernement central des États du Sud décide d'urgence le vote des fonds et l'exécution des travaux nécessaires à la conservation de cette œuvre de grande valeur archéologique.

— On a donc enfin percé l'isthme de Panama ? fit le docteur.

— Et il y a quelque temps, répondit Gédéon, car on parle de conserver le canal comme antiquité. Mais que signfie cette voie ?

— Cela signifie, dit Terrier, que, le canal ne répondant plus à l'abondance des transports, on avait établi une voie ferrée sur une de ses rives.

— La raison est plausible. Poursuis, » dit fiévreusement Antius à son neveu.

Gédéon lut :

BANGKOK, 15 juin, 11 h. matin.

« Est-ce qu'ils sont fous aussi par là ? Onze heures du matin, et il n'est pas sept heures.

— Bangkok est à 99 degrés à l'est de Paris, répliqua le professeur ; nous sommes donc à 99 degrés à l'ouest de cette capitale, et nos horloges ont toujours été de six heures trente-six minutes en retard sur celles de cette longitude.

— Puisque cela vous paraît clair, je continue :

BANGKOK, 15 *juin*, 11 *h. matin.*

Malgré l'infériorité de nos exploitations agricoles, qui emploient encore la vapeur comme force motrice, la récolte en riz a été très abondante cette année. Tout fait présager que la récolte en vin ne sera pas moins heureuse, les effets désastreux des orages ayant été en partie annulés par les paragrêles.

— Les paragrêles? s'écria le physicien.

— Oui, il y a bien ce mot barbare, répondit le jeune homme. Je connais bien les paratonnerres, les paravents, les parapluies, etc. ; mais je ne savais que deux moyens pour éviter d'être grêlé : se mettre à couvert, ou se faire vacciner. Ce qui m'étonne encore plus, c'est leur récolte en vin. Je croyais qu'ils ne buvaient que de l'eau.

— Quant à moi, ajouta Antius, rien ne me surprend de la part de gens qui confessent avec embarras que, chez eux, l'agriculture en est encore réduite à l'emploi des machines à vapeur. Quel système emploient donc les autres ? Mais quelles surprises nous réserve encore cette feuille étonnante ?

— Je n'en ai lu que la moitié, » répondit Gédéon.

Des deux faces latérales du monolithe, qu'ils n'avaient pu encore examiner, jaillirent à la fois et à intervalles égaux sept vibrations sonores et prolongées.

Le lecteur poursuivit :

TRIPOLI, 15 *juin*, 5 *h. matin.*

Les prévisions de notre observatoire météorologique se sont réalisées. La mer Algérienne est depuis hier secouée par une tempête furieuse, qui atteint en ce moment le summum d'intensité. Tous les ports du littoral étant prévenus depuis quelques jours, on peut espérer que nous n'aurons aucun désastre à enregistrer.

« La mer Algérienne ! s'écria Antius. Voilà qui est étrange.

— Parbleu, riposta le professeur, cela devait arriver. Rappelez-vous que toutes les observations ont démontré que le Sahara n'est qu'une mer desséchée. Avez-vous oublié les travaux du capitaine Roudaire ? Ne vous rappelez-vous pas qu'au moment où nous avons quitté le vieux monde, la question des chotts tunisiens préoccupait tous les esprits? Je suis même convaincu que les richesses du vieux monde doivent être concentrées aujourd'hui sur les bords de cette mer, créée par la main de l'homme.

— Oui, ajouta Antius, ces immenses étendues, où régnaient la sécheresse, la désolation et la mort, doivent être maintenant sillonnées par des milliers de navires, qui vont entasser dans leurs flancs les richesses inépuisables du Soudan et des contrées qui l'entourent. Qui sait même si le centre de l'Afrique n'est pas aujourd'hui habité par des nations puissantes et civilisées? Achève, » dit-il à son neveu.

Ujiji, 15 *juin*, 3 *h. matin.*

« Vous parlez d'or, Antius, fit Terrier, nous voici au centre de l'Afrique. C'est à Ujiji, sur le bord oriental du grand lac Tanganyika, que le célèbre voyageur Stanley, envoyé par le *New-York Herald*, retrouva le grand Livingstone. »

Ujiji, 15 *juin*, 3 *h. matin.*

L'inauguration du palais aérostatique a été célébrée par une grande fête. On peut estimer à cinq cent mille le nombre des curieux accourus de tous les points de l'Afrique centrale.

Une représentation de gala a été offerte par le gouvernement aux membres du congrès, et aux présidents, vice-présidents et secrétaires de cinq cents Sociétés savantes arrivées de tous les points du continent. Le coup d'œil de la salle du Grand-Opéra était féerique. Il y aura pendant huit jours représentations gratuites dans les vingt-deux théâtres de la capitale.

« Toutes ces extravagances me rendront fou! s'écria Gédéon, en levant les bras au ciel. Je crois, pour mon compte, que, s'il y a là-bas un Opéra, on doit compter aux stalles d'orchestre plus de caïmans et d'hippopotames que de *dilettanti*. Voici la fin :

Dans la grande salle du Muséum, le professeur Aboko *a fait hier, devant l'illustre assemblée, une très intéressante conférence sur l'historique des découvertes qui ont amené la locomotion aérienne.*

— Ne sommes-nous pas secoués par quelque hallucination gigantesque ?

— Tout cela est en effet merveilleux, dit le physicien, qui paraissait maintenant blindé contre toutes les surprises, mais tout est parfaitement rationnel. »

CHAPITRE IV

UN MONUMENT UTILE

En ce moment, une ombre rapide passa à leurs pieds. En levant la tête, ils aperçurent à cent mètres du sol un nouveau mobile, aux puissantes ailes métalliques, qui fendait l'air avec la vitesse de l'ouragan.

Soit qu'ils fussent blasés sur ce spectacle, soit que la vue des trois hommes sur lesquels ils attachaient des regards étonnés les intriguât à un plus haut point, quelques promeneurs qui passaient non loin d'eux ne daignèrent pas regarder en l'air.

« Encore un ballon, dit Antius ; mais celui-là a les ailes en mouvement.

— Les ailes et la queue, ajouta Terrier, car il est dirigé par un puissant gouvernail. »

Gédéon, qui s'était porté sur le flanc de la pyramide, s'écria tout à coup :

« Voilà des gens pratiques ! »

Les deux savants avancèrent et se trouvèrent en face d'une large plaque en marbre blanc, au centre de laquelle était fixé un cadran d'horloge monumental, indiquant à la fois l'heure, la minute, la seconde, le quantième du mois, le jour de la semaine, la phase de la lune, les coordonnées du soleil, et les heures relatives des principaux points du globe.

Au-dessus étaient fixés symétriquement, dans les angles, à droite deux thermomètres, l'un à divisions centigrades, l'autre à *maxima* et à *minima*, donnant la plus haute et la plus basse température de la journée ; à gauche, un baromètre anéroïde d'une extrême sensibilité.

L'horloge monumentale.

Dans l'un des angles inférieurs se trouvait peint, en bleu sombre, un admirable planisphère céleste, sur lequel les astres étaient représentés en grandeur relative par des points très brillants ; dans l'autre, le regard s'arrêtait sur un instrument complexe renfermant un hygromètre et un udomètre, dont la construction parut intriguer vivement le physicien.

« N'avez-vous pas été frappés, dit-il tout à coup, de l'éclat extraordinaire de ces points brillants qui représentent les corps célestes ? »

Et il désigna le planisphère, en ce moment inondé de soleil.

« Ce sont des diamants, » ajouta-t-il.

Gédéon regarda son ancien maître avec stupéfaction.

« C'est exact, dit Antius après un examen attentif. Il est vraisemblable qu'on les fabrique aujourd'hui avec la même facilité que le verre à vitres. »

Poursuivant l'inspection de la pyramide, les voyageurs reconnurent que la troisième face était entièrement occupée par un vaste planisphère terrestre très détaillé. Les quatre angles renfermaient des tableaux de statistique qui, au premier abord, paraissaient extrêmement compliqués.

La quatrième face du monolithe était la reproduction de la deuxième, de telle sorte que les deux horloges étaient en regard de deux longues avenues, qui coupaient en ce point celle qu'ils avaient suivie. La pyramide s'élevait sur l'intersection des deux voies.

Le soleil était en ce moment assez haut sur l'horizon, et le ciel brillait d'une pureté remarquable. Les larges bandes d'ombre qui s'étendaient sous la quadruple rangée d'arbres paraissaient noires, sous le feuillage épais. Des milliers d'oiseaux au plumage éclatant sautaient de branche en branche, comme des pierreries ailées.

Une atmosphère de calme, de repos et de fraîcheur incomparable enveloppait ces magnifiques allées.

Les trois hommes, tourmentés par une légitime curiosité, étaient restés jusqu'alors insensibles à l'ardeur du soleil.

« Quelle épouvantable chaleur, s'écria tout à coup Antius, qui depuis quelques moments épongeait inconsciemment son visage, après avoir repoussé sa calotte jusqu'aux confins de l'occiput. Allons nous reposer sous ces arbres ; il y a des bancs très confortables. Au reste, nous avons maintenant grand besoin de nous occuper de notre position. J'avoue que, pour mon compte, je suis extrêmement inquiet. »

Ils éprouvèrent une vive sensation de bien-être en pénétrant sous le dôme épais de feuillage, qui se prolongeait jusqu'aux dernières limites de l'horizon et protégeait la fraîcheur matinale contre les embrasements du soleil. Après quelques pas, ils se laissèrent tomber sur un large banc à dos renversé, dont la construction intelligente favorisait à titre égal le repos et le sommeil.

« Qu'il ferait bon vivre ici, dit Gédéon, si l'on avait seulement trente mille livres de rente !

— Ce que tu dis n'a aucun sens, du moins quant aux rentes, répliqua Antius. Tout ce que nous avons vu a jeté la plus grave perturbation dans nos idées touchant ce chapitre.

— Certainement, ajouta le physicien. Nous ne pouvons encore rien affirmer quant à la valeur relative des métaux. L'or est ici à profusion, comme en témoignent ces moulures massives, qui ornementent les arêtes du monolithe. Au reste, j'approuve sans restriction l'emploi de ce métal, qui est à peu près inaltérable à l'air. D'autre part, la fabrication du diamant fournit à nos petits-neveux des pivots de premier ordre et des verres optiques d'une grande puissance. »

Depuis que les voyageurs étaient assis sur leur banc rustique, qui, en raison des phénomènes dont ils avaient été témoins, menaçait de devenir pour eux le radeau de la *Méduse*, les allées étaient devenues moins désertes.

Vêtus d'étoffes légères, dont la teinte générale embrassait tous les tons de la fraîche gamme qui s'étend du blanc éclatant au bistre clair, des groupes se détachaient peu à peu sur la verdure des massifs, comme si quelque enchanteur avait tout à coup animé et multiplié les blanches statues de marbre, qui jusqu'alors avaient été les seuls hôtes de cette luxueuse solitude.

Le docteur, qui depuis quelque temps observait les promeneurs avec une attention soutenue, se retourna tout à coup vers ses deux compagnons.

« J'ai été frappé d'une singularité, dit-il, qui est tout à l'avantage des habitants de cette ville. Vous remarquerez, si vous n'avez fait déjà cette observation, que les hommes présentent, sans exception, les signes manifestes de la force et de la santé. J'en conclus directement qu'aujourd'hui l'éducation du corps marche parallèlement à celle de l'esprit.

— Comme vigueur, santé et noblesse d'attitude, les femmes ne le cèdent pas aux hommes, » dit Terrier en désignant un groupe de jeunes femmes magnifiquement drapées, qui avançaient en examinant avec intérêt les massifs remplis de fleurs éclatantes.

Arrivées à la hauteur des trois hommes, un léger sourire, provoqué par l'excentricité de leurs vêtements, effleura leurs lèvres.

CHAPITRE V

HEUREUX INCIDENT

Tout à coup, une petite fille, qui paraissait âgée d'une dizaine d'années, se détacha du groupe des jeunes dames et accourut vers les voyageurs. Elle s'arrêta brusquement devant le physicien.

Sa mère, inquiète, la suivit à pas précipités.

« Lydia, appela-t-elle d'une voix douce, pourquoi aller troubler ces étrangers ? »

Mais l'enfant, tenant ses grands yeux fixés sur le chapeau du respectable professeur, ne l'entendait pas.

La jeune femme rougit.

« Veuillez l'excuser, Monsieur, dit-elle ; cette enfant, à peine âgée de huit ans, n'a pas conscience de son manque de déférence.

— Cette charmante petite fille est encore à l'âge heureux où la parole n'est guidée que par les yeux ou par le cœur, répondit le savant, et je ne saurais la blâmer de son étonnement. J'avoue, du reste, que cette coiffure, qui est à peu près adoptée par tout le monde dans mon pays, doit paraître singulière partout ailleurs. D'autre part, Madame, si notre costume peut provoquer la surprise et peut-être la raillerie chez les habitants de l'admirable cité où nous pénétrons aujourd'hui pour la première fois, le spectacle de vos richesses et de votre civilisation nous a fortement impressionnés, et ce n'est pas sans effroi que nous nous voyons ici dans un isolement absolu.

— Vos inquiétudes sont heureusement exagérées, reprit la jeune femme, car tous les étrangers sont accueillis chez nous avec bienveillance. Tous

Une petite fille accourut vers les voyageurs.

les bras et tous les esprits trouvent facilement à être occupés dans notre société, et, comme l'a dit un fabuliste des temps anciens, *le travail est le fonds qui manque le moins.* Je ne doute pas, Messieurs, qu'en exerçant vos professions, vous n'arriviez à conquérir en peu de temps la considération et le bien-être. Je suis heureuse que la curiosité naïve de mon enfant m'ait fourni l'occasion de vous faire entrevoir un avenir meilleur que celui que vous semblez redouter.

— Nous vous rendons grâces, Madame, et nous sommes disposés à faire tous nos efforts pour nous rendre utiles. Dans le monde où nous avons vécu, nous occupions un certain rang dans les professions libérales, et, malgré la supériorité incontestable du milieu où nous avons été jetés subitement par les événements les plus extraordinaires, nous espérons qu'après un examen approfondi nous pourrons devenir bons à quelque chose.

— Monsieur, poursuivit Terrier, en désignant le docteur, est médecin, et ses savants ouvrages sont devenus classiques. »

Antius ôta sa calotte.

« Notre jeune ami, ajouta le physicien en désignant le jeune homme, n'a pas encore fait choix d'une carrière. »

Gédéon s'inclina naïvement.

« Pour mon compte, Madame, j'ai enseigné pendant trente ans la physique et la chimie.

— Vous êtes, Monsieur, le collègue de mon mari, reprit vivement la jeune femme, et cette heureuse coïncidence me fait un devoir de vous procurer directement les moyens d'utiliser votre talent et de mettre ces messieurs en rapport avec ceux qui pourront leur être utiles. Je ne puis rentrer à l'instant à l'École, car j'accompagne l'enfant au bain ; mais ma présence est inutile. Voici ce qu'il convient de faire. L'École gouvernée par mon mari, est à dix minutes de marche du lieu où nous nous trouvons. Dès que vous serez reposés, descendez le long de l'avenue, jusqu'à la place du Muséum, qui contient plusieurs monuments remarquables et entre autres le Musée des antiques, que vous reconnaîtrez facilement à son aspect imposant. L'École, qui touche au Musée, porte au milieu du fronton une inscription très visible qui vous guidera. Vous entrerez avec confiance et demanderez le directeur, qui vous accueillera avec la plus franche cordialité. Il suffira de raconter notre entretien pour qu'il vous soit entièrement dévoué.

— Madame, dit le docteur, recevez l'expression de notre profonde gratitude, car votre rencontre est un fait providentiel.

— Je suis heureuse de mon côté de pouvoir vous être utile. Je vous retrouverai bientôt à la maison, où vous pourrez discuter et mûrir vos plans d'avenir, car vous resterez nos hôtes. »

Après un gracieux salut, la jeune femme entraîna sa petite fille, et elles s'éloignèrent en courant, pendant que les voyageurs, touchés par sa bonté et émerveillés par sa grâce, restaient sous l'empire d'une indicible émotion.

« Il est certain, fit tout à coup Gédéon d'une voix agitée, que la rencontre de la jeune dame nous portera bonheur, ou la Providence serait à la fois aveugle et sourde. Et dire, ô mon cher maître, que c'est à votre gibus que nous devons notre salut. »

Is se levèrent, et maintenant, confiants et joyeux, ils s'élancèrent d'un pas rapide et assuré dans la direction indiquée.

Les promeneurs levaient de temps en temps des regards étonnés vers les voyageurs, qui n'attachaient du reste aucune attention à la sensation que provoquait leur costume.

Ils avaient à peine parcouru cinq cents mètres, que leurs regards purent embrasser dans toute son étendue une vaste et magnifique place circulaire, encadrée de palais d'une richesse incomparable.

Au centre de l'immense cercle se dressait une pyramide, dont les dimensions étaient au moins quadruples de celles de la première. La décoration en était encore plus riche, quoiqu'elle parût, d'après l'ornementation de la face qui leur était opposée, avoir le même but instructif.

Du centre à la périphérie, le regard embrassait un nombre considérable de statues, de fontaines jaillissantes et de vases en marbre blanc regorgeant de fleurs rares. Toutes ces œuvres d'art reposaient sur un épais tapis de gazon, étendu jusqu'au seuil des monuments. La lumière éclatante du soleil se brisait contre un épais dôme de verdure que produisaient plusieurs rangées circulaires d'arbres gigantesques. Les voyageurs allaient franchir le parquet qui les séparait du square, lorsque leur attention fut éveillée par quelques modulations sonores et précipitées, qui paraissaient sortir du pavillon d'un cor d'harmonie.

Ils tournèrent la tête et reculèrent vivement jusqu'au bord de la voie.

Une gigantesque voiture à trois étages, chargée de voyageurs, arrivait sur eux à toute vitesse. La puissante machine, reposant sur des roues de caoutchouc comprimé, s'avançait dans un profond silence. Bientôt elle passa comme un éclair devant leurs yeux éblouis. Quelques crépitations, accompagnées d'étincelles qui s'échappaient de l'essieu central, arrivèrent à peine à leurs oreilles.

Néanmoins, Gédéon avait pu lire sur une bande elliptique qui s'étendait d'avant en arrière, sur un panneau latéral, les deux mots : Omnibus électriques, peints en lettres d'or d'un pied de hauteur sur une écharpe à fond d'azur.

Les divers compartiments de cette voiture monumentale étaient garnis de divans de cuir fauve, sur lesquels quelques voyageurs étaient assis, pendant que les autres arpentaient des balcons circulaires qui entouraient les divers étages.

« Il doit être fort agréable de voyager ainsi, dit le jeune homme, à peine remis de la surprise ; mais je plains les gens distraits qui s'aventurent par les rues.

— Voilà un mode de transport, observa Terrier, qui se recommande par trois qualités essentielles : la vitesse, l'élasticité et le silence. Quelle supériorité sur les anciennes voitures publiques, si difformes, où les victimes, entassées et secouées comme dans un crible, éprouvaient en juin la température du Sénégal et en décembre celle du Kamtschatka. En outre, si toutes les voitures qui sillonnent la cité sont établies sur des modèles analogues, et nous avons tout lieu de le croire, en raison de la propreté parfaite de la voie, il n'y a pas de raison pour que la durée du revêtement ne soit indéfinie.

— Sans doute, approuva Antius.

— J'estime que les riverains sont aussi favorisés que les voyageurs, » poursuivit le professeur, grand ami du silence, n'ayant jamais habité que des rues macadamisées, et ayant régulièrement fait inscrire en tête de son bail la faculté de décamper le jour même où il verrait un pavé posé devant sa porte.

Cependant l'animation devenait de plus en plus grande sur le boulevard, et les voitures publiques et particulières se croisaient dans tous les sens.

Neuf heures sonnèrent aux flancs de la pyramide qui se dressait au centre de la place du Muséum.

« Je crois, fit observer Gédéon, effrayé par l'immensité du square, qu'il nous sera difficile de trouver le logis hospitalier.

« Au fait, nous allons nous renseigner. Voilà un bourgeois qui vient vers nous, tout en aspirant un panatellas dont la fumée bleuâtre atteste la qualité. Je vais l'interroger. »

Le promeneur n'était plus qu'à trois pas, lorsque le jeune homme, arrondissant le geste, lui fit un profond salut.

Le citadin s'arrêta et se découvrit.

« Monsieur, dit le jeune homme, voudriez-vous bien nous indiquer la maison d'École ? Nous allons chez le directeur.

— L'École, Monsieur, est de l'autre côté de la place, dans la direction de la pyramide centrale. »

Les voyageurs avancèrent vivement vers le centre du square. Cinq minutes plus tard, ils pénétraient de nouveau sous la voûte des arbres.

Gédéon, qui marchait en avant, s'arrêta tout à coup la bouche béante.

CHAPITRE VI

L'ÉCOLE

Les deux savants étaient encore à dix pas en arrière, lorsque le jeune homme se retourna brusquement et leur montra un cadre de marbre noir, au milieu duquel brillait en lettres d'or le mot École.

En face d'eux, sur une étendue de deux cents mètres, un vaste palais à deux étages s'ouvrait en fer à cheval au fond d'une pelouse. La partie centrale de l'édifice portait un dôme monumental, couronné de statues, et présentait l'architecture la plus grandiose.

Le monument, dont la base dominait de quelques mètres le niveau de la promenade, communiquait librement avec celle-ci par un large et magnifique escalier. Les deux ailes s'arrêtaient à vingt mètres d'une balustrade qui dominait la place de quelques pieds.

A la droite de l'École, un vaste monument, d'une architecture admirable et dont la base était exactement au niveau de celle de l'établissement voisin, s'élevait au fond d'un parterre verdoyant.

Ils traversèrent une large bande d'asphalte, couverte de mosaïques étincelantes, et gravirent l'escalier.

La porte du pavillon central était ouverte. Ils suivirent l'allée demi-

circulaire qui entourait la pelouse et se
trouvèrent bientôt devant une porte

monumentale ouverte à deux battants. Ils pénétrèrent sous la voûte.

Au même instant, une porte latérale s'ouvrit, et sur le seuil parut un vieillard couronné de cheveux blancs, dont l'attitude, à la fois digne et

Sur le seuil apparut un vieillard couronné de cheveux blancs.

affable, n'était nullement compromise par la présence d'un énorme plumeau, qu'il tenait sous le bras.

« Ces Messieurs viennent sans doute pour visiter les collections, dit-il, en déposant sur un fauteuil son arme pacifique. Je suis à leur disposition.

— Nous vous remercions de votre bienveillance, Monsieur, s'empressa de dire Antius ; nous venons pour parler au directeur de l'établissement.

— Fort bien, Messieurs. Je vais avoir l'honneur de vous conduire auprès de l'honorable M. Herber. Il sera enchanté de votre visite, qu'il n'attendait que dans quelques jours.

— Il nous attendait? fit Gédéon.

— Oui, Monsieur, car vous êtes sans doute membres du congrès des maîtres d'école, qui doit s'ouvrir le 1er juillet? Chacune des quatre-vingts écoles de la ville doit donner l'hospitalité à quarante membres, et vos logements sont déjà prêts. Vous devez du reste être bien fatigués d'un aussi long voyage, car j'estime que vous avez mis au moins trois jours pour venir de votre pays.

— Pour quelle raison, Monsieur, supposez-vous que nous venons d'aussi loin? demanda Terrier.

— Votre costume me l'indique suffisamment, Messieurs, car c'est à peu près celui qu'on porte encore aux îles Marquises. »

Sous le regard sévère d'Antius, Gédéon contint un éclat de rire.

« Nous appartenons en effet à l'enseignement, » dit le physicien, qui, en raison de son gibus, paraissait spécialement visé par les hypothèses de son interlocuteur. « Aurais-je l'honneur d'avoir rencontré en vous un collègue? ajouta-t-il.

— Un ex-collègue, oui, Monsieur, car je suis à la retraite depuis dix ans; mais, comme l'inaction me fatiguait encore plus que le travail, le gouvernement, sur ma demande, m'a confié le poste de conservateur des collections de cette école, et je déclare qu'ici je suis fort heureux. Maintenant, Messieurs, je vais avoir l'honneur de vous conduire près du maître, qui n'a pas quitté l'École de ce matin, car, s'il était sorti, il m'aurait prévenu. »

Le vieux fonctionnaire descendit lentement les quatre marches du perron et s'engagea dans l'allée qui répondait symétriquement à celle qu'avaient suivie les trois voyageurs. Ceux-ci le suivirent.

A côté du péristyle, logé entre deux énormes colonnes corinthiennes, un groupe en marbre attira l'attention des deux savants.

Au centre du piédestal, une femme assise, à la tête majestueuse et sereine, avait la main droite posée sur un globe terrestre, et la gauche étendue sur une pile d'in-folio. Cette forme allégorique, respectable, n'avait pas le mérite de la nouveauté, et les deux savants eussent passé outre, si leur curiosité n'avait été provoquée par les détails de l'œuvre. Le soubassement et le socle étaient en effet ornés d'instruments dont la nature et l'usage leur étaient absolument inconnus.

Pendant qu'ils se perdaient en conjectures, Gédéon avait rejoint le vieux maître et marchait à côté de lui.

« Ce qui m'a le plus frappé dans votre établissement, dit tout à coup le jeune homme, c'est son étendue.

— Ce que vous voyez ici, Monsieur, en constitue à peine la cinquième partie.

— La cinquième partie !

— Oui, Monsieur. Derrière l'hémicycle s'étend une cour de quatre cents mètres de large sur trois cents de profondeur. Elle possède des ombrages magnifiques. Sur le côté droit sont les salles de cours ; en face se trouvent le gymnase et le théâtre. C'est du reste la disposition générale adoptée dans nos établissements.

— Mais alors vous pouvez loger un régiment !

— Un régiment ? vous employez là un vieux terme, absolument tombé en désuétude. Ce mot désignait autrefois un groupe d'hommes armés qu'on appelait soldats.

— C'est exact. Mais les hommes armés, comment les appelez-vous maintenant ?

— Il n'existe plus dans le monde civilisé d'hommes de cette profession ou, si vous voulez, d'hommes destinés à se battre les uns contre les autres.

— C'est, ma foi, ce que M. Terrier prédisait un soir à table, il y a juste mille ans.

— Ce qui prouve, Monsieur, que les temps anciens ont compté des hommes de bon sens.

— Je dois ajouter que je fus de son avis.

— Pardon, que vous *êtes* de son avis.

— Je dis : que *je fus* de son avis, car c'est sur mon interpellation qu'il fit cette mémorable prophétie. »

Le vieillard regarda fixement Gédéon.

« Est-ce que dans votre pays, jeune homme, on se permet de se moquer des hommes de mon âge, et surtout de ma profession ? demanda-t-il sévèrement.

— Je vous demande pardon. Je me suis mal expliqué, dit Gédéon, sentant qu'il avait failli tout compromettre. Je veux dire qu'un jour, me demandant si les anciens avaient pu prévoir que la fraternité ne serait pas toujours un vain mot, je consultai les livres laissés par les plus fortes têtes de l'époque.

— Je comprends. Mais je ne connais pas ce philosophe. En quelle année est-il mort?

— Mort! cria Gédéon. Au fait, je ne sais à quel moment on peut rapporter sa mort; mais je sais qu'il vivait fort solidement en mil huit cent soixante-seize.

— Eh bien, s'il n'est pas mort avant l'an 1920, nous pourrons avoir, si nous le désirons, sa biographie complète au palais nécrologique. »

En ce moment, les deux savants abandonnaient leur examen et pressaient le pas pour les rejoindre.

Quelques minutes plus tard, les quatre hommes pénétraient dans un large vestibule dont la voûte hémisphérique, peinte en bleu et piquée de points brillants, représentait le ciel de Paris. Autour des murs régnait une galerie de larges divans de couleur pourpre. Une caisse en chêne, de grandeur médiocre, portant à son centre une embouchure de cuivre en forme de pavillon, était fixée au mur. Le vieux maître s'approcha de l'instrument et appuya la main sur un bouton d'ivoire, qu'il pressa légèrement. Aussitôt, une voix nette, forte et parfaitement articulée, dit par l'embouchure métallique :

« Je serai toute la matinée au laboratoire. »

L'étonnement des voyageurs fut à son comble.

« A moins que Monsieur ne soit ventriloque, murmura le jeune homme, je n'y comprends rien. M. Herber est sans doute près d'ici? demanda-t-il?

— Il est juste en ce moment à quatre cents mètres de distance, dit l'opérateur.

— A quatre cents mètres?

— Oui, et je vais le prévenir de votre arrivée.

— Mais ne l'avez-vous pas déjà prévenu électriquement? demanda le physicien.

— Non, Monsieur, je viens seulement de fermer le courant pour connaître les paroles que M. Herber a jetées dans le phonographe, il y a une heure, comme l'indique le cadran.

— Il y a une heure que les paroles que nous venons d'entendre ont été prononcées ! s'écria Gédéon.

— Une heure et huit minutes, Monsieur. Les paroles se conservent indéfiniment dans le phonographe, » poursuivit le vieux maître, qui avait saisi de la main droite un cornet mobile attaché au mur par un cordon de soie assez épais et qui présentait à son orifice une membrane métallique.

Le vieux maître s'approcha de l'instrument.

Il y appliqua les lèvres et fit entendre un son prolongé.

Quelques secondes plus tard, une voix dont le timbre, l'accent et l'intensité formaient une reproduction exacte de celle qui avait déjà parlé par le pavillon de cuivre, prononça ces mots :

« Que désirez-vous, monsieur Ravan ? »

Celui-ci dit à voix haute :

« Trois voyageurs océaniens désirent vous parler.

— Veuillez les faire entrer dans mon cabinet, répondit la voix ; j'y serai dans dix minutes, et excusez-moi auprès d'eux. »

Le vénérable conservateur ouvrit une grande porte latérale, pria les étrangers d'entrer et prit congé en disant :

Portant vivement la main à son bonnet, il s'inclina profondément.

« Veuillez me pardonner, Messieurs, si je ne reste pas auprès de vous. Je suis obligé de rentrer dans les galeries, car la masse des visiteurs va bientôt affluer, et, bien que ma présence ne soit pas indispensable, le public est habitué à mes explications, couronnées ordinairement par une petite conférence qui est toujours suivie avec un intérêt dont je suis très flatté. »

Et il reprit le chemin du musée scolaire.

Le docteur pénétra le premier dans le cabinet du maître d'école.

A peine eut-il franchi le seuil, que, portant vivement la main à son bonnet, il s'inclina profondément. Terrier et Gédéon étaient derrière lui. Ceux-ci tressaillirent. Ils se trouvaient subitement en présence de la jeune femme qui les avait guidés vers cette demeure hospitalière. Ils firent une profonde révérence.

Madame Herber se tenait immobile et souriante devant une porte faite d'une seule glace dépolie, légèrement teintée de tons azurés et enchâssée dans un vaste cadre d'or sculpté avec art. Le seuil était élevé d'un mètre environ au-dessus du plancher, particularité qui frappa les voyageurs.

« Madame, dit le docteur, nous vous garderons une éternelle reconnaissance pour la bonté avec laquelle vous nous avez pris sous votre protection. En quelques minutes, nous devrons être rejoints ici par M. Herber.

— Dans cette expression sincère de nos sentiments, ajouta le physicien, nous n'oublions pas la charmante petite fée qui a été la cause première de cette heureuse rencontre. »

Madame Herber, sans répondre un seul mot, conservait son gracieux sourire.

« Votre présence, reprit Antius, est du plus heureux augure pour l'entretien que nous allons avoir avec M. votre mari. »

Le visage de la jeune femme gardait toujours une immobilité absolue.

La stupéfaction des visiteurs était à son comble, lorsque Gédéon dit tout haut en riant :

« Ne voyez-vous donc pas que c'est au portrait de notre bienfaitrice que vous vous adressez en ce moment ? »

Terrier s'approcha du cadre et, après quelques instants d'hésitation, se retourna en disant :

« Je n'ai jamais vu d'œuvre aussi parfaite, j'ajouterai même que je ne crois pas que celle-ci sorte des mains d'un artiste.

— Messieurs, c'est de la photopeinture, » dit tout à coup à côté d'eux un homme encore jeune, qui venait de pénétrer dans le salon, en soulevant une portière de velours.

CHAPITRE VII

LE MAITRE D'ÉCOLE

Leur désignant des sièges, il ajouta d'une voix franche et cordiale :
« Messieurs, soyez les bienvenus. Je suis le maître d'école. »
La bonté, l'intelligence et l'énergie avaient gravé leur triple sceau sur le visage du nouveau venu. Son attitude présentait le double caractère de la simplicité et de la grandeur, apparences qui dans le monde sublunaire ont toujours semblé s'exclure mutuellement.
Lorsque les étrangers furent assis, il approcha son fauteuil.
« Monsieur le directeur, dit Antius, qui, en sa qualité de doyen, prit la parole, nous étions ce matin tous les trois assis, ou plutôt échoués sur un banc dans une avenue voisine, et nous envisagions avec terreur le misérable avenir qui nous était réservé dans cette admirable cité, où nous avions été jetés sans ressources. Le désespoir avait déjà envahi nos âmes, lorsqu'une jolie petite fille, attirée par la singularité de nos costumes, accourut vers nous.
« Sa mère, une charmante jeune femme, vint doucement l'arracher à sa contemplation naïve et, voyant notre détresse, nous dit :
« — Étrangers, allez à l'école, vous y trouverez aide et protection. Le

directeur est mon mari. Il vous suffira de lui dire que je vous envoie vers lui.

« Nous sommes venus directement ici. Un homme vénérable, que nous avons rencontré en pénétrant dans l'établissement, nous a accompagnés jusqu'au vestibule de votre logement et s'est retiré après nous avoir introduits dans ce salon.

— Je suis heureux, Messieurs, dit Herber, que le hasard m'ait procuré la

« Messieurs, soyez les bienvenus. Je suis le maître d'école. »

satisfaction de pouvoir le premier vous venir en aide. Les hommes ne forment du reste qu'une vaste famille, et c'est un devoir sacré, auquel personne ne faillit, de s'aider mutuellement.

« Mon vieil ami, le respectable M. Ravan, m'a appris que vous arriviez des îles de l'Océanie, et, quoique la science et la civilisation règnent à peu près sur tout le globe, il est certain que chaque peuple a encore ses mœurs et son génie particuliers, et que plusieurs de nos usages peuvent vous paraître étranges. D'autre part, il importe, Messieurs, que vous m'appreniez si vous êtes venus en ce pays comme simples voyageurs, ou si c'est dans l'intention de vous y fixer définitivement, afin que je puisse agir en conséquence.

— Nous sommes venus, répondit Terrier après un moment de réflexion, pour étudier avec soin la civilisation, les mœurs et surtout l'état industriel et scientifique de vos contrées. Notre séjour ne paraît donc pas limité pour le moment. Dans ces conditions, nous serions heureux de trouver du travail en rapport avec nos facultés et qui nous permît de nous rendre assez utiles à la société pour n'être à la charge de personne.

— C'est en ce sens que vont tendre tous mes efforts, dit Herber ; mais, pour le moment, il importe surtout d'assurer vos besoins matériels. Jusqu'au moment de l'ouverture du congrès de l'enseignement, vous logerez ici. Le jour où je mettrai l'établissement à la disposition de ses membres, nous aurons très probablement trouvé des ressources. »

« Le congrès ne dure que quinze jours, et, dans le cas le plus défavorable, j'aurai bien le moyen de vous fournir un appartement convenable. Au départ des délégués, si nous avions été forcés de nous séparer provisoirement, vous rentrerez ici pour y demeurer indéfiniment. Quant à la nature du travail qui vous est propre, nous aviserons. Pour le moment, la première opération que nous exécuterons de concert n'offre aucune difficulté. Elle consiste simplement à nous mettre à table. »

Et le maître appuya sur un bouton d'ivoire.

Dix secondes après, une dame d'âge respectable apparut sur le seuil de la porte d'entrée.

« Madame Cassan, dit Herber, vous ferez mettre trois couverts de plus, et cela à chaque repas jusqu'à nouvel ordre. Il est dix heures dix-sept minutes ; vous n'avez plus que treize minutes devant vous. »

En ce moment, des cris joyeux retentirent dans le corridor, la porte s'entr'ouvrit, et la petite fille qui, une heure auparavant, avait couru vers les étrangers, se précipita dans les bras de son père. Tout à coup, un bruit léger se fit entendre sous le vestibule, et madame Herber, dans tout l'éclat de sa grâce et de sa beauté, parut sur le seuil. Elle vint s'asseoir près du maître d'école.

Appuyant sa main sur le bras de son mari :

« Herber, dit-elle, ces Messieurs ont dû te dire dans quelles circonstances ma fille et moi les avons rencontrés ce matin. Je les ai priés de se rendre à l'école, leur assurant qu'ils y trouveraient aide et appui.

— Tu as bien fait, Jeanne, répondit simplement l'instituteur.

— Je dois ajouter que Monsieur, poursuivit la jeune femme en désignant Antius, est un médecin renommé, et que Monsieur, fit-elle en se retournant vers Terrier, est un professeur de sciences physiques du plus haut mérite. »

Herber s'inclina. « Messieurs, dit-il, je suis heureux que le hasard vous ait conduits sous mon toit. Votre arrivée n'est plus seulement une faveur, elle est maintenant un honneur pour moi. »

Les deux savants saluèrent.

« Jeanne, il est dix heures vingt-huit minutes, dit l'instituteur.

— J'entends bien, mais rien n'est compromis, » répondit madame Herber, en s'élançant hors du salon.

Au moment où l'aiguille atteignait la trentième division, un timbre d'or, fixé au mur, fit entendre un roulement prolongé.

« Messieurs, la table est servie, dit Herber. Permettez-moi de vous conduire. »

Suivi de ses trois convives, il sortit et s'avança jusqu'au fond du vestibule. Il s'engagea ensuite dans un large corridor latéral, éclairé par de hautes fenêtres, cachées en ce moment par des écrans qui arrêtaient les rayons du soleil.

Arrivé à la hauteur d'une porte vitrée, l'instituteur s'arrêta. Les deux battants s'ouvrirent d'eux-mêmes, et les voyageurs pénétrèrent dans la salle à manger.

Madame Herber, debout et souriante devant une table ovale chargée d'un service étincelant d'or pur, attendait ses hôtes. L'abondance et la recherche des mets qui couvraient une nappe brillante comme de la soie étaient dignes des splendeurs de l'orfèvrerie. La jeune femme remarqua l'étonnement et l'admiration qui se reflétèrent subitement sur les visages des étrangers.

D'un geste gracieux, elle fit asseoir les deux savants à ses côtés, pendant qu'Herber plaçait amicalement Gédéon à sa droite et l'enfant à sa gauche.

Le service était conduit avec dextérité par deux jeunes filles chez lesquelles le costume, l'attitude et la distinction des manières paraissaient peu conformes à l'humilité des fonctions.

Les voyageurs, éprouvés par la fatigue et les émotions de la matinée, officiaient avec énergie. Un thon monstrueux, originaire de la mer Saharienne, eut l'honneur de subir deux assauts successifs.

Un moment après, Antius, qui d'ordinaire analysait avec attention et

D'un geste gracieux, elle fit asseoir les deux savants à ses côtés.

sûreté ce qui entrait dans son assiette, trouva pour la première fois sa sagacité en défaut, devant un disque doré et parfumé que son hôtesse venait de lui servir.

« Ce filet est certainement délicieux, dit-il d'une voix dont l'autorité en semblable matière faisait dogme dans le monde des gourmets, cependant je ne sais à quel quadrupède il a appartenu.

— C'est du bison, docteur, répondit madame Herber.

— J'approuve, fit Gédéon en essuyant ses lèvres, les épithètes flatteuses dont les anciens romanciers du désert ont gratifié la chair de ce monstrueux herbivore, quoiqu'ils n'aient jamais parlé que de sa bosse cuite à la manière indienne.

— Aujourd'hui, dit le maître d'école, on élève ces énormes ruminants par troupeaux innombrables, et leur chair très estimée alimente une partie de l'Europe.

— Emploie-t-on la production artificielle du froid, ou les agents antiseptiques, pour la conservation de la viande pendant la traversée ? demanda Terrier.

— Aucun de ces moyens n'est employé, dit Herber. Le transport se fait dans des conditions particulières d'altitude et de vitesse. L'altitude adoptée est comprise entre trois et quatre mille mètres, et, dans ces régions, la température est très basse. D'autre part, la distance qui sépare le Far-West, centre de l'exploitation des marchés de Paris, Londres, Liverpool, Bordeaux, Lyon et Marseille, est franchie en une moyenne de trente-six heures.

— Une vitesse de soixante lieues à l'heure ! s'écria Antius.

— Oui, Monsieur, et cette vitesse, qui paraît vous surprendre, est pourtant bien inférieure à celle de certains transports express, construits dans des conditions spéciales et destinés à de longs parcours. Il faut ajouter qu'ils ne sont chargés que de masses bien inférieures à celles que transportent les appareils réservés à l'industrie et aux approvisionnements.

— J'imagine, dit Gédéon, que les bergers de la Prairie, pour éviter le scalp des Indiens, doivent avoir échangé la houlette contre la carabine rayée.

— Il y a huit siècles, Monsieur, répliqua Herber, que les races indiennes ont disparu. Le rifle et l'eau de feu ont, tour à tour, préparé et consommé leur ruine. Les dernières tribus se sont à la fin fondues dans le vaste courant de la civilisation. Néanmoins, le type n'a pas absolument disparu, du moins pour la science. Dans un ouvrage très estimé,

Recherches sur les races américaines, M. Fuller, secrétaire de la Société d'anthropologie de Baltimore, assure qu'il n'est point difficile de reconnaître, en particulier parmi les membres du plus élégant cercle américain, l'*Atlantic Club*, des descendants authentiques des anciens chasseurs de chevelures.

« Le désert, par exemple, n'existe plus, et sur le sol des forêts vierges s'élèvent maintenant des hôtels de ville, des académies et des salles de spectacle. Dans ces régions, relativement neuves, se trouvent les fermes les plus colossales du monde entier. L'agriculture et l'élève du bétail sont traitées sur la plus vaste échelle et par les procédés les plus perfectionnés. C'est de là que nous viennent les plus remarquables innovations agricoles. La plus grande partie des sauvages habitants de la Prairie a été réduite à l'état domestique et soumise aux méthodes les plus savantes de l'engraissement et du croisement des espèces. De cette manière, une masse alimentaire, saine, agréable et variée, est entrée par torrents dans la circulation générale. J'ajouterai que, si l'on rencontre moins de cités opulentes dans l'immense territoire des Pampas de l'Amérique méridionale, on y trouve l'agriculture aussi développée.

« Nous sommes loin de l'époque où ces vastes contrées ne donnaient à l'exportation que quelques milliers de taureaux étiques, dont on découpait la chair en lanières, que l'on séchait ensuite sous le soleil ardent des tropiques. Aujourd'hui, grâce à un élevage régulier, continu et sagement progressif, les bœufs de l'Amérique du Sud remportent de véritables moissons de lauriers aux expositions agricoles du monde entier, et ces détestables moutons du Chili, qui faisaient reculer les estomacs les plus intrépides, alimentent par leur toison nos plus riches manufactures, et par leur chair fine et succulente les tables les plus distinguées. »

Les convives avaient déjà attaqué plusieurs pyramides de fruits énormes et d'une saveur exquise.

« Si j'étais propriétaire de l'heureux verger qui a produit ces merveilles, dit Gédéon, tout en découpant avec respect une pêche grosse comme un melon, je le garderais avec autant de soin que le jardin des Hespérides.

— Tout ce dessert, dit Herber, a été cueilli dans les propriétés de mon ami Guillaume Dryon. Ce célèbre agronome, qui est à la fois un érudit de premier ordre et un bibliophile des plus entendus, possède un immense territoire sur les plateaux de la côte nord-ouest du Tanganyka.

« Par les plus intelligents et les plus vastes procédés de culture, il obtient des récoltes suffisantes pour alimenter tout un État. Il entretient de véritables forêts d'arbres fruitiers, dont les produits lui ont valu les éloges des jurys agricoles du monde entier. Sa fortune est immense, et il en fait l'usage le plus louable. Il compte en outre parmi les membres les plus influents du congrès.

« Comme il me fait l'honneur de me compter parmi ses intimes, il m'envoie de fréquentes cargaisons de fruits de toute espèce. J'ai du reste l'intention de vous présenter à lui.

— Est-ce que nous allons nous mettre en route pour l'Afrique centrale? demanda tranquillement le physicien.

— Non, répondit Herber, l'opulent propriétaire, qui en ce moment est en Orient, doit bientôt venir passer quelques jours à Paris, où il possède un admirable palais. Vous pouvez compter sur l'accueil le plus bienveillant.

— Maître, fit observer Gédéon, nous vous devons toute notre reconnaissance pour vos bontés, mais nous craignons fort de ne pas être assez correctement vêtus pour nous présenter dans le monde, et si votre ami est rigoureux sur l'étiquette....

— A ses yeux, cela n'aurait aucune importance, dit Herber. Cependant il convient de vous faire habiller comme tout le monde. En sortant de table, nous prendrons place dans le chemin de fer atmosphérique, qui passe derrière les bâtiments de l'école, et je vous conduirai aux Magasins généraux, qui ne ferment qu'à cinq heures. Quant aux dépenses insignifiantes que nécessitera votre équipement, vous n'avez point à vous en inquiéter.

« Nous vous remercions du fond de l'âme, cher collègue, mais nous avons encore quelques ressources, dit Terrier d'une voix émue, en montrant une dizaine de louis qu'il tira des profondeurs de son gousset.

— Cette monnaie a encore de la valeur dans vos pays? demanda l'instituteur.

— Une très grande. Chez nous, l'or vaut environ quinze fois plus que l'argent. Nous avons encore une troisième espèce de monnaie, dont la valeur est bien inférieure à celle de l'argent. C'est un alliage de cuivre et d'étain. Elle sert au payement des objets les moins coûteux.

— Ici, dit Herber, les valeurs de l'or et de l'argent sont peu différentes.

Néanmoins, eu égard à certaines qualités qui lui sont propres, le prix du premier métal subit parfois quelques variations ascensionnelles temporaires. Ainsi, en raison de sa malléabilité et surtout de son inaltérabilité, l'or est particulièrement employé pour nos services de table et pour les vases destinés à maintenir les liquides chauds, car son pouvoir émissif est peu considérable. On le recherche aussi pour la fabrication des objets qui doivent conserver un éclat inaltérable.

« Mais le système monétaire nouveau, qui chez nous est employé exclusivement, poursuivit le maître d'école, diffère à tous les points de vue de l'ancien système dont vous paraissez ne pas avoir abandonné entièrement l'usage.

« Il est essentiellement fiduciaire et universel, et par conséquent a cours dans le monde entier.

« Je vous prie d'observer combien, par ce dernier caractère, il est supérieur aux anciennes conventions, applicables respectivement et exclusivement à des régions limitées. Pour franchir ces bornes fictives qu'on appelait frontières, les valeurs relatives fort différentes du reste des disques d'or, d'argent et de bronze qui le composaient, devaient subir l'exploitation onéreuse de cette bizarre forme de parasitisme appelé le change.

« Aujourd'hui le même billet de banque, affecté des mêmes subdivisions et appliqué à toutes les transactions, a non seulement les mêmes valeurs sur toutes les places, mais en outre écarte ce dualisme illogique de deux valeurs variables, le métal et la marchandise, qui, selon leur abondance respective, subissaient des variations incessantes et contraires, capables de dérouter tous les calculs.

« Voici notre monnaie courante, » ajouta Herber, en tirant de sa poche une feuille dont la texture paraissait fort résistante, qu'il tendit au docteur.

Le physicien et le jeune homme se penchèrent vers leur compagnon et purent lire, encadrée par des vignettes fort élégantes, la valeur de cent francs, établie en exergue. En tête se trouvait l'inscription :

Banque Universelle.

« Je vois avec fierté, dit Antius, que l'unité monétaire française a survécu, au moins nominalement.

— Comme tout le système métrique décimal, répondit l'instituteur. Aucun n'a soulevé du reste d'objections à cet égard, car la France a eu la première l'honneur de ce système admirable, décrété par l'Assemblée constituante de 1790, et dont les éléments reposent sur des grandeurs géodésiques incapables de froisser aucune susceptibilité nationale. »

CHAPITRE VIII

LE TÉLÉPHONE ET LE PHONOGRAPHE

Le repas touchait à sa fin.

Madame Herber exerça une légère pression sur un levier d'ivoire, fixé sur la table à la portée de sa main.

L'une des jeunes filles parut aussitôt, chargée d'un plateau d'or massif, surmonté de deux tiges verticales qui soutenaient une élégante aiguière, pouvant se mouvoir en avant et en arrière de ses supports. Au-dessous du col recourbé du vase reposait un cylindre à deux compartiments hermétiquement clos. A la partie inférieure des montants étaient fixées deux capsules métalliques, légèrement inclinées.

Herber dégagea légèrement les bords d'une petite nappe qui recouvrait le centre de la table et pressa légèrement à droite et à gauche deux ressorts à peine visibles.

Deux tiges, revêtues d'un fil de soie verte, qui les entourait dans toute leur hauteur, et surmontées de petites boules métalliques, se dressèrent subitement, puis s'inclinèrent vers la concavité des capsules, où elles prirent un point d'appui par leur extrémité.

Une légère crépitation se fit entendre dans l'intérieur du vase et fut bientôt suivie de ce ronflement aigu et caractéristique que produisent, en s'échappant, les premières molécules de vapeur formées au fond des récipients soumis à une chaleur suffisante.

Les deux savants suivaient avec intérêt l'expérience et se rendaient à peu près compte des phénomènes.

Gédéon concentrait ses regards sur toutes les pièces accessoires du plateau et cherchait vainement la source mystérieuse de chaleur qui chauffait l'aiguière avec tant d'énergie.

Pendant ces investigations, quelques filets de vapeur s'échappèrent en agitant le couvercle métallique, puis le liquide se mit tout à coup à bouillir à grandes vagues.

« Cet emploi particulier du courant électrique, dit Antius, est fort ingénieux.

— Oui, ajouta le physicien, il est vraisemblable qu'il porte au rouge-blanc un disque de platine très mince soudé au fond du vase. A ce contact, l'eau s'échauffe rapidement. »

L'instituteur approuva de la tête l'explication fort exacte du phénomène.

« Les théoriciens des siècles passés, tout en admettant la possibilité de l'application industrielle de la chaleur électrique, poursuivit Terrier, n'avaient pas en général dirigé leurs études vers ce point important. On peut expliquer cette abstention par la nécessité d'autres recherches plus immédiates qu'imposaient les ressources du courant électrique. D'autres pensaient que la découverte de la télégraphie constituait un *summum* auprès duquel les autres applications seraient sans importance.

— Et la télégraphie, qui à bon droit a pu émerveiller nos ancêtres du dix-neuvième siècle, dit Herber, n'occupe maintenant qu'un rang secondaire dans les relations.

— Il était pourtant difficile de remplacer avec avantage un agent capable de parcourir cent mille lieues par seconde, objecta Antius.

— Le téléphone, docteur, fonctionnant, comme vous le savez, par une action électro-magnétique, possède la même vitesse ; mais son emploi est bien plus avantageux, car la parole est vingt fois plus rapide que l'écriture.

— Cet instrument est donc bien répandu ? demanda le professeur.

— Fort répandu, répondit l'instituteur. Les écoles, en particulier, sont sous ce rapport munies très généreusement par l'État.

« Nous sommes en communication téléphonique permanente avec les cinq Académies et avec le Cercle astronomique, les Sociétés philomatique, physique et chimique, la Société de minéralogie et l'Association des études préhistoriques et anthropologiques.

Le bureau phonographique.

« Toutes les délibérations sont recueillies sur le phonographe imprimeur, et nous possédons ainsi les archives les plus complètes et les plus authentiques.

« Au point de vue plus général, on peut dire que chaque maison possède au moins un téléphone et un phonographe.

« Lorsqu'on veut *parler* directement avec un correspondant éloigné, il suffit de faire appel à l'office central de la section, qui met immédiatement en rapport avec la station la plus voisine du point d'arrivée. Celle-ci prévient le destinataire, qui de son côté prend les dispositions nécessaires.

« Moyennant une rétribution, on peut converser pendant un temps déterminé.

« Ce système de communications, qui a presque partout remplacé la télégraphie électrique proprement dite, est suivi même par les corps délibérants. L'Académie des sciences, qui tient séance officielle et publique le jeudi, est en rapport direct par ses appareils avec un grand nombre de corps savants, qui se réunissent le même jour et à la même heure. On pourrait dire, à la rigueur, que toutes ces illustres assemblées n'en forment qu'une seule.

— Malgré le caractère merveilleux de ces conversations à distance indéfinie, objecta le physicien, il me semble qu'il doit y avoir de l'embarras lorsque le correspondant est éloigné de sa demeure.

— En ce cas, reprit l'instituteur, la station d'arrivée recueille les paroles, qui se gravent silencieusement dans un phonographe, dont le mécanisme est mis en contact avec le fil du destinataire. Celui-ci est dès lors prévenu d'une manière permanente. Dès qu'il signale sa présence, le poste déroule le tambour, et le télégramme volant est porté à son oreille.

« Le phonographe est aussi fort utilisé dans les habitations. Il arrive fréquemment qu'un visiteur s'arrête à la porte d'une maison, prononce sur un orifice de l'instrument qui se trouve à sa portée ce qu'il a à dire et s'éloigne ayant accompli sa mission. Son discours est recueilli, soit à l'instant même, soit dans le courant de la journée.

« Le téléphone joue un rôle encore plus important dans nos intérieurs, poursuivit Herber.

« Il n'existe pas dans toute la ville une seule famille qui ne soit chaque soir en communication avec plusieurs théâtres. Aussi, à ce point de vue, cet instrument est-il cher aux gens casaniers, qui, de leur fauteuil ou de leur lit, peuvent entendre tout ce qui se dit ou tout ce qui se chante sur la scène aussi nettement que s'ils étaient dans la salle près de la rampe.

— Ne résulte-t-il aucun imbroglio de toutes ces auditions? fit Gédéon, chez qui les conceptions scientifiques étaient fort obscures.

— Pas le moindre. Parmi les milliers de fils qui courent dans les tubes souterrains de la voie publique, il y en a un pour chaque théâtre, et, moyennant un abonnement d'un prix fort modeste, on prend autant d'embranchements que l'on désire.

— J'ai en ce moment une idée, dont l'application aurait un grand succès, dit le jeune homme d'un ton satisfait.

— Le docteur et le physicien se prirent à trembler.

— Laquelle, mon jeune ami? demanda Herber.

— Ce serait de prolonger les fils jusqu'en province.

— L'idée est bonne, mais elle n'est pas neuve, car la province fournit un million d'abonnés à chaque scène.

— Mais alors les salles sont absolument désertes?

— Le théâtre est au contraire très fréquenté, car les splendeurs de la mise en scène, qui procurent une illusion absolue, attirent beaucoup de spectateurs.

— C'est fort heureux; je craignais que cette invention ne laissât indemnes que les théâtres de pantomime, si toutefois il en existe encore.

— Ce genre de spectacle est fort en faveur, répondit le maître d'école, la pantomime comique surtout, qui, chez nos ancêtres pervertis par les banales trivialités de l'opérette et des cafés-concerts, n'avait de charmes que pour quelques esprits délicats.

« Je me hâte d'ajouter que la comédie, le vaudeville et la musique dramatique ne souffrent aucunement de cette préférence, car le théâtre, soit qu'il nous présente la peinture de la vie réelle, soit qu'il nous élève dans les régions sereines de l'idéal, est entré profondément dans nos mœurs. »

Sur la fin de ces digressions, madame Herber avait découvert la partie supérieure du cylindre à deux corps, dont l'orifice était criblé de trous. Inclinant l'aiguière, elle versa l'eau bouillante avec lenteur.

Un arome exquis de moka se dégagea subitement et envahit toute la salle à manger. Les tasses furent remplies. Le café était délicieux, et les trois étrangers, remis d'aplomb par un repas olympien, lui prodiguèrent les éloges les plus flatteurs.

Un plateau de vieilles liqueurs vint constituer l'apothéose du festin.

CHAPITRE IX

PARIS EN 2880

« Messieurs, dit Herber, nous allons, si vous le voulez bien, nous rendre dans la cour et nous asseoir à l'ombre. Nous fumerons quelques cigares. »

Tous les convives se levèrent. Lydia prit son vol la première. Madame Herber resta dans la salle à manger pour donner ses ordres, et les trois voyageurs, guidés par le maître d'école, se rendirent dans la cour intérieure, immense parc gazonné dans toute son étendue et abrité contre les rayons du soleil par des arbres énormes.

Ils prirent place sur des sièges disposés sous un ormeau plusieurs fois centenaire, et l'une des jeunes filles parut bientôt, tenant d'une main un plateau de cigares de la plus magnifique apparence et de l'autre un réchaud de platine contenant des charbons ardents, sur lequel chacun des convives vint tour à tour embraser son panatelas.

« Maître, dit un moment après le docteur, en lançant une spirale bleue vers le ciel, tout est véritablement merveilleux dans votre cité. Mais, de tous les éléments qui constituent sa magnificence, celui qui nous a le plus frappés est certainement l'étendue. Nos regards sont surpris des majestueuses proportions de vos parcs, de vos jardins et de vos avenues.

— Ce qu'il y a aussi d'étrange, dit Gédéon, c'est que nous n'avons encore trouvé sur notre chemin que de larges voies pleines d'arbres, de fleurs, de fontaines et de statues. Nous n'avons encore aperçu aucune *rue* proprement dite. D'autre part, le regard est frappé par une infinité de becs de gaz de forme singulière.

« Cette dernière remarque, qui a échappé à ces messieurs, constamment

Ils prirent place sur des sièges disposés sous un ormeau plusieurs fois centenaire.

aux prises avec des questions de philosophie transcendante, m'appartient en propre, car, si je ne suis pas un savant, je suis assez observateur, soit dit sans prétention.

— Vous parlez de becs de gaz, mon jeune ami? répondit Herber. Je ne sais ce que vous entendez par ce mot.

— Je veux parler de l'éclairage public, car je ne saurais admettre qu'un cité aussi brillante le jour soit éclairée la nuit par des lampions.

— Nous sommes éclairés par la lumière électrique. Quant aux rues, vous n'avez pu les voir, car elles sont derrière les habitations, et vous n'avez pu les traverser, puisque personne n'y passe.

— Si votre gravité ne vous mettait à l'abri du soupçon, mon cher hôte, je croirais que, en disant qu'une rue est un lieu que personne ne voit et où personne ne passe, vous avez eu l'intention de proposer une charade assez originale.

— L'explication est facile, dit Herber. Dans toute l'étendue de la ville, les façades des maisons se dressent sur des voies aussi larges et aussi ornées que celles que vous avez déjà parcourues.

« Chacun en réalité, depuis le plus riche jusqu'au moins fortuné, a un square magnifique devant sa porte. Au fond des jardins, car chaque maison possède en arrière un jardin gazonné, planté d'arbres, et parallèlement aux promenades, se trouvent les rues, incessamment sillonnées par des trains rapides, qui assurent de la manière la plus commode toutes les communications.

« La voie est le plus souvent à ciel ouvert ; cependant, en raison de la grande étendue de quelques monuments, elle devient quelquefois souterraine. L'exemple n'est pas loin. A cent pas d'ici, nous nous trouverions au-dessus d'un tunnel qui passe sous la cour de l'école.

— J'ai entendu en effet il y a un moment, une sorte de grondement souterrain, qui par sa nature indique que la voie passe à une assez grande profondeur, dit le physicien.

— La voûte pourtant n'est pas à trois mètres du sol, mais l'absence du fracas inhérent au roulement d'une grande masse est due à la construction parfaite des véhicules et des moteurs.

— Chaque maison étant un palais, et chaque avenue étant un véritable parc, la ville doit couvrir une étendue immense, conclut Antius.

— La ville, répondit Herber, est limitée au sud, au nord et à l'est par de vieux murs de remparts assez bien conservés et qui n'ont d'autre valeur que leur antiquité. A l'ouest, elle s'étend sur les collines d'Issy, de Meudon, de Bellevue, de Sèvres, de Saint-Cloud et de Ville-d'Avray. Cette partie es habitée par l'opulence, à cause du lac.

— Il existe donc ? s'écria Gédéon.

— Nous le prendrons même comme but de promenade, en sortant de l'entrepôt d'habillements, qui en est à peine éloigné de cinq cents mètres. Quant à la population de la ville, elle ne dépasse pas quinze cent mille âmes.

Il me semble, observa Antius, qu'à une époque assez éloignée Paris a compté jusqu'à deux millions d'habitants.

— Il en a même compté trois millions et demi, il y a cinq siècles, répliqua le maître d'école ; mais cette agglomération monstrueuse d'individus dans un espace restreint avait engendré tous les inconvénients et on peut même dire tous les désastres qui devaient résulter d'une concentration aussi contraire aux principes les plus simples de l'économie sociale. La location des immeubles avait atteint des prix tellement scandaleux que tous ceux qui produisent : artisans, industriels, écrivains, artistes et savants, ne travaillaient en réalité que pour couvrir les frais énormes de cet élément indispensable : le logement.

« Les besoins les plus urgents ne pouvaient recevoir que des satisfactions insuffisantes. De là un état sanitaire déplorable.

« Malgré tout, Paris continuait à être le pôle magnétique de tous les rêves et de toutes les ambitions.

« Pendant deux siècles, cet état anormal, avec son cortège de misères, de ruines et de calamités, conserva un summum d'intensité dont l'histoire ne fournit aucun autre exemple.

« Enfin cette épouvantable et inextricable situation, qui jusqu'alors avait résisté aux efforts de tous les hommes d'État et aux cris d'alarme de tous les économistes, fut brusquement résolue par le développement soudain d'une force dont la science avait depuis longtemps enrichi l'humanité et à qui l'industrie donna tout à coup un essor formidable.

« La translation aérienne, qui, en raison de la cherté des transports, n'avait encore servi qu'aux recherches scientifiques et aux voyages de luxe, reçut en peu de temps une impulsion considérable. De puissantes compagnies, soutenues provisoirement et conditionnellement par l'État, s'organisèrent avec d'immenses capitaux et créèrent des services réguliers et quotidiens pour le monde entier. Les prix de transport furent mis à la portée des plus indigents.

« D'un autre côté, s'appuyant sur les études et sur les travaux des ingénieurs, des géographes et des corps savants, les publicistes montrèrent à la masse des prolétaires ces immenses contrées désertes de l'Asie, de l'Afrique et de l'Amérique centrale, où un sol vierge et généreux n'attendait que le soc de la charrue ou le pic du mineur pour livrer ses richesses.

« L'émigration commença alors avec l'intensité qui est le propre de toutes les réactions. Elle ne fut pas seulement concentrée à Paris. Toutes les capitales, qui étouffaient sous l'entassement des populations, furent en quelques mois soulagées par ces puissants moyens de dégagement.

« Armés d'instruments perfectionnés, pouvant exploiter les premières applications mécaniques, reposant sur l'expansion des gaz portés subitement à de hautes températures, guidés par des esprits pratiques, audacieux et infatigables, les émigrants fondèrent des colonies qui, dans l'espace d'un

Ces immenses contrées désertes de l'Asie, de l'Afrique et de l'Amérique.

demi-siècle, arrivèrent à un état de richesse et de développement tels, que l'on put croire que les centres de la civilisation et de l'industrie allaient être déplacés. Il en est résulté pendant quatre siècles un mouvement oscillatoire, dont l'arrêt marquera définitivement la déchéance industrielle du vieux monde.

« Malgré tout, nous conservons encore l'empire incontesté de tous les éléments qui ornent la vie : les lettres, les sciences et les arts. En outre, et cette opinion ne trouve aucun contradicteur, Paris est aujourd'hui la plus splendide cité du monde entier. Toutes les circonstances ont du reste concouru de la manière la plus heureuse au développement de sa magnificence.

« Au moment où elle renfermait trois millions cinq cent mille habitants, la ville était un centre formidable de production et de consommation. Malgré leur multiplicité, les voies ferrées étaient devenues insuffisantes, tant pour son alimentation que pour le dégagement de ses produits.

« Sous la pression des événements, et poussé par l'opinion publique, l'État concentra tous ses moyens d'action, pour faire une réalité d'une conception qui jusqu'alors n'avait été considérée que comme une utopie.

« La canalisation large et profonde de la Seine de Paris à Rouen, et la création d'un vaste bassin dans la partie ouest de la ville, qui se prêtait le mieux à ce travail gigantesque, furent décrétées en même temps. Les capitaux affluèrent de toutes parts, et, grâce aux engins déjà puissants de l'industrie contemporaine, cette œuvre prodigieuse fut exécutée en moins de trente ans.

« Pendant un siècle, *le Paris port de mer*, qui dans les temps anciens alimentait périodiquement la verve des journaux satiriques, devint une réalité et fut le premier port de l'univers.

« Mais, lorsque la navigation aérienne se développa avec une intensité si extraordinaire et si soudaine, elle concentra en quelques années tous les moyens de transport, et, au lieu des centaines de navires qui le sillonnaient sans cesse, le bassin finit par ne présenter qu'une surface morne et tranquille.

« D'autre part, l'émigration colossale qu'avaient développée ou plutôt déterminée l'abondance, la rapidité et le bon marché des communications aériennes, avait réduit la population de la ville à un million et demi d'habitants. Elle n'a point varié depuis.

« Cette sorte de désertion en masse, dans une cité dont les constructions nouvelles étaient refoulées jusqu'aux remparts, fut un coup de foudre pour ceux qui depuis plusieurs siècles exploitaient si rudement le sol. La moitié des maisons étaient vides, et tel qui ne pouvait se loger à prix d'or que dans un galetas sordide, étroit, malsain et incommode, pouvait désormais pour le même prix jouir d'une maison entière avec ses dépendances.

« L'herbe poussait dru et abondante dans les rues où autrefois la circulation était la plus difficile et la plus dangereuse, et plusieurs quartiers, anciennement réputés comme des centres bruyants d'activité, présentaient le spectacle du calme le plus profond et de la tranquillité la plus complète.

— Vous plairait-il de nous apprendre, mon cher collègue, par suite de quelles transformations la ville entière a atteint cet ensemble merveilleux de richesse, de grandeur et de magnificence? demanda le professeur.

— Cette transformation a duré trois siècles. Il est inutile de vous faire observer que les tendances de l'humanité vers le luxe et le bien-être se développent fatalement à la suite du progrès qui l'entraîne.

« Les conséquences de ce principe incontestable s'imposèrent avec une intensité remarquable, à l'époque où l'on dut transformer quelques quartiers de la ville, qui tombaient en vétusté. L'édilité, obéissant à l'opinion publique, qui voulait que Paris gagnât en splendeur ce qu'il avait perdu en population, soumit à divers concours les plans des nouvelles constructions et des nouvelles voies, en laissant le champ libre aux imaginations.

« Suivant leurs compétences diverses, les artistes, les architectes, les ingénieurs et les hygiénistes y prirent part, et de l'ensemble de leurs travaux résulta la conception générale de l'œuvre, telle qu'elle existe aujourd'hui, mais qui, dès le principe, ne put être appliquée qu'à deux ou trois quartiers de la ville. Comme elle répondait à tous les besoins et à toutes les satisfactions, elle fut adoptée pour toute la cité et trouva peu de contradicteurs, même dans le cénacle à la fois timide et rétif qui est rivé à la tradition.

« La capitale était devenue extraordinairement riche, par le mouvement continuel d'une opulente et nombreuse population flottante. Son industrie artistique était puissamment développée ; ses monuments, sa splendeur naissante et ses agréments attiraient les voyageurs du monde entier. D'autre part, les citadins que la fortune avait maltraités s'élançaient bravement, pour reconquérir la richesse, vers les régions nouvellement exploitées, et ceux qui, dans les pays exotiques, avaient réalisé des fortunes considérables, laissant leurs instruments de travail aux mains des nouveaux venus, rentraient définitivement dans la cité magique, pour se reposer et jouir largement des agréments de la vie.

« D'un autre côté, les progrès de l'architecture et de la mécanique, l'emploi de forces nouvelles d'une puissance incomparable, et le transport rapide des matériaux par la voie aérienne, réduisant considérablement les difficultés, ces plans grandioses furent peu à peu exécutés sur divers points, et enfin, la richesse croissant sans cesse, la cité entière finit par être transformée et présenta dans tout son ensemble ce caractère de faste et de magnificence que les plus audacieuses imaginations, dans les temps anciens, n'auraient osé concevoir.

— La ville s'est particulièrement montrée prodigue pour la construction de ses écoles, observa le docteur. Vous êtes ici dans un véritable palais.

— Nous occupons dix hectares, répondit modestement Herber. Tous les monuments scolaires sont à peu près identiques comme aspect et comme étendue. Chaque école compte de deux à trois mille élèves. Aujourd'hui, par exemple, elles sont désertes, car c'est jour de sortie générale.

— La discipline ne doit pas être facile à maintenir, objecta Gédéon, qui autrefois avait causé de rudes tracas à ses professeurs.

— Elle ne nous cause aucun embarras, répliqua le maître d'école, car jusqu'à un certain degré l'instruction est obligatoire, et l'enfant, en quittant la maison paternelle, tombe directement et exclusivement sous notre autorité. De cette manière, la discipline est respectée, car elle a toute sa puissance. Je dois ajouter que l'éducation du corps ne nous préoccupe pas moins que celle de l'esprit et qu'elle a une influence souveraine sur le caractère. Vous pouvez voir d'ici, sur l'aile gauche du bâtiment qui occupe le fond de la cour, douze portes en plein cintre. Elles s'ouvrent sur la salle de gymnastique, qui est très abondamment pourvue de tous les appareils propres à développer la force, l'adresse et la santé.

« Vous avez dû remarquer, docteur, combien la génération actuelle est admirable sous le rapport de la puissance musculaire et de la beauté des formes.

« Tel est le résultat de l'éducation physique, à laquelle l'homme et la femme sont soumis dès l'enfance jusqu'à la maturité. J'ajouterai que la grande majorité des citoyens continue à pratiquer les exercices gymnastiques jusqu'à l'âge le plus avancé, et que toutes les maisons renferment des salles spéciales affectées les unes à ce travail récréatif et bienfaisant, les autres à l'hydrothérapie, qui en est le couronnement.

« Ce système général, auquel personne ne songe à se soustraire, repose sur l'éducation publique, partout uniforme, qui inculque de bonne heure à chacun un ensemble d'habitudes qui deviennent généralement des besoins indispensables.

« Aussi les maladies endémiques, causées et entretenues tant par l'absence des plus indispensables soins d'hygiène que par la privation d'exercices corporels, ont-elles disparu de partout. Rien ne rappelle en nous ces générations étiques d'un autre âge, courbées par les spéculations ou tordues par la vie bureaucratique.

— On ne saurait trop approuver, en effet, les soins donnés à la culture du corps, approuva Antius. Non seulement elle constitue le plus solide rempart pour la santé, mais son influence s'étend encore de la manière la plus heureuse sur les facultés morales et intellectuelles. »

CHAPITRE X

CAVE ET CUISINE MODÈLES

En ce moment, un homme de robuste apparence parut tout à coup, à vingt pas des convives, dans l'encadrement d'une porte.

Les sillons que le temps avait gravés sur son visage calme et réfléchi trahissaient la soixantaine. Ses cheveux blancs crépus, qui simulaient un amas de flocons de neige, sa peau bronzée et ses lèvres épaisses, établissaient une origine africaine des plus manifestes.

Le personnage paraissait plongé dans de graves méditations, ce qui ne l'empêchait pas d'aspirer en cadence parfaite le bout d'une énorme pipe d'écume de mer, dont la couleur attestait de longs et honorables services.

« Veuillez approcher, maître Nyera, » cria Herber au fumeur silencieux.

Celui-ci se mit en marche à pas comptés et, arrivé à une distance de quatre pas, salua gravement l'assemblée.

« Messieurs, dit le maître d'école, vous avez devant vous un artiste qui eût été digne de gouverner les fourneaux d'Apicius. De plus, maître Nyera est un érudit qui a écrit des commentaires très remarqués sur les poètes latins. Notre excellent maître d'hôtel, qui est originaire de Tombouctou, après plusieurs voyages en France, résolut de se fixer à Paris, qu'il déclara être

Cave et cuisine modèles.

le foyer des belles-lettres, et je fus assez heureux pour faire sa connaissance et obtenir ses services.

— Ma foi, Monsieur Herber, il est écrit là-haut que chacun doit vivre de son métier, répondit le cuisinier.

Un homme parut dans l'encadrement d'une porte.

— Je serais fort curieux de savoir, dit le physicien, pour quelle raison un homme lettré comme vous, Monsieur, a été amené à exercer une profession, fort honorable du reste, mais qui paraît peu en harmonie avec les qualités de votre esprit; nous voyons bien dans l'antiquité Cincinnatus guider la charrue après avoir conduit les armées romaines, et plus tard le grand Linné raccommoder lui-même ses chaussures; mais ce sont là d'éclatantes exceptions.

— Mon histoire, répondit Nyera, est beaucoup plus modeste. Mon père possédait à Tombouctou le grand hôtel continental. Tout enfant, mes premières facultés analytiques purent s'exercer dans le champ culinaire, moins brillant sans doute, mais plus fécond et plus utile que beaucoup d'autres. Tout en me faisant donner une instruction solide, mon père favorisait ces dispositions particulières, car, dans ses prévisions, je devais lui succéder, et il importait de remettre l'avenir et la réputation de la maison en des mains qui ne les laissassent point péricliter.

« Pendant dix ans, je menai de front la littérature et la cuisine, et mes efforts intellectuels s'exerçaient tour à tour, le matin sur les livres de la Faculté, le soir sur les fourneaux paternels. Mon nom fut parfois cité avec éloge par mes professeurs et avec vénération par mes convives.

« De ce rapprochement de la broche et du lexique naquit un opuscule ayant pour titre : *De re coquinaria apud Romanos*, qui fit assez de bruit dans le monde. Enfin tout présageait pour moi un avenir calme, honoré et plein de bien-être matériel et moral, lorsque, par suite de spéculations téméraires, mon père fut ruiné complètement, et notre magnifique établissement fut vendu. Le vieillard ne survécut pas à son désastre; quant à moi, ayant secoué la poussière de mes souliers sur les lieux qui m'avaient été si funestes, je vins à Paris, que je connaissais déjà et où un heureux hasard me mit en présence de l'honorable M. Herber, en qui j'ai trouvé un protecteur dévoué, un ami sincère et, Dieu merci, un appréciateur émérite.

— Le cas de maître Nyera ne constitue pas une exception, comme vous pourriez le croire, ajouta l'instituteur; vous rencontrerez fréquemment sur votre chemin des artisans doués d'une instruction remarquable, car cet élément capital de la civilisation et du progrès est ici à la portée de tous.

« Plusieurs, comme notre ami maître Nyera, pour ses recherches sur l'art culinaire chez les anciens, ont mérité, par leurs travaux, les éloges publics de l'Institut, faveur qui constitue une supériorité devant laquelle chacun s'incline.

— Nous ne pouvons, jusqu'à présent, apprécier votre estimable maître d'hôtel qu'au point de vue de son art, dit Antius ; mais nous sommes convaincus que sous ce rapport il est sans rival.

— Messieurs, déclara le cuisinier littérateur, s'efforçant de tenir la balance égale entre sa conscience et son amour-propre, je ne saurais accepter qu'une faible partie des félicitations que vous voulez bien m'accorder, car elles reviennent presque toutes de droit à M. Herber, qui a mis à ma disposition un laboratoire muni des perfectionnements les plus nouveaux, et une cave incomparable, comme étendue, profondeur, température et état hygrométrique. »

Le thème de la conversation parut offrir au docteur une occasion providentielle.

« Nous serions fort heureux, mon cher hôte, dit-il, de visiter avec vous ces deux pièces si importantes dans une maison bien tenue.

— Nous sommes à votre disposition, Messieurs, répondit l'instituteur avec un geste plein de courtoisie, et, s'il vous plaît de nous accorder quelques minutes, nous dirigerons notre promenade de ce côté. »

Les cinq hommes remontèrent vers l'édifice. Quelques minutes plus tard, ils s'engageaient dans un corridor éclairé par de hautes fenêtres cintrées. Au bout de cinquante pas, ils s'arrêtèrent devant une porte de chêne massif, qui, sous une légère pression, s'ouvrit silencieusement.

Dans un demi-jour, que le contraste avec la lumière éclatante du dehors rendait presque obscur, les voyageurs aperçurent les premières marches d'un large escalier à pente douce, qui s'enfonçait sous le sol.

Le maître d'hôtel mit la main sur un commutateur d'ivoire fixé au montant et l'appliqua sur un bouton métallique. Une lumière éclatante remplit soudain le couloir, et les visiteurs descendirent.

Au-dessous de la trentième marche, ils se trouvèrent sur un sol de sable fin et brillant, devant une vaste salle voûtée, au-dessus de laquelle resplendissait un globe électrique.

Plusieurs rangs de futailles épaisses, dont l'ombre se découpait nettement sur les murs, étaient enclavés sur des poutres de chêne.

Chaque écusson portait un nom fameux dans les litanies gastronomiques.

Le docteur, que ce catalogue exclusif étonnait singulièrement, se retourna vivement vers le maître d'école.

« Mon cher hôte, dit-il d'une voix où l'admiration tenait autant de place que la sympathie, la nomenclature transcendante que nous avons sous les yeux me plonge dans un ravissement qui n'est pas exempt de surprise.

— Ces deux sentiments sont très flatteurs pour notre économie domestique, répondit Herber ; mais je ne me les explique pas.

— Je vous dirai avec sincérité, reprit Antius, que mes amis et moi étions convaincus que les vins excellents que ce matin on a servis à table constituaient, malgré l'opulence de la maison, des exceptions très flatteuses établies en notre faveur ; mais l'examen de votre cellier semble indiquer que nous avons été simplement soumis à votre régime habituel.

— C'est la vérité, fit l'instituteur.

— En ce cas, je crois qu'il y a peu de gourmets aussi richement et surtout aussi exclusivement munis que vous l'êtes.

— Vous vous trompez, mon cher hôte. Toutes les caves sont à peu près semblables à celle-ci, du moins quant à la qualité.

— Dans certains pays cependant, l'authenticité des grands crus n'est qu'un mythe, fort habilement exploité.

— A mon tour, je ne vous comprends pas.

— Je m'explique. J'ai toujours cru qu'on vendait régulièrement chaque année, sous une étiquette trompeuse, cent fois plus de grands vins que la Bourgogne et le Médoc ne pouvaient en produire.

— Autrefois, c'est possible, répondit Herber, mais maintenant nous transformons nous-mêmes nos vins dans nos caves. »

Antius regarda son hôte avec stupéfaction.

« Sans doute, poursuivit le maître d'école. Vous savez que les vins de prix ne doivent leur préexcellence qu'à certains éthers œnanthiques, que ces substances, dont nos ancêtres ne se sont préoccupés qu'au point de vue de l'analyse, sont entrées depuis longtemps dans la voie de la synthèse la plus parfaite, et qu'il suffit de verser quelques gouttes de ces composés volatils sur un tonneau de vin grossier pour obtenir la liqueur correspondante. Cependant les vins vulgaires représentent généralement des différences de composition, qui assignent d'avance pour chacun d'eux le terme de la transformation.

« J'ajouterai que la perfection des procédés met les diverses espèces d'éther œnanthique à la portée de toutes les bourses, et que chacun use avec intelligence de ce bienfait de la science moderne. »

Les voyageurs, paralysés par l'étonnement, gardaient le silence.

Supposant que leur curiosité était satisfaite sur ce point, le maître d'école proposa la visite de la cuisine.

Les cinq hommes remontèrent l'escalier. A la dernière marche, le maître d'hôtel dégagea le commutateur, et l'ombre se fit soudain derrière eux.

A dix pas de la porte de la cave, ils s'engagèrent dans un couloir latéral, qui s'ouvrait devant une grande salle carrée, pavée de dalles, et à plafond voûté et soutenu par des arceaux rappelant ces cuisines monumentales dont Van Ostade encadre ses merveilleux tableaux d'intérieur.

Une centaine de récipients de toute forme et de toute grandeur, suspendus symétriquement le long des murs, resplendissaient sous l'éclat de la lumière du jour, qui pénétrait largement sur deux façades, par de hautes fenêtres cintrées.

Deux femmes d'âge moyen, vêtues avec une extrême propreté et dont les formes opulentes eussent constitué une enseigne fort rassurante pour le temple qu'elles servaient, étaient occupées à rendre leur lustre normal aux pièces qui avaient servi à distiller le repas du matin.

Le choc d'une poissonnière contre une table de marbre poli fit dresser l'oreille au physicien.

« Quel est donc ce métal? demanda-t-il sans préambule.

— Un alliage d'argent et de platine, comme à peu d'exceptions près le reste de la batterie, répondit Herber.

— Le platine était fort cher autrefois, hasarda le professeur, évitant avec prudence de s'engager à fond dans la discussion.

— Oui, mais on en a découvert des mines inépuisables dans les régions inexplorées par nos ancêtres, et ce métal est devenu aussi commun que le fer. Vous admettrez du reste, mon cher collègue, que dans le cas présent il convient parfaitement à sa destination.

— Sans doute, et je n'en connais pas de préférable, le platine ne fondant qu'à deux mille degrés et n'étant attaquable que par un nombre très restreint de substances chimiques.

— Voici quelques vases en iridium, métal qui accompagne toujours le platine natif, ajouta l'instituteur en montrant une série de bouilloires qui paraissaient occuper la place d'honneur.

— Je n'en ai jamais autant vu à la fois, » murmura le professeur.

Sur le côté gauche de ce vaste laboratoire culinaire se dressait un long fourneau en briques réfractaires, dont l'entablement, couvert de porcelaine émaillée, était percé d'un grand nombre de cavités hémisphériques, cylindriques et tronconiques.

En arrière, plusieurs demi-ellipsoïdes, coiffés de réverbères, et fermés par des grilles métalliques, étaient fixés au mur.

Antius regardait avec curiosité ces singuliers appareils.

« Que pensez-vous de nos fourneaux, docteur ? demanda Herber, qui s'était approché de son hôte.

— Je n'en saisis pas bien la théorie, répondit le savant avec franchise. Que signifient ces cavités et surtout ces niches revêtues intérieurement de lames d'or massif ?

— Les moules creux en iridium forgé sont destinés à recevoir les pièces de la batterie qui s'y adaptent parfaitement. Les supports, reposant sur des couronnes de chaux vive, sont portés au rouge par le courant électrique et transmettent leur calorique aux vases de platine, qui s'échauffent rapidement et peuvent conserver une chaleur constante pendant un temps indéterminé.

« Les fours brillants que vous avez examinés avec tant d'attention sont de simples rôtissoires.

« Les grilles, en fil d'iridium, portées rapidement au rouge-blanc par une légère dérivation du courant, agissent sur des pièces emprisonnées, qui reçoivent en outre par réverbération une grande quantité de chaleur rayonnante.

— Quel progrès ! s'écria Antius. Quelle supériorité sur ces fours meurtriers des Parisiens d'un autre âge, où toutes les substances se couvraient peu à peu d'une couche de produits hydrogénés infects, capables de porter la dévastation dans les estomacs les plus intrépides. »

Pendant ce colloque, le physicien examinait une série de tubes ciselés, armés de robinets, sur lesquels étaient gravés les nombres 30°, 50°, 70°, 90°, et 100°.

« Vous voyez, mon cher collègue, que nous avons de l'eau à tous les degrés désirables, » dit l'instituteur.

Un hachoir électrique, mû par un interrupteur à mercure qui commençait à fonctionner sous l'œil exercé d'une servante, avait accaparé toute l'attention de Gédéon.

La cuisine communiquait par une large baie avec un office encombré de buffets à vitrines, chargés de vases hermétiquement clos, dont les étiquettes annonçaient des condiments cueillis sous toutes les latitudes.

A la suite, une pièce limitrophe de la salle à manger contenait plusieurs bahuts de vieux chêne sculpté remplis de cristaux et de vaisselle d'or.

Herber reçut avec simplicité les éloges de ses commensaux sur l'état de perfection des deux départements qu'on venait de visiter, et reconduisit ses hôtes vers la cour centrale.

Une discussion pleine d'intérêt sur le rayonnement de la chaleur électrique ne tarda pas à s'engager entre le physicien et le maître d'école.

Le docteur et son neveu suivaient à dix pas.

Ce dernier arrêta tout à coup son compagnon, en le saisissant par la manche de son habit.

« Je ne serais pas fâché, dit-il, de vous soumettre une réflexion.

— Sensée ? fit Antius.

— Je le crois.

— Parle.

— Voici. Je trouve qu'il y a une singulière disproportion entre l'alimentation actuelle et celle d'autrefois.

— La réflexion est en effet plus sensée que je ne l'espérais, car elle m'a agité également. Seulement, j'ai résolu logiquement la question, ce dont tu aurais été incapable. »

Gédéon opina modestement du bonnet.

« Il m'a suffi, poursuivit le docteur, de comparer les ressources de nos premiers contemporains et celles de leurs ancêtres du dix-septième siècle.

« Tous les chroniqueurs qui vivaient sous Louis XIV, et notamment un célèbre bas-bleu dont les lettres ont, à tort ou à raison, fait pâmer d'aise les gens de notre époque, s'accordent pour dépeindre le paysan du roi-soleil comme une sorte d'animal anthropomorphe, à peine vêtu de haillons et ne vivant que de glands, d'herbes et de racines, régime fort recommandable pour l'école végétarienne, mais que les plus misérables des indigents du dix-neuvième siècle eussent dédaigné avec raison.

« Or il n'est pas nécessaire d'être un profond mathématicien pour établir la proportion suivante :

« L'alimentation de nos petits-neveux est à la nôtre comme celle-ci était à celle de nos trisaïeuls.

— Je comprends. Mais pourquoi, s'il vous plaît ?

— Parce que, jeune homme naïf, le terme final du progrès est l'amélioration morale et matérielle des individus.

« Si l'astronome Hippale, d'Alexandrie, n'avait pas conjecturé l'existence de la mousson, qui permit d'organiser le double périple de la mer Rouge et de la mer des Indes, l'Europe aurait été privée pendant longtemps des richesses de l'Orient; si Flavio Giojia, d'Amalfi, n'avait pas, en 1300, découvert la boussole, le continent américain ne serait peut-être pas encore découvert; si Salomon de Caus n'avait pas préparé le règne de la vapeur et Galvani celui de l'électricité dynamique, le formidable développement matériel du dix-neuvième siècle, dont nous avons été les témoins, n'eût pas existé.

« En résumé, si le génie humain eût été indéfiniment frappé d'inertie, au lieu de nous trouver dans un monde merveilleux, que les plus audacieuses imaginations n'auraient osé concevoir, nous errerions en ce moment au milieu des terriers que se creusaient nos ancêtres. »

CHAPITRE XI

LE RAILWAY ATMOSPHÉRIQUE. LE FLEUVE

Les quatre hommes étaient revenus à leur point de départ.

« Messieurs, dit Herber après avoir jeté un coup d'œil sur le vaste cadran électrique qui ornait le fronton postérieur du Musée scolaire, il est deux heures et demie. Nous allons nous rendre à la station voisine, qui est à trois cents mètres d'ici. »

Les voyageurs suivirent le maître d'école, qui traversa la cour. Parvenu à l'extrémité des plantations, l'instituteur s'approcha d'une immense porte de chêne, ornée de brillantes ferrures d'acier poli. Sous une légère pression exercée sur un ressort fixé au mur, les deux battants tournèrent majestueusement sur leurs gonds. Ils passèrent sous une élégante voûte de pierre, pendant que la porte monumentale se refermait lentement derrière eux.

Herber et ses convives s'engagèrent dans une allée qui débouchait sur une place rectangulaire, couverte de marronniers touffus disposés en quinconces.

Au fond, une cinquantaine de Parisiens, de tout âge et de tout sexe, attendaient aux abords d'un élégant pavillon, disposé comme abri.

Ce groupe était vraisemblablement composé d'habitants du voisinage, car tous les fronts se découvrirent devant le maître d'école, qui rendit le salut à la ronde.

Tout à coup, le son d'une puissante trompe se fit entendre sur la droite, et, quelques instants après, un train composé de dix voitures luxueuses, remorquées par une puissante machine, vint stopper en face du pavillon.

Les voyageurs s'élancèrent sur les marchepieds, et le convoi se remit en marche.

A une distance de cent mètres, il s'engouffra subitement dans un large tunnel éclairé par des globes resplendissants, attachés aux parois. Le train avait déjà repris sa vitesse habituelle, et les lampes électriques fuyaient en arrière, comme d'éblouissants météores.

« Nous marchons au moins à soixante kilomètres, dit le physicien.

— A soixante-dix, répliqua Herber : c'est la vitesse réglementaire.

— Les voitures sont admirablement suspendues, fit observer le docteur ; on n'éprouve pas ce mouvement de trépidation qui secouait les voyageurs sur les anciens chemins de fer. J'ai remarqué du reste que les roues étaient pleines et assez massives, condition qui favorise notre état de repos relatif.

— Ce qui me charme, déclara Gédéon, c'est la disposition essentiellement confortable des wagons. Il y a des sièges larges et moelleux pour les épicuriens, et un balcon entourant tout le convoi, pour ceux qui ont l'humeur péripatéticienne. Mais il me semble que la voie est courbe, dit-il, au moment où le train s'élançait à ciel ouvert.

— La voie est absolument circulaire, répondit le maître d'école. Je puis en peu de mots vous expliquer tout notre système de circulation *intra muros*.

« Douze chemins de ceinture, à peu près également espacés, partagent la ville en zones concentriques. D'autre part, un grand nombre de rayons concourant vers le centre, mais sans l'atteindre, car ils s'arrêtent à la cinquième zone, établissent de nombreuses communications entre les divers points des lignes extrêmes. Les espaces compris entre les mailles de ce gigantesque réseau sont desservis par des voitures électriques qui les sillonnent en tous sens, de telle sorte qu'il n'est pas un seul point de la cité où l'on ne puisse rapidement aboutir en quittant sa maison.

« Vous avez dû observer, au départ, que personne n'a payé pour monter dans le convoi. Cette singularité vous sera expliquée quand vous saurez que chaque habitant est frappé d'un impôt spécial, qui constitue son abonnement forcé. Seuls, les élèves des écoles et des facultés, les professeurs et les membres des sociétés savantes, jouissent de la gratuité complète, et en font bénéficier leurs hôtes. Quant aux étrangers de passage, ils versent un prix proportionnel à la durée de leur séjour, dépense insignifiante, dont les moins fortunés sont dégagés de droit.

— Je vois avec satisfaction et je puis dire avec fierté, dit le physicien, que les membres des corps enseignants jouissent ici non seulement de la plus haute considération, mais encore d'immunités très enviables.

— Il est certain que, dans l'échelle sociale, nous occupons le plus haut rang, répondit Herber ; mais la situation est des plus difficiles à conquérir. Ce n'est qu'après dix ans d'efforts, de travaux, de luttes, d'examens et de concours qu'il est possible à quelques-uns d'obtenir le titre envié de maître d'école. Quant à celui de gouverneur d'un établissement, il n'est conféré qu'à ceux qui ont eu le mérite ou le bonheur de se signaler par quelque découverte éclatante.

— Vous avez donc plusieurs maîtres sous vos ordres ? demanda Terrier.

— Sous mes ordres n'est pas le terme propre ; ils sont plutôt mes auxiliaires, car je n'ai même pas le droit de contrôler leur enseignement.

— Leur position, sans égaler la vôtre, est sans doute, au point de vue matériel, très satisfaisante ?

— Oui. Ils sont très confortablement logés dans les bâtiments. Leur traitement est de vingt mille francs, et si, d'après ce que vous m'avez dit, mes idées sont exactes au point de vue de la comparaison des valeurs, leur situation répond à celle que peut avoir chez vous le possesseur de trente mille francs de rente.

— Les conditions de l'enseignement actuel, mon cher collègue, dit le professeur, nous plongent dans un étonnement profond. Dans le monde que nous venons de quitter, la carrière est pleine de mécomptes. C'est l'asile de la pauvreté, souvent celui de la misère.

— Vous me surprenez également, répondit l'instituteur. Notre rôle est pourtant le premier dans tout État social. C'est entre nos mains qu'est remis un être dont l'esprit, le cœur, la conscience et la volonté flottent encore dans le néant, et que le hasard des courants peut entraîner vers le mal comme vers le bien. C'est à nous qu'il est réservé de développer, de fortifier et de diriger toutes ces forces qui s'ignorent elles-mêmes.

« Si, à une époque reculée, un affreux moraliste a osé écrire que le bourreau est la clef de voûte de la société, aujourd'hui, Messieurs, tout le monde est fermement convaincu que c'est le maître d'école.

« Le grand Leibnitz a dit : *Celui qui est le maître de l'enseignement peut changer la face du monde.* »

Depuis quelques moments, Gédéon donnait des signes d'agitation extraordinaire. Tout à coup, il s'élança vers ses compagnons, en criant à voix haute :

« Messieurs, voilà, de toutes les magnificences qui ont frappé nos yeux, celle qui me paraît la plus grandiose et surtout la plus étonnante. Et, étendant la main vers l'ouest, il montra aux savants stupéfaits un magnifique pont de six cents mètres, œuvre colossale, présentant cinq voûtes de fonte de trois cents pieds d'ouverture, et couronné d'admirables revêtements de pierre sculptée. »

En ce moment, un roulement sourd et prolongé indiquait que le train s'engageait sur la rivière, à un demi-kilomètre en amont du pont monumental.

Le convoi était comme suspendu au-dessus du fleuve, qui se déployait dans toute sa splendeur et s'écoulait avec ce bruit profond et métallique qui n'appartient qu'aux grandes masses liquides en mouvement.

— Voilà ce qu'on peut appeler un fleuve ! s'écria Gédéon, devant les voyageurs étonnés. Il boirait trois fois la vieille Seine, sans enfler d'une ligne.

« Quelle majesté dans ces larges quais, bordés de palais splendides ! quelle richesse incomparable dans ce nombre prodigieux d'œuvres d'art ! »

Cette série d'interjections passionnées fut subitement interrompue par la disparition du convoi entre deux hautes murailles.

« Il est certain, dit Terrier, que, pour amener la Seine à cette largeur énorme, on a dû vaincre de terribles difficultés. A quelle époque, demanda-t-il à l'instituteur, a-t-on étendu le lit de la rivière ?

— Ces travaux sont contemporains de ceux du lac, répondit Herber.

— Mais, s'écria Antius, les monuments qui se trouvaient sur les bords sont donc anéantis ?

— Vous parlez de bien longtemps, docteur, car, au moment où les ingénieurs allaient se mettre à l'œuvre, de sérieux obstacles furent apportés par la Société d'archéologie, qui voulait conserver les ruines du Louvre, après avoir obtenu qu'on respectât celles de l'antique cathédrale, Notre-Dame de Paris. On a passé outre sur ce point, et le fleuve présente sur une étendue de trente kilomètres une largeur égale. Il est traversé dans la ville par quinze ponts de styles différents, mais aussi magnifiques les uns que les

Quelle majesté dans ces larges quais bordés de palais splendides.

autres; les navires de fort tonnage remontaient autrefois jusqu'à deux mille mètres en amont des vieux remparts.

— Cette entreprise a dû coûter des centaines de millions, remarqua Terrier; car, indépendamment des travaux proprement dits, il a fallu certainement payer des sommes fabuleuses pour les expropriations.

— Les dépenses ont été en effet très considérables; cependant, grâce à la perfecion et à la puissance des machines, et surtout en raison de la vétusté des constructions riveraines, tant publiques que particulières, on avait calculé d'avance que l'ensemble des dépenses serait bien inférieur à ce qu'il eût été dans d'autres conditions où l'œuvre aurait été, avec raison, considérée comme une utopie.

« Les économies réalisées ont dépassé les prévisions les plus optimistes, et la ville enfin possède un fleuve magnifique, complément nécessaire de son port de mer. L'énorme agrandissement du lit de la rivière a réduit la vitesse du courant, circonstance favorable à la navigation.

— L'honorable corporation des canotiers de la Seine a dû prendre un développement fabuleux, hasarda Gédéon, que le souvenir de ses exploits nautiques agitait fortement.

— Sans doute, répondit Herber. La navigation de plaisance est une des branches complémentaires de la gymnastique, qui est la base générale de l'éducation corporelle. »

Le son de la trompe retentit de nouveau, et une partie des voyageurs s'ébranla pour mettre pied à terre à la station voisine. Le convoi ralentit rapidement sa vitesse et, après quelques secondes, vint s'arrêter devant un nouveau pavillon.

Une centaine de voyageurs s'élancèrent hors des voitures et furent remplacés par un nombre à peu près égal de nouveaux venus.

La trompe-signal ronfla de nouveau, et le train s'élança en avant.

« Nous descendons à la station prochaine, dit Herber. Nous ne serons qu'à cinquante pas de l'Entrepôt. J'aurais pu vous conduire à une distance moins considérable, car nous avons précisément un des douze magasins à proximité de l'école ; mais celui-ci est directement sur le trajet du lac.

— Comment, il n'y a que douze boutiques pour habiller tout Paris ? s'écria le jeune homme. Chacune doit occuper des milliers de bras ?

— Quelques centaines, répondit le maître d'école, car aujourd'hui l'homme se borne à veiller, à commander et à diriger. L'homme de peine a laissé le labeur à un ouvrier d'une puissance incomparable, qui se nourrit de feu et d'agents chimiques, qui allonge ses cent mille bras dans lesquels la vie circule incessamment, sans relâche et sans fatigue. Grâce à cette force prodigieuse, l'écart entre le prix de la matière première et celui de la matière travaillée est peu considérable. »

Le signal d'arrêt retentit quelques minutes plus tard, et, à une centaine de mètres, le convoi, qui avait ralenti graduellement sa vitesse, s'arrêta tout à coup.

Les voyageurs mirent pied à terre, et, guidés par leur hôte, ils gagnèrent un large chemin ombragé.

A quelques pas de la station, ils se trouvèrent tout à coup en face d'un

Les quatre visiteurs, vêtus d'une manière à peu près uniforme, quittaient l'Entrepôt.

immense bâtiment, ornementé de colonnes et d'attributs. Au fronton central, un écusson demi-circulaire portait en exergue ces trois mots : Entrepôt de vêtements.

Herber, suivi de ses hôtes, gravit les marches du péristyle et pénétra dans une vaste salle.

Un jeune homme qui se promenait à pas comptés, les mains derrière le dos, et paraissait supporter assez philosophiquement sa faction, tourna la tête à l'entrée des visiteurs et s'avança vers eux en s'inclinant.

Herber lui tendit sa carte. Le visage de l'employé exprima subitement la surprise et la déférence.

« Monsieur, dit le maître d'école, j'ai conduit à votre établissement ces personnes amies. Elles viennent de fort loin et désirent quitter, au moins provisoirement, la mode de leur pays pour s'habiller comme nous.

— Nous sommes très honorés de votre visite, Messieurs, répondit le jeune homme. On va vous conduire dans la galerie des vêtements. » Il posa la main sur un timbre, et quelques secondes plus tard une porte latérale s'ouvrit à deux battants. Dans l'encadrement parut un collègue, qui faisait de vains efforts pour étouffer un bâillement expressif, mais qui se mit avec beaucoup d'obligeance à la disposition de ses clients.

Vingt minutes plus tard, les quatre visiteurs, vêtus d'une manière à peu près uniforme, quittaient l'Entrepôt, non sans avoir jeté un coup d'œil sur les ateliers, où plusieurs centaines de métiers n'attendaient qu'un simple contact électrique pour s'animer de nouveau.

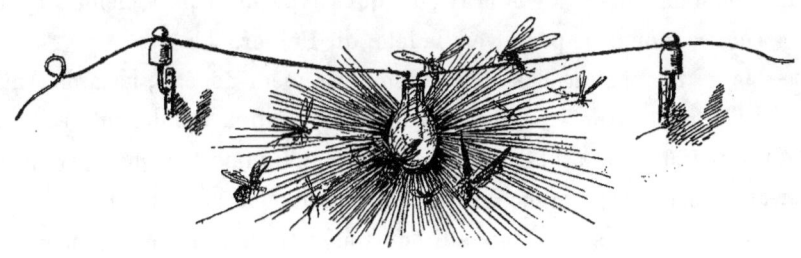

CHAPITRE XII

LE LAC

Le ciel, d'un bleu profond, ne présentait aucun nuage, et le soleil versait sur la terre des torrents de lumière et de chaleur.

La caravane se mit en marche sous la voûte ombreuse des grands arbres, au milieu d'une foule gaie et bruyante, qui s'avançait dans la même direction.

« Tout ce monde se porte vers la fête, dit Herber.

— Je ne m'explique pas bien cet empressement général, hasarda Antius. Lorsqu'on peut disposer d'une vitesse de translation à mille mètres du sol, dépassant 120 lieues à l'heure, il me semble qu'il importe peu de savoir si tel bateau de plaisance marche un peu moins lentement que tel autre.

— Les courses sur le lac attirent toujours une immense quantité de curieux, et cela pour plusieurs causes, répondit l'instituteur. En premier lieu, la jeunesse parisienne, depuis les temps les plus reculés, a toujours été passionnée pour le sport nautique, et le navire que la ville porte dans ses armes est un symbole parlant ; d'autre part, le canotage est un exercice de gymnastique fort en honneur chez les hommes de tout âge ; enfin le Parisien est très fier de son lac et saisit toutes les occasions, et même tous les prétextes, qui peuvent le conduire sur ses bords. »

L'avenue qu'ils parcouraient s'élevait suivant une pente assez sensible, et, par des échappées latérales, la large nappe argentée de la Seine paraissait par moments à leurs regards.

« Si je ne me trompe, dit le docteur, nous montons vers une partie de la ville occupée autrefois par un quartier éminemment paisible, appelé Passy.

— Votre conjecture est exacte, répondit Herber. Dès que nous serons arrivés à l'extrémité de l'avenue, nous verrons le lac à nos pieds.

— Sur quelle partie de l'ancienne ville a-t-il été creusé? demanda le physicien.

— Le lac a absorbé en totalité, sur la rive gauche du fleuve, cette partie de la ville et de la banlieue que nos ancêtres appelaient la plaine de Grenelle, et, sur la rive droite, tout le territoire de Boulogne. Dans toute sa périphérie, il est limité par les collines d'Issy, de Bellevue, de Sèvres, de Saint-Cloud, de Ville-d'Avray et de Passy.

« Ces hauteurs, autrefois peu habitées, sont aujourd'hui couvertes de palais et constituent un ensemble de merveilles sans rival dans le monde entier. Toutes les habitations sont précédées de terrasses magnifiques, d'où le regard embrasse un panorama admirable.

« Le lac, dans sa plus grande largeur, mesure plus de trois mille mètres; sa longueur atteint près de deux lieues. »

Les voyageurs, en ce moment, étaient arrivés sur le plateau. Sous la conduite d'Herber, ils s'engagèrent sous les arbres d'un vaste jardin.

De larges allées, voûtées de verdure, couraient parallèlement jusqu'à une terrasse bordée d'une rampe de pierre, soutenue par des colonnettes sculptées. A peine sortis du parc, ils hâtèrent instinctivement le pas, et un triple cri d'admiration s'échappa en même temps de leurs poitrines.

Le lac, comme une immense glace éclatante de lumière, s'étendait à leurs pieds. Plusieurs milliers de curieux étaient assis sur la pelouse inclinée, dont la pente allait se perdre dans ses ondes.

Une quantité innombrable de promeneurs parcourait un large boulevard circulaire, qui formait à la nappe liquide un encadrement admirable. Du haut en bas, les collines étaient couvertes de parcs luxuriants et de palais splendides.

Ce magique tableau, baigné par les effluves ardents du soleil, présentait l'aspect le plus grandiose et le plus saisissant.

Les trois voyageurs, muets d'admiration, dévoraient des yeux le merveilleux spectacle, pendant que le nombre des promeneurs, qui affluaient sur la terrasse, devenait de plus en plus considérable.

Sur le lac, plusieurs centaines de bateaux de plaisance, de toute forme et de toute grandeur, traçaient de rapides sillons.

Les courses étaient engagées en même temps sur plusieurs parties du bassin. De temps en temps, les échos affaiblis d'applaudissements lointains annonçaient une victoire.

Sur l'invitation du maître d'école, les voyageurs s'engagèrent dans un chemin en pente douce qui conduisait au pied de la colline. Suivant les bords du lac, ils firent une longue promenade, découvrant à chaque pas de nouvelles magnificences.

Le soleil s'inclinait vers l'horizon, lorsque Herber engagea ses hôtes à remonter la rive pour gagner la station la plus voisine.

Au moment où ils atteignaient le vaste estuaire par lequel le fleuve s'engageait dans le lac, Gédéon s'arrêta brusquement.

« Quel est ce bipède solitaire et immobile, perché au bord de l'eau, sur ce tronc d'arbre? demanda-t-il.

— C'est un pêcheur à la ligne, répondit Herber.

— Un pêcheur à la ligne! je m'en doutais. »

La vue du paisible opérateur venait de réveiller en lui le souvenir des furieux colloques qu'en sa qualité de marin d'eau douce, fidèle à la tradition, il avait engagés autrefois avec cette catégorie de citoyens inoffensifs.

« Le dernier pêcheur à la ligne survivra au dernier siècle, s'écria-t-il d'un ton lyrique. Les mondes s'écrouleront devant cet être impassible, moitié homme, moitié végétal, enraciné sur la berge. C'est à lui qu'on peut appliquer le mot d'Horace : *Impavidum ferient ruinæ.* »

Une observation judicieuse du maître d'école, touchant l'heure du départ, arracha le jeune homme à sa contemplation.

Ils pressèrent le pas, et, dix minutes plus tard, ils pénétraient dans la cour de la station, encombrée en ce moment par une foule compacte de citadins qui attendaient le convoi.

La trompe-signal ne tarda pas à se faire entendre, et une puissante machine, remorquant une longue file de voitures, vint s'arrêter devant le pavillon.

Quel est ce bipède solitaire et immobile perché sur ce tronc d'arbre?

La masse des voyageurs s'ébranla, et les wagons furent pris d'assaut. Le train s'élança de nouveau et s'engagea sur un pont monumental.

Vingt minutes plus tard, l'instituteur et ses convives entraient dans la cour d'honneur de l'école.

Madame Herber et sa fille, descendant rapidement le perron, vinrent à leur rencontre. Les étrangers saluèrent respectueusement la jeune femme, qui s'informa avec intérêt de leur promenade.

Antius achevait un récit plein de couleur, corroboré par les gestes expressifs de ses compagnons, lorsque le roulement d'un carillon électrique se fit entendre.

« Le dîner est servi, » dit madame Herber.

Antius arrondit le bras et l'offrit à la charmante hôtesse.

Les convives se mirent en marche vers la salle à manger. Quelques moments après, ils entouraient la table somptueuse.

Le dîner se poursuivit au milieu de cette douce gaieté dont l'école d'Épicure a signalé l'heureuse influence sur les festins.

Le long crépuscule de l'été, qui depuis longtemps éclairait l'horizon, était à son tour envahi par les ombres du soir.

« Messieurs, dit Herber, le temps est frais et nous invite à la promenade. Je vous proposerai de descendre jusqu'au fleuve. Les quais sont aujourd'hui le centre le plus animé et le plus élégant de la capitale. »

Cette proposition fut accueillie avec faveur.

« Quant à nous, dit madame Herber, en jetant un regard chargé de tendresse sur sa petite fille, dont la tête gracieuse, envahie par le sommeil, reposait sur son sein, nous allons entrer dans l'appartement. »

Les convives se levèrent et, après avoir pris congé de la maîtresse de la maison, descendirent sur la place, resplendissante des feux de la lumière électrique et sillonnée en ce moment par une foule compacte de promeneurs.

CHAPITRE XIII

UN VIEUX SOUVENIR

Ils traversèrent l'immense square et s'engagèrent dans une avenue étincelante de lumière et animée par une foule brillante. Un double courant portait les promeneurs d'une part vers la place centrale, de l'autre vers la rivière.

Un assez grand nombre de citadins étaient assis sur de vastes bancs renversés, couverts par le dôme des arbres, pendant que quelques autres, d'humeur épicurienne plus accentuée, étaient installés devant les cafés, où l'or, les glaces et les tentures éclatantes étaient baignés par les effluves ardents de la lumière électrique.

En quelques minutes, ils atteignirent le fleuve. L'immense voie, dans toute son étendue, était sillonnée par quatre rangs de globes lumineux qui éclairaient dans toute sa profondeur la voûte majestueuse des grands arbres. Le même spectacle magique était fidèlement reproduit sur la rive droite, séparée par un bassin de six cents mètres de large.

Ici, l'animation était à son comble, et le quai paraissait être la promenade favorite des Parisiens.

Pendant une heure, le maître d'école et ses convives sillonnèrent une foule élégante et pressée. Poursuivant leur route, ils ne tardèrent pas à se trouver dans une partie du quai beaucoup moins fréquentée, et où régnait un calme relatif.

Soudain, Gédéon, qui parcourait le fleuve du regard, saisit fiévreusement le bras du docteur.

Celui-ci tourna la tête dans la direction que lui montrait son neveu.

« Notre-Dame ! » dit-il avec émotion.

Terrier tressaillit et s'approcha de ses compagnons.

« Saluons, dit-il, la seule connaissance que nous ayons encore rencontrée dans ce monde merveilleux. »

Et ils s'inclinèrent devant la masse sombre de la vieille basilique, qui s'élevait du sein des eaux, isolée et silencieuse.

Les deux tours se détachaient vigoureusement sur le ciel, éclairé par la pâle lumière de la lune; mais le profil des hautes murailles portait l'empreinte profonde des morsures des siècles passés.

« Vous rendez un pieux hommage, Messieurs, au plus ancien de nos monuments, dit Herber. Je suis pour ma part surpris au plus haut degré, lorsque je songe que cette œuvre merveilleuse et surtout gigantesque pour l'époque, a pu être construite il y a plus de quinze siècles, alors que, sous bien des rapports, l'humanité était dans un état d'impuissance et d'infériorité incontestables. »

Herber et ses amis poursuivirent leur marche en remontant le cours du fleuve.

Les voyageurs, encore agités par l'apparition soudaine de la vieille cathédrale, restaient silencieux.

« Savez-vous, s'écria tout à coup Gédéon en s'arrêtant, que nous avons maintenant un fameux point de repère, pour rétablir le vieux plan de Paris sur la nouvelle ville ? Il est probable, poursuivit-il, sans prendre garde aux regards irrités de ses deux compagnons de voyage, que cet accès d'étourderie effrayait à juste titre, il est même certain qu'en ce moment nous nous trouvons entre le quai des Grands-Augustins et le boulevard Saint-Germain, en face de la Cité, disparue sous les eaux. Le quai de la rive droite, ajouta-t-il avec assurance, doit être au delà des Halles centrales. »

Herber regarda le jeune homme avec surprise.

« Vous paraissez connaître d'une manière étonnante l'ancien Paris, mon jeune ami, » dit le maître d'école, émerveillé de cette précision.

Convaincu par cette réflexion et surtout par l'air consterné des deux savants

Les deux tours se détachaient vigoureusement sur le ciel.

qu'il venait de commettre une grave imprudence, Gédéon, en essayant de se dégager de l'embarras où il se trouvait, s'y perdit complètement.

« J'avoue, mon cher maître, balbutia-t-il avec effort, que peu d'antiquaires connaissent le vieux Paris comme moi. »

Devant les regards fulgurants de son oncle, le jeune homme perdit la tête.

« J'aurais dû dire comme nous, ajouta-t-il en désignant le docteur et le physicien, sans se rendre compte de son geste et surtout de ses paroles.

— Messieurs, dit l'instituteur en riant, je vous garde rancune pour votre discrétion. Pourquoi cacher qu'en dehors de vos professions, si honorables et si distinguées qu'elles soient, vous vous êtes livrés à l'étude des temps anciens et en particulier, ce me semble, à celle du vieux Paris ?

— Il est vrai, mon cher hôte, répondit Antius, ne pouvant plus battre en retraite, que nous avons une connaissance assez précise de la vieille Cité, nous étant trouvés dans des conditions très favorables pour l'étudier, mais nous ne pouvions supposer que cette particularité avait quelque intérêt pour vous.

— Elle en a un très grand pour moi et pour tout le monde, répliqua vivement le maître d'école. Tout ce qui concerne l'histoire de la ville est plein d'attrait pour ses habitants. Et d'abord, docteur, je suis convaincu que vos investigations et celles de mon honorable collègue, M. Terrier, ont porté spécialement sur l'état scientifique et industriel de la vieille société française.

— Oui, dit Antius, brûlant ses vaisseaux, mon ami et moi avons profondément étudié le dix-neuvième siècle, non seulement sous le rapport intellectuel, mais encore sous le rapport politique, social et philosophique.

— Je comprends tout l'intérêt et aussi tout le mérite de vos travaux archéologiques, et je regrette de ne pouvoir, comme vous, me représenter le vieux Paris à dix siècles d'intervalle.

— Cette vision n'est pas sans mélancolie, pensa le physicien, fort ému d'être si près de son ancien laboratoire, noyé maintenant dans le fleuve.

— Je suis réellement émerveillé, poursuivit Herber, car nous n'avons en général que des idées d'ensemble sur la vieille Cité et ses transformations successives. »

Les promeneurs continuèrent à remonter le cours de la Seine.

Ils se trouvèrent bientôt à la hauteur de la vieille cathédrale, sombre et silencieuse au milieu du fleuve. Isolée sur un îlot soutenu par de magnifiques travaux d'art, la basilique en ruines était la seule épave qui eût survécu à la Cité.

Les étrangers cherchèrent vainement en amont l'île Saint-Louis, qui avait disparu sous la masse des eaux, dont la surface, argentée par la lune, s'étendait à perte de vue.

La vieille Cité.

« Je suis surpris, dit Antius, ému malgré lui, qu'on n'ait pas sauvé l'antique berceau de la capitale.

— Il est certain, docteur, répondit Herber, que ce n'est qu'après avoir épuisé tous les plans et tous les moyens capables de le protéger, qu'on s'est décidé à anéantir le sol qui avait porté les premières huttes des Lutéciens, pour lequel on conservait un pieux souvenir. Mais il a fallu passer outre. Tous les édifices publics et toutes les maisons de ce quartier tombaient en ruines, et la suppression des deux îles, qui donnait un élan considérable au développement du lit de la Seine, réclamée par tout le monde fut adoptée. Ce fut même le commencement des immenses travaux poursuivis presque simultanément sur les deux rives.

— Mais, mon jeune antiquaire, ajouta-t-il en s'adressant à Gédéon, avez-vous conservé un souvenir exact de tous les monuments qui ornaient autrefois l'île de la Cité ?

— Oui, mon cher maître, » dit le jeune homme.

Et il commença une description tellement précise et tellement détaillée de cette partie de la vieille ville, que l'instituteur ne pouvait contenir son étonnement.

Antius mit prudemment un terme à cette prolixité au moins inutile, en attaquant à son tour la rive droite et en parlant du Louvre et des Tuileries avec une modération dont ne font pas toujours preuve les archéologues.

Depuis un moment, ils revenaient sur leurs pas, lorsque le physicien s'arrêta brusquement.

« A cent mètres de nous, s'écria-t-il, en désignant un point vague de la rivière, on pouvait autrefois contempler les tranches dorées de la coupole de l'Institut. L'Académie des sciences a donc vécu ? ajouta-t-il avec amertume.

— L'Académie des sciences est l'honneur du pays, déclara solennellement Herber, pour lequel la porte devait bientôt s'ouvrir à deux battants. Le palais qui a été construit il y a un siècle pour abriter les cinq Académies, dont l'ensemble constitue l'Institut de France, est le plus magnifique de la cité. Je compte même vous conduire à la grande séance de jeudi prochain qui présentera un intérêt capital, car le célèbre mathématicien Ho-wey-hu doit y présenter au grand jour une invention à laquelle il travaille depuis trente ans dans le plus profond mystère et qui, d'après ses appréciations, est appelée à changer la face du monde.

— Le nom de ce savant paraît indiquer une origine océanienne, fit observer Antius.

— Oui, Ho-wey-hu est né à Honolulu et est président honoraire de l'Académie des sciences de cette opulente cité. J'ai l'honneur de le compter parmi mes meilleurs amis, et c'est grâce à nos relations que je pourrai obtenir quatre sièges, car le président, en raison de cette solennité, est assailli de demandes signées des noms les plus illustres des cinq parties du monde. Les compagnies télégraphiques ont déjà pris leurs dispositions pour que le compte rendu soit imprimé, affiché et distribué par tout le globe le soir même. Tous les corps savants, en raison du secret impénétrable sous lequel ont été conduites les recherches de l'inventeur, attendent avec impatience le procès-verbal de la séance. »

Les étrangers témoignèrent à leur hôte toute la gratitude que leur inspirait cette nouvelle preuve de sympathie.

Les deux savants étaient maintenant à peu près rassurés sur les conséquences de la réflexion intempestive de leur jeune compagnon. L'hypothèse flatteuse du maître d'école, qui, en raison de la précision et de la certitude de leurs descriptions, les mettait bien au-dessus des membres les plus célèbres de la Société des antiquaires, avait pour le moment écarté tout péril. En outre, le plaisir qu'ils venaient de procurer à l'hôte généreux qui les avait accueillis, était pour eux une cause inappréciable de satisfaction.

L'état des connaissances scientifiques au dix-neuvième siècle et l'organisation de l'ancien Institut devinrent le thème d'une conversation, où le docteur et le physicien surent tour à tour surexciter au plus haut point l'attention du maître d'école.

« Messieurs, dit-il tout à coup, je vous demanderais volontiers une faveur.

— Maître, répondit Antius, dans la mesure de nos moyens, nous vous appartenons entièrement, sans espérer pouvoir jamais nous acquitter envers vous.

— La connaissance parfaite que vous avez du vieux monde m'a tellement émerveillé et m'a causé tant de plaisir, que je considérerais comme un acte d'égoïsme de profiter tout seul de votre érudition.

— Que faut-il faire, mon cher collègue? demanda Terrier.

— Je serai fort heureux si demain, à notre réunion habituelle du lundi, dans la salle de théâtre de l'école, devant nos habitués et devant quelques intimes de l'Institut que j'inviterai spécialement, vous vouliez bien tour à tour faire un tableau de la vieille société au point de vue scientifique, industriel, politique et social. Tout le quartier apprécierait certainement comme il le mérite l'honneur réservé à l'École de la place du Muséum.

— Nous sommes entièrement à votre disposition, dirent d'une même voix les deux savants.

— Je vous remercie. Demain, vous occuperez exclusivement le programme. »

Les voyageurs avaient franchi dans toute sa longueur la grande avenue qui les avait conduits au fleuve. Ils traversèrent en ligne droite le square, sillonné en ce moment par de rares promeneurs.

« Malgré l'éblouissement que m'ont causé les merveilles de la cité, dit Antius en se retournant vers son hôte, j'ai fait une observation, dont le caractère négatif m'intrigue au plus haut degré.

— Laquelle, docteur ? demanda Herber.

— Je n'ai pas encore aperçu un seul agent de l'autorité.

— Je ne sais ce que vous entendez par ce mot.

— Je vais m'expliquer clairement. Il y a sans doute chez vous, comme partout ailleurs, un groupe d'hommes chargés de veiller à la sécurité de leurs concitoyens.

— Tout le monde est chargé de cette fonction, bien qu'elle soit une parfaite sinécure. Vous n'observerez chez nous ni désordres ni violences, car nos écoles s'efforcent de faire de chacun un homme instruit, honnête et bien élevé.

« Au reste, au point de vue de l'ordre et de la sécurité, la loi, réduite à des formules simples, brèves et précises, ne contient qu'un article :

« *Les habitants de chaque section de la voie publique sont responsables de tout acte illégal qui pourrait s'y commettre.*

« Mais, je le répète, je n'ai jamais entendu parler d'un attentat quelconque contre les personnes et les propriétés. Indépendamment du bien-être répandu à torrents par les progrès de la science, condition qui éloigne l'homme de la misère, source active et funeste du mal, l'éducation morale le met en garde contre ses propres passions.

« L'enfant comprend bientôt que le bonheur est dans la pratique des devoirs que lui dicte sa conscience, devoirs qui se résument dans le respect de soi-même, l'amour de ses semblables et la reconnaissance envers la puissance suprême, qui, en lui donnant l'intelligence, l'a orné de sa propre substance. »

Les promeneurs, en ce moment, pénétraient dans la cour d'honneur de l'école.

« Avant de vous quitter, Messieurs, dit l'instituteur, je dois vous faire les honneurs de votre nouvelle demeure. »

Et, précédant les voyageurs, il les guida vers l'extrémité de l'aile gauche, qui faisait face à celle qu'il habitait avec sa famille.

CHAPITRE XIV

MEUBLES ET TENTURES

Le maître d'école gravit un élégant escalier de marbre rose, poussa devant lui une porte épaisse qui roula silencieusement sur ses gonds, et mit la main sur un levier d'ivoire destiné à fermer un circuit électrique. Soudain, plusieurs globes dépolis resplendirent à la fois dans le corridor.

Les voyageurs, suivant leur hôte, gravirent un large escalier qui montait en pente douce jusqu'à un palier couvert d'un épais tapis de moquette végétale, sur lequel s'ouvraient trois hautes portes doublées de velours vert et situées à dix pas l'une de l'autre.

Herber se dirigea vers celle qui lui faisait face.

« Voici votre chambre ! docteur, dit-il à Antius, et, comme celles de ces messieurs sont à peu près identiques, l'examen de celle-ci, instruira suffisamment vos compagnons. »

Ce disant, il écarta à la fois les deux battants.

Les étrangers avancèrent d'un pas, et restèrent un moment cloués sur place par l'admiration.

Fixé au milieu d'une voûte hémisphérique, peinte avec un art infini et représentant un ciel pur décoré de quelques nuages blancs qui paraissaient

se détacher en relief, un globe vermeil versait une lumière douce et blonde sur un salon d'une splendeur incomparable.

Au fond, haut comme un porche de cathédrale, se dressait un lit d'ébène sculpté, dont les colonnes torses soutenaient un dôme enrichi d'allégories en relief, d'où s'échappaient des flots de satin havane, soutenus par d'énormes torsades.

Un tapis à fond clair, chargé de fleurs bleues et roses, s'étendait jusqu'aux murs. Un divan capitonné, assez large pour permettre à toute une famille de s'y reposer en même temps, occupait le côté gauche. Divers bahuts, ornés de bas-reliefs, fouillés avec une rare perfection, étaient disposés sur les autres côtés, et laissaient à peine la place nécessaire à une demi-douzaine de fauteuils évasés, dont l'aspect eût plongé en extase un paralytique.

Les glaces des fenêtres, découpées par de longs rideaux d'étoffe claire,

Divers bahuts.

étaient d'une seule pièce, et les murs, couverts de vastes paysages obtenus par la photopeinture, ouvraient à l'œil surpris des horizons infinis.

Sur une cheminée de marbre vert, dont l'entablement soutenait une pendule électrique et une foule d'objets d'art, s'élevait une glace de dimensions extraordinaires, dont le couronnement allait rejoindre les moulures du plafond. En face, une bibliothèque massive, dont les rayons étaient protégés par des lames de cristal tellement transparentes qu'on ne soupçonnait pas leur présence, présentait plusieurs rangs de livres rares, dont les reliures somptueuses et étincelantes semblaient appeler les regards. Entre les deux fenêtres était fixée une panoplie d'instruments scientifiques, où l'œil exercé du physicien put reconnaître, quoique leur forme eût notablement changé, un thermomètre à maxima et minima, un baromètre perfectionné, un hygromètre et un tableau fort compliqué de phénomènes astronomiques, correspondant à chaque jour.

A travers l'écartement des rideaux d'une portière qui s'ouvrait sur l'un des angles de la pièce, dans un pan coupé, les voyageurs purent distinguer une fontaine de marbre blanc, dont les robinets d'or massif pouvaient verser des torrents d'eau à diverses températures. Une baignoire de porphyre était établie à côté.

Le caractère excessif de splendeur qui régnait en ce lieu préoccupait Antius à un tel point, que son hôte s'en aperçut.

« Aurait-on commis quelque oubli ou quelque maladresse dans votre installation, docteur? demanda-t-il avec inquiétude.

— Non vraiment, et à tous les points de vue nous sommes accablés de bien-être ; mais je réfléchissais sur un sujet qui a une portée plus grande que celle de notre intronisation dans cet appartement merveilleux.

« Je me demandais si beaucoup de citoyens pouvaient aborder le prix des meubles sculptés semblables à ceux que nous avons sous les yeux, prix sans doute formidable, car, en raison de la profusion et de la perfection des sculptures, chaque pièce pourrait bien avoir absorbé l'existence entière d'un habile ouvrier.

— Mon cher hôte, répondit le maître d'école, tout ce qui nous entoure est la conquête du progrès plutôt que celle de la fortune, conquête éminemment morale, car elle se fait au profit de tous.

« Il est certain qu'au dix-neuvième et même au vingtième siècle un collectionneur opulent aurait pu, à la rigueur, se créer un salon à peu près pareil à celui-ci, mais la grande majorité des citoyens n'aurait pu, sans être taxée de folie, rêver la possession de meubles aussi riches que ceux qui aujourd'hui ornent toutes les maisons, et dont le prix est fort modeste, car il suffit de jeter quelques truelles de pâte de bois dans un moule approprié, pour obtenir des panneaux admirables, qui au bout de quelques heures, tout en conservant une légèreté spécifique remarquable, ont conquis la solidité de l'acier trempé.

« Vous m'objecterez sans doute l'uniformité qui semble devoir résulter du procédé, mais vous abandonnerez cet argument, lorsque vous saurez que le nombre des modèles est fort considérable, et qu'il suffit de modifier quelques détails dans un ensemble, pour changer entièrement le caractère d'un sujet.

« Les meubles de ce salon sont en bois de teck moulé. Cet arbre, qui croît fort abondamment en Indo-Chine, était autrefois fort négligé. Ainsi préparé, le teck prend la teinte riche et sévère du vieux chêne.

« Les tentures et les tapis, que vous paraissez admirer, sont obtenus très rapidement et sans grands frais dans nos ateliers électriques, qui puisent leurs matières premières dans les plantations et les magnaneries du monde entier.

« Mais ces meubles, poursuivit Herber, ne sont pas ici uniquement pour concourir à l'ornementation ; ils doivent contenir un peu de linge. »

Et, saisissant une poignée d'acier poli, l'instituteur attira un battant, qui mit à découvert une masse de linge embaumé et éclatant de blancheur, dont la vue eût ravi au septième ciel la ménagère la plus ambitieuse.

« Je crois, mon cher hôte, dit Antius, que vous avez réuni dans ce salon miraculeux tout ce que l'imagination la plus difficile peut désirer et même concevoir. Aussi, ajouta-t-il en souriant, j'estime que cet élégant cordon de sonnette suspendu au chevet du lit est bien superflu.

— Cet instrument, docteur, est un téléphone, répondit Herber, assez surpris du quiproquo. Il communique à la salle du service de nuit où sont les veilleurs, toujours prêts à vos ordres.

« Maintenant, Messieurs, le moment est venu de vous livrer à un repos dont vous devez avoir grand besoin, en raison du grand voyage que vous avez fait les jours précédents, et du mouvement ininterrompu de la journée, auquel j'ai contribué peut-être sans mesure.

— Maître, s'écria Antius avec émotion, aucune langue n'a de termes assez profonds pour exprimer les sentiments de gratitude que nous inspire votre bonté.

« Ce matin, nous étions errants et désespérés au milieu de la cité immense. Nous ne pouvions envisager l'avenir qu'avec une sombre terreur.

« Soudain, une vision charmante vient nous prendre par la main et nous conduit à votre foyer, où subitement nous sommes entourés de toutes les conditions du bien-être et où, inconnus, nous sommes accablés de bienfaits. Maître, merci!

— Voilà qui est bien dit, cria Gédéon d'une voix étranglée, en saisissant la main du maître d'école, pendant que le physicien, ému pour la

Le docteur, à l'exemple du roi d'Yvetot.....

première fois de sa vie, gardait un silence et une immobilité encore plus éloquents.

— Allons, mes amis, dormez bien, » dit Herber, dont le sang-froid disparaissait à vue d'œil.

Et il s'échappa au dehors.

« S'il y a jamais une procession de gens de bien, celui-là portera la bannière, fit le jeune homme, en passant vivement la main sur ses yeux.

— Mes amis, dit doucement le docteur, nous sommes tous extrêmement fatigués; allons nous reposer. Le sommeil ramènera le calme dans notre esprit. Demain, peut-être, nous pourrons analyser froidement les choses étranges que nous avons vues aujourd'hui, et réfléchir sur la puissance mystérieuse qui nous a arrachés de notre monde pour nous réveiller mille ans plus tard. »

Chacun d'eux se retira dans sa chambre. Les armoires renfermaient des collections variées de tous les objets nécessaires à la toilette nocturne la plus compliquée.

Après de sérieuses réflexions sur le chapitre de la coiffure, le physicien, ayant fixé son choix sur un vaste foulard jaune, pratiqua en avant de son front un nœud d'une savante symétrie, pendant que le docteur, à l'exemple du roi d'Yvetot, tirait sur ses oreilles le large repli d'un bonnet de coton magistral.

Gédéon ne craignit pas d'exposer à l'air ambiant sa chevelure drue et épaisse comme une tête de loup.

Après avoir à peu près éteint sa lampe, à l'aide de quelques mouvements du levier, il enfonça ses poings sous l'oreiller, en disant :

« Le vieux monde ? J'en ai par-dessus la tête ! »

CHAPITRE XV

LE RÉVEIL. LE MUSÉE. LA BIBLIOTHÈQUE

Huit heures sonnaient à l'horloge du pavillon central. La vibration du dernier battement résonnait encore, lorsque le physicien, dont l'existence était réglée au chronomètre, entr'ouvrit les yeux.

Une large nappe de soleil couvrait le fond du lit. « Voilà, dit-il, un beau temps pour nos expériences d'optique. » Et il se dressa sur son séant.

L'aspect des objets inconnus qui l'entouraient le plongea dans une stupéfaction profonde.

« Suis-je sous l'empire d'un cauchemar, et ne suis-je pas réveillé ? s'écria-t-il. Dieu merci, mon cerveau me semble en état d'équilibre stable. Raisonnons ou du moins essayons de raisonner.

« Il est bien certain qu'avant-hier, samedi 14 juin 1880, j'ai exposé devant mon auditoire la théorie complète de la formation des images dans les miroirs, tant concaves que convexes, théorie couronnée par une discussion algébrique approfondie.

« Il est non moins certain que j'ai couché de mon plein gré dans ce lit, à moins qu'un génie ou une fée m'y ait transporté pendant mon sommeil. Or, à aucune époque et dans aucun pays, les génies et les fées ne se sont occupés des hommes de mon âge et surtout de mon caractère. En outre, je me rappelle vaguement avoir pénétré cette nuit dans cette chambre, qui n'est pas la mienne, car elle en diffère par la forme, par la grandeur et surtout par la richesse.

« Quoique j'occupe un rang assez distingué dans l'honorable corps enseignant, je n'ai pas le moyen de mettre cinquante mille écus dans l'ameublement de ma chambre à coucher. Je ne connais même aucun de mes collègues qui ait la bourse assez pleine et la tête assez vide pour se permettre ce luxe babylonien.

« *Quel est donc ce mystère*, comme j'ai entendu chanter à l'Opéra-Comique, un certain soir, où j'avais eu la pensée funeste de m'aventurer dans un coupe-gorge musical? »

« Mais Antius est là, ajouta le professeur en se frappant le front. Allons le trouver ; lui seul peut donner l'explication de cette étrange aventure. »

Au bout de vingt minutes, le savant avait terminé sa toilette. Il sortit de sa chambre à pas délibéré et vint frapper à la porte voisine.

« Entrez, » cria une voix claire.

Terrier poussa la porte et, comme la femme de Loth, resta pétrifié d'étonnement.

Le docteur, vêtu d'une vaste robe de chambre à grands ramages et encore orné de sa majestueuse coiffure, faisait face à une glace grande comme une porte cochère et repassait d'une main sûre un rasoir sur lequel ses regards étaient attachés.

« Comment avez-vous passé la nuit, mon cher ami? dit-il tranquillement au physicien, sans se retourner.

— Ce n'est pas pour vous apporter des nouvelles de ma santé que je me présente ici, Antius, répondit le professeur. Je suis venu pour savoir ce que je dois penser du mystère étrange dans lequel nous nous débattons depuis vingt-quatre heures, si j'ai encore de la mémoire.

— Mon cher, dit Antius, j'y ai songé plus longtemps que vous. Il est bien certain que nous existons, car chacun de nous peut, comme Descartes, dire : *Cogito, ergo sum*. Quant à la solution du problème, après mille conjectures, je suis arrivé à cette conclusion, qui n'explique rien, mais qu'il importe essentiellement d'adopter, pour la sécurité de notre cerveau :

« Laissons marcher les événements, et ne nous occupons plus du passé, du moins jusqu'à nouvel ordre.

« Pour le moment, continua le docteur, en promenant sur son menton un pinceau chargé de mousse, je me livre, vous le voyez, à une opération importante, qui exige la solitude, et, sans vous mettre à la porte, je vous invite à aller réveiller mon neveu, qui certainement ne se casse pas la tête à approfondir le mystère. »

Terrier, abasourdi, tourna sur ses talons et alla frapper à la porte du jeune homme.

Celui-ci, brusquement arraché à ce léger sommeil du matin, dont un poète ancien a chanté les douceurs, tendit l'oreille avec l'inquiétude qui saisit un lièvre au gîte, surpris par les aboiements d'une meute.

« Ces coups frappés brutalement d'aussi grand matin à la porte d'un célibataire ne présagent rien de bon, pensa-t-il. Il n'y a au monde que mon tailleur ou mon bottier, à l'affût de leur argent, ou plutôt du mien, qui puissent se livrer à semblable manœuvre. Le Code présente certainement une grave lacune, en n'ayant pas édicté une peine sévère contre les gens qui viennent réveiller leurs concitoyens à pareille heure. J'ai grande envie de faire écrire en grandes lettres sur ma porte la fameuse phrase du Dante : *Vous qui entrez ici, laissez toute espérance.* »

Un nouveau roulement de coups précipités vint couper court ce monologue.

« C'est certainement le bottier, continua l'assiégé. Toutes les études que ma mauvaise étoile m'a conduit à faire de l'obsession des créanciers, m'ont convaincu surabondamment que, en représentant l'importunité du tailleur par l'*unité*, on pouvait hardiment représenter celle du bottier par *quatre*. Quelle est la raison de cette proportion extraordinaire ? »

La voix de Terrier se fit entendre.

« Est-ce que tu as la prétention de dormir jusqu'à midi ? cria le professeur.

— Cette prétention me semble assez légitime, » répliqua le jeune homme.

Mais, ayant reconnu le timbre grave de son ancien maître, il se leva à demi.

Toutes les splendeurs de l'appartement se déroulèrent tout à coup à ses yeux, et un étonnement profond se peignit sur son visage. Cependant le souvenir des événements de la veille se fit peu à peu dans son esprit, et il ne trouva, pour résumer la situation présente, que cette conclusion particulière :

« Dieu merci, mes créanciers dorment depuis longtemps du sommeil éternel. Que la terre leur soit légère ! »

Rassuré par cette observation, Gédéon mit pied à terre, et, après avoir enfourché le magnifique pantalon qu'il devait à la générosité du maître d'école, il courut à la porte, qu'il ouvri brusquement.

« Comment vous portez-vous, ce matin, mon cher professeur ? demanda-t-il.

— Comme les tours de Notre-Dame, répondit en s'avançant le physicien, qui ne dédaignait pas l'hyperbole.

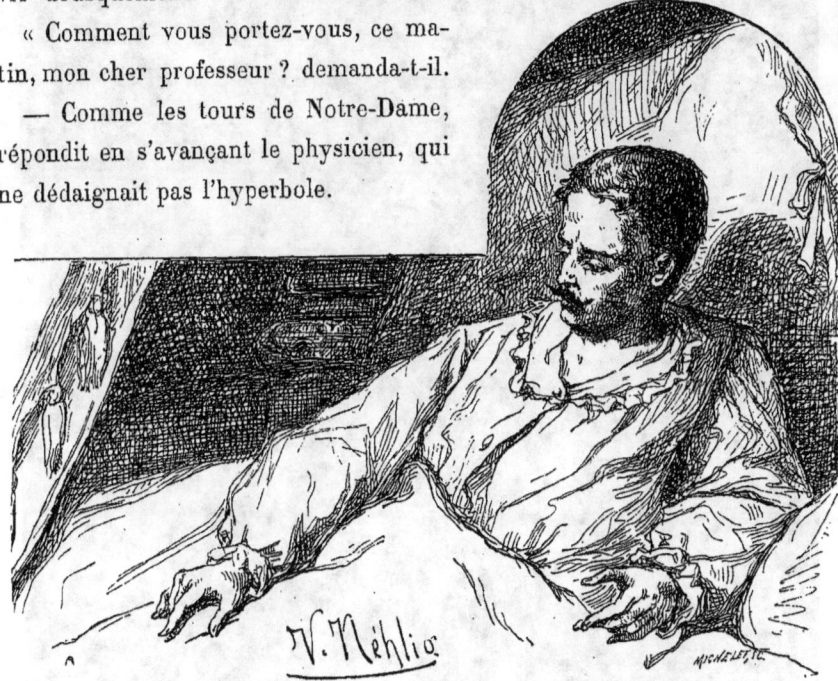

Ayant reconnu le timbre grave de son ancien maître, il se leva à moitié.

— En ce cas, je vous plains, car elles sont fortement lézardées.

— Hélas ! fit Terrier, qui poursuivait toujours le mystérieux problème.

— Rassurez-vous, vous ne l'êtes pas encore.

— Sais-tu ce que fait ton oncle en ce moment ?

— J'allais vous le demander.

— Il se fait tranquillement la barbe.

— Je ne vois rien de coupable dans cette opération, soit dit sans calembour. Mais que pense-t-il de notre situation ?

— Rien.

Il est vêtu d'une superbe robe de chambre et coiffé d'un bonnet de nuit.

— Alors nous devons faire comme lui, car, lorsqu'un épilogueur de sa force reste muet, c'est qu'il n'y a pas matière à discussion.

— Il est vêtu d'une superbe robe de chambre et coiffé d'un bonnet de coton haut comme un clocher, ajouta le physicien.

— Je le reconnais bien là. En voilà un qui ne perdra pas facilement ses habitudes.

— Je te laisse; habille-toi vite, » dit Terrier en se levant, et il s'éloigna d'un air distrait.

Gédéon courut à un lavabo de marbre grand comme un autel et présentant à son centre une excavation large et profonde. Il appuya au hasard sur un levier fixé au milieu du fronton, et un torrent d'eau limpide coula dans le bassin.

A coup sûr, cette cuvette est à deux fins, car elle peut aussi servir de baignoire, pensa-t-il.

Après ses ablutions, il s'habilla promptement et sortit de sa chambre au moment où Antius quittait la sienne.

L'oncle et le neveu se trouvèrent face à face.

« Comme vous êtes superbe ce matin, mon oncle, fit le jeune homme.

— J'allais t'en dire autant, répliqua le docteur en le toisant des pieds à la tête.

— Voyez ce que c'est que le temps. Autrefois, nous ne nous serions abordés que l'amertume à la bouche. »

Terrier, averti par ce dialogue, vint à leur rencontre.

Les trois hommes descendirent dans la cour d'honneur. En les voyant, la petite fille, qui jouait sur le gazon, vint les embrasser tour à tour. Elle s'élança ensuite vers le musée, en appelant à grands cris le conservateur.

Le vieillard parut tout à coup dans l'encadrement de la porte centrale, tenant une cornue de la main droite et un hygromètre de la main gauche. Après avoir déposé avec soin ses instruments sur l'entablement d'une colonne, il vint serrer la main aux voyageurs qui s'avançaient vers lui.

« Avez-vous dormi paisiblement, Messieurs ? demanda-t-il.

— Comme des loirs, répondit Gédéon.

— Mon ami Herber, qui visite en ce moment les salles de travail, sera fort heureux de vous présenter le bonjour.

— Est-ce que les élèves sont rentrés ? demanda Terrier.

— Oui, Monsieur, depuis huit heures et demie.

— Mais on n'entend aucun bruit, dit le jeune homme.

— Pendant les classes, on observe un silence absolu. Cette précieuse habitude est le plus puissant auxiliaire de notre enseignement. Elle est en même temps la base indispensable de la bonne éducation. Plus tard, l'homme qui dans sa jeunesse a été habitué au silence conserve instinctivement un grand respect de langage, et ne dit en général que des choses sensées, car l'esprit et l'intelligence se forment surtout par la méditation. Celui qui réfléchit embrasse dans quelques minutes un monde d'idées : de là sa supériorité. Un individu qui parle haut et souvent est fatalement un sot. »

Les sages maximes du conservateur furent interrompues par les cris de l'enfant, qui s'élança hors du groupe pour courir vers sa mère. Madame Herber s'avançait vers les étrangers, qui s'inclinèrent en même temps. Antius se fit l'interprète des sentiments de gratitude de ses compagnons.

« Messieurs, dit la jeune femme, on sonne le déjeuner à onze heures précises : vous n'auriez donc pas le temps de vous éloigner beaucoup de la maison ; mais nous avons heureusement ici des moyens de distraction, capables d'occuper votre attention pendant deux heures. Je vous invite à visiter notre musée. Il renferme des collections dignes d'intéresser des savants. »

Le docteur et le physicien remercièrent vivement la femme de leur bienfaiteur, et, suivis de Gédéon, qui n'avait accueilli la proposition qu'avec un médiocre enthousiasme, ils s'avancèrent vers le péristyle, précédés par le vieux maître, qui tenait à faire les honneurs du théâtre de ses travaux.

Arrivés devant la porte d'honneur, ils gravirent rapidement les marches de l'escalier monumental. Le conservateur releva avec soin les instruments qu'il avait déposés et introduisit ses hôtes dans la vaste salle d'entrée, où la veille il les avait rencontrés pour la première fois. Il se dirigea ensuite vers une haute porte cintrée qui s'ouvrait au milieu du mur latéral de droite et poussa les deux battants.

Les voyageurs entrèrent de front et ne purent contenir un cri d'admiration. Ils se trouvaient sur le seuil d'une immense salle rectangulaire, dont le plafond, couvert de riches peintures allégoriques, paraissait soutenu par des colonnes corinthiennes couplées, adossées aux quatre murs. Sur l'entablement supérieur, un triple rang de bustes en bronze florentin repré-

sentaient, disposés dans un ordre chronologique, tous les savants qui, depuis l'antiquité la plus reculée jusqu'aux temps modernes, s'étaient illustrés par quelque utile invention.

« Nous sommes dans la salle de physique, » dit simplement le vieux maître.

L'œil exercé du physicien avait déjà pu reconnaître, perdus au milieu d'appa-

Arrivés devant la porte d'honneur, ils gravirent rapidement les marches de l'escalier monumental.

reils qui lui étaient inconnus, toute la série des instruments usités au dix-neuvième siècle.

L'ordre et l'éclat des collections attestaient à la fois les soins et la compétence du conservateur.

Celui-ci ne put retenir un sourire de légitime orgueil en voyant l'admiration extatique de ses hôtes.

« Tous nos instruments, dit-il, sont groupés avec méthode. Le côté gauche de la salle contient tous les appareils qui concernent la pesanteur, la statique, l'hydrodynamique et les fluides gazeux. A droite se trouvent ceux de la chaleur et de l'électricité, en face ceux de l'optique, et derrière nous ceux de l'acoustique. Le musée a une véritable importance historique, car nous avons conservé une foule d'instruments qui n'ont de valeur que par leur antiquité, tels que les machines à vapeur, les vieilles piles électriques et les anciens appareils d'analyse spectrale.

— Si les circonstances ne nous éloignent pas jusqu'aux antipodes, s'écria le physicien, nous ferons ici de fréquentes visites.

— Vous serez toujours les bienvenus, Messieurs, dit le vieillard. Comme aujourd'hui vous ne pouvez donner qu'un coup d'œil d'ensemble, nous allons, si vous le voulez bien, passer dans la salle de mécanique. »

Les quatre hommes traversèrent dans toute sa longueur la vaste salle. Arrivé à l'extrémité, le conservateur ouvrit devant eux une large ils pénétrèrent dans une galerie cintrée tellement vaste, que la première pièce semblait lui servir d'antichambre.

Là se trouvaient groupées toutes les machines de l'industrie contemporaine.

Ils avancèrent en promenant leurs yeux ardents sur toutes ces merveilles. Tout à coup, le physicien tressaillit et saisit le bras du docteur.

Il avait aperçu, dressés dans une immense vitrine, les modèles de tous les appareils que le génie de l'homme avait successivement créés pour arriver à résoudre la question capitale de la navigation aérienne, problème dont la solution définitive avait répandu la richesse sur le monde entier.

L'antique ballon à air chaud suivi des aérostats gonflés tour à tour par l'hydrogène et par le gaz d'éclairage, constituaient toute la série des appareils moins denses que l'atmosphère, dont le rôle modeste avait dû se borner à des ascensions de pure curiosité ou aux expériences, plus utiles, d'hygrométrie, d'électricité et de pressions atmosphériques.

Une longue file d'instruments de toute forme et de toute grandeur attestait le nombre et l'ingéniosité des chercheurs qui avaient poursuivi le problème de l'aviation.

Tout à coup le physicien saisit le bras du docteur.

Les uns étaient conduits par des mouvements générateurs rectilignes, les autres par des mouvements circulaires. La force initiale animait tour à tour des plans, des ressorts, des hélices et des élytres métalliques. Les derniers modèles, chargés de matériaux et de voyageurs en miniature, livrés à toutes sortes d'occupations, témoignaient que l'accumulation des efforts avait enfin conquis des résultats pratiques.

A deux reprises, le conservateur, étonné de leur persistance, avait dit à haute voix que l'heure avançait et qu'ils avaient encore deux salles à visiter avant la bibliothèque. Personne ne paraissait l'entendre. Il parvint cependant à force d'obsession à les arracher à leur examen, et les ramena au vestibule.

L'entrée du cabinet de chimie et de minéralogie faisait face à la porte de la salle de physique. Ils y pénétrèrent.

Cette pièce ne le cédait ni en grandeur ni en richesse à la précédente. Les pierres les plus précieuses, les minéraux les plus rares, les cristallisations les plus parfaites, les préparations les plus délicates y abondaient.

Un amas de diamants gros comme le poing jetaient des éclairs fulgurants à leurs yeux éblouis.

Précédés de leur guide, ils entrèrent dans le cabinet d'histoire naturelle, dont l'étendue égalait celle de la salle de mécanique dont il formait la reproduction symétrique.

Une énorme quantité d'animaux de toute sorte, parfaitement conservés peuplait cette immensité.

« Il y a ici, dit le vieux maître, plusieurs espèces à peu près disparues, notamment dans la famille des animaux féroces, que l'homme a chassés de leurs derniers repaires ; aussi les conservons-nous avec un soin qui n'est pas exempt d'inquiétude pour l'avenir.

— Il est dix heures et demie, Messieurs, ajouta M. Ravan. Nous allons monter à la bibliothèque, où nous pourrons attendre le moment de nous mettre à table.

Et il entraîna les visiteurs ravis jusqu'au grand escalier de marbre qui conduisait au premier étage.

Cette partie de l'édifice était éclairée par une immense rosace de pierre délicatement fouillée, dont les vitraux multicolores versaient une lumière légèrement teintée de rose dans l'intérieur du monument.

Lorsqu'ils eurent atteint l'étage supérieur, le conservateur poussa les battants de la porte centrale, qui s'ouvrait sur le palier, et entra avec ses compagnons.

Ils marchaient de merveille en merveille. La grandeur de la salle les frappa d'abord de stupéfaction.

Sur une étendue, qui occupait la longueur totale du musée, le regard

embrassait, du haut en bas des murs, un immense revêtement de livres de toute grandeur, reliés avec autant de goût que de richesse.

« Notre bibliothèque est méthodiquement disposée, dit M. Ravan. Le côté droit de la salle renferme tous les chefs-d'œuvre littéraires, philosophiques, historiques et géographiques de toutes les époques. Sur le côté gauche, nous avons groupé, suivant leur nature, les meilleurs ouvrages scientifiques écrits depuis la plus haute antiquité. Vous y trouverez les systèmes astronomiques des Indous, les observations des prêtres égyptiens, la géométrie d'Euclide et une foule d'œuvres rares.

— Il me semble, mon cher maître, dit Gédéon, qui, de sa vie, n'avait pénétré dans une bibliothèque, que, même secondé par les divisions méthodiques que vous avez adoptées, un visiteur qui cherche un livre dans cette salle, doit avoir les cheveux blancs avant de l'avoir trouvé.

— Rien n'est plus facile et plus rapide, répondit le conservateur. A chaque groupe scientifique ou littéraire, dont le nom est du reste imprimé en grosses lettres sur la partie correspondante du plafond, est attaché un gros volume qui contient le nom de tous les auteurs par ordre alphabétique et, en regard de chaque nom, le titre et la date de ses œuvres. »

L'œil d'Antius s'illumina.

« Je serais bien aise, dit-il tout bas à Terrier, de savoir si j'ai survécu à mon siècle.

— Et moi aussi, fit tranquillement le professeur.

— Pendant que nous allons faire de courtes recherches bibliographiques, dit Antius à son neveu, tu vas tenir compagnie à notre excellent maître, s'il y consent toutefois. »

M. Ravan sourit. « Le vieillard et le jeune homme sont déjà amis, » répondit-il.

Le docteur et le physicien marchèrent parallèlement le nez en l'air, jusqu'au moment où ils rencontrèrent presque en même temps, le premier le mot P‍HYSIOLOGIE, le deuxième le mot P‍HYSIQUE.

Sur une longue table, couverte d'un tapis de velours vert, étaient appareillés les livres indicateurs relatifs à chaque science.

Antius ouvrit fiévreusement le volume qui concernait sa profession, feuilleta jusqu'à la syllabe ANT et parcourut rapidement les lignes.

Il en était arrivé au nom du docteur ANTROEM et n'avait pas encore vu le sien. Un frisson d'inquiétude le saisit.

Il recommença sa lecture de haut en bas avec une sorte de colère contenue. Soudain ses muscles se détendirent et un sourire de satisfaction illumina son visage. Ses yeux étaient rivés sur ces deux lignes :

ANTIUS (André-Jérome), *membre de l'Académie de médecine,* — *Recherches sur les fonctions du cerveau. Masson, éditeur,* 1867.— Nota. *Cet ouvrage suscita dès son apparition de vives polémiques.*

« Je crois bien, » s'écria fièrement l'auteur en songeant aux batailles qu'il avait soutenues avec tant d'intrépidité.

De son côté, le physicien, qui avait observé les gestes de son ami, se contenta de lire à voix haute :

TERRIER (Jean-Baptiste). — *Théorie mécanique de la chaleur. Gauthier-Villars, éditeur. Paris,* 1869. — Nota. *Cet ouvrage est un des événements scientifiques les plus importants du XIXe siècle.*

Le physicien passa modestement sous silence le post-scriptum.

« Eh bien Terrier, il paraît que nous ne sommes pas tout à fait morts, dit Antius avec un sourire qui n'était pas exempt de vanité.

— En aucune façon, heureusement, répondit le professeur. Je dois ajouter, cependant, que notre longévité scientifique me surprend autant que celle de notre organisme.

— Et pourquoi, s'il vous plaît ? demanda le docteur en se cabrant.

— Parce qu'il est rare qu'une théorie purement spéculative sur un point donné des sciences expérimentales, conserve de l'autorité pendant plus d'un demi-siècle, et généralement on l'enterre avec le souvenir de son auteur.

— Il faut en conclure que les nôtres ont été consacrées par l'avenir, répliqua Antius, qui, sur les questions d'amour-propre, disputait toujours le terrain pied à pied. Mais, ajouta-t-il vivement, en regardant son interlocuteur, ma satisfaction n'est pas encore complète. Il faut que je m'assure si une de mes plus solides et plus chères convictions s'est réalisée.

Il prit le volume et le feuilleta vivement.

« Je l'avais prédit, le Poulard a vécu, s'écria-t-il, après avoir constaté

Soudain ses muscles se détendirent...

que le nom de son plus intime ennemi était absent du catalogue. Toutes ses billevesées n'ont servi sans doute qu'à alimenter la fabrication des cornets de papier contemporains. »

Et il prit le bras de son compagnon qu'il ramena à leur point de départ.

Les voyageurs descendirent dans la cour d'honneur.

« Je vais t'apprendre une chose qui t'étonnera, dit tout à coup Antius à son neveu.

— Rien n'est maintenant capable de m'étonner, répondit celui-ci.

— Tout à l'heure, poursuivit le docteur, Terrier et moi avons découvert nos œuvres scientifiques bien et dûment cataloguées.

— Si je vous disais que cela m'étonne, vous me traiteriez d'impertinent. »

CHAPITRE V

UN PROCÈS EN 2880

En ce moment, Herber descendait les marches du péristyle qui précédait son habitation particulière et s'avançait dans leur direction.

Les voyageurs se portèrent à sa rencontre et lui pressèrent les mains avec effusion.

Après s'être informé de la manière dont ses hôtes avaient passé la nuit, le maître d'école les conduisit à la salle à manger. Chacun des convives reprit la place qu'il occupait la veille.

Tout en faisant avec sa grâce habituelle les honneurs de la table, madame Herber se mit à féliciter ses hôtes pour les travaux remarquables qu'ils avaient faits sur l'histoire de la capitale, et s'applaudissait d'avance de pouvoir assister à une soirée très intéressante, pour laquelle elle avait déjà invité quelques jeunes dames de ses amies, qu'elle devait recevoir dans sa loge.

« Le programme sera dans une heure imprimé et affiché dans tout le quartier, dit l'instituteur. Je crois bien que la salle sera comble avant l'ouverture de la séance.

— Vous avez sans doute, Messieurs, déterminé les points que chacun de vous, doit exposer?

— Je ne crois pas, mon cher collègue, qu'il soit nécessaire de tenir un long conseil à ce sujet, répondit le physicien. Le docteur, qui s'est occupé avec succès des sciences économiques, traitera sans doute la vie sociale au dix-neuvième siècle, indépendamment de l'état des sciences naturelles et médicales dans cette même période. »

Antius approuva nettement de la tête.

« Quant à moi, je parlerai de l'état scientifique en général, et je m'efforcerai de mériter un peu d'attention.

— Fort bien, dit Herber avec satisfaction. Et notre jeune savant?

— Moi! s'écria Gédéon en se rejetant en arrière.

— Sans doute.

— Je crois, mon cher maître, que vous agiriez prudemment en acceptant les excuses de mon neveu, qui n'a aucune habitude de la parole, déclara le docteur. Il pourrait fort bien rester bouche béante devant l'auditoire et même nous compromettre tous de la manière la plus ridicule.

— Quoi qu'il m'en coûte de l'avouer, je déclare que nous venons d'entendre le langage de la sagesse, appuya Gédéon avec franchise.

— Messieurs, je ne suis pas de votre avis, dit madame Herber en souriant, et je demande formellement que notre jeune archéologue s'exécute à son tour. Je suis convaincue qu'il intéressera tout le monde en précisant les mœurs et les usages de nos ancêtres, et qu'il obtiendra un grand succès en faisant un tableau pittoresque de la vieille cité. »

Les étrangers paraissaient fort embarrassés devant une demande aussi nettement formulée, par celle dont l'intervention providentielle les avait arrachés à la détresse et au désespoir.

« Messieurs, déclara Herber en riant, toute résistance est devenue impossible. Au reste, notre public est essentiellement bienveillant et ne manquera pas d'encourager notre jeune orateur. »

Après quelques objections, tour à tour formulées par les voyageurs et repoussées à mesure par Herber et sa femme, il fut convenu que Gédéon, sur la fin de la soirée, dirait quelques mots, après avoir réclamé l'indulgence de l'assemblée.

Pendant ce débat amical, le repas poursuivait son cours.

La présence de plusieurs mets exotiques, dont une culture progressive avait développé le goût, la succulence, étonna les voyageurs.

Herber fit l'histoire de chacun d'eux en botaniste consommé, et signala en outre un grand nombre de précieuses substances, dont la science avait enrichi l'alimentation. Quelques-unes, dont les éléments toxiques avaient été éliminés, fournissaient des condiments de haute saveur.

Au moment où le café servi par la gracieuse hôtesse venait couronner un repas aussi somptueux que celui de la veille, Antius déclara que ses compagnons et lui se proposaient de faire dans l'après-midi une assez longue promenade par la ville. Le maître d'école leur donna à ce sujet les indications topographiques les plus précises et les plus étendues.

« Maintenant, Messieurs, ajouta-t-il, vous ne pouvez vous mettre en route sans argent. J'ai préparé en conséquence à votre intention quelques valeurs, qui suffiront à toutes les dépenses qu'il vous plaira de faire. »

Et il tendit au docteur un élégant carnet de cuir à ferrures d'or.

L'instituteur parut vivement surpris des remerciements chaleureux et surtout du refus unanime que ses hôtes opposèrent à son offre généreuse.

« Messieurs, dit-il, en vous traitant ainsi, j'accomplis un devoir sacré, et vous n'avez pas plus le droit de vous soustraire à son accomplissement que ne l'auraient ceux qui, en pareil cas, refuseraient votre appui. C'est une simple transmission que je vous confie, car, à un moment donné, elle passera de vos mains dans celles de ceux de vos semblables que vous trouverez dans le besoin. »

Toute opposition devenait impossible devant ce langage noble et élevé.

Antius mit silencieusement le portefeuille dans sa poche.

Vingt minutes plus tard, les étrangers s'engageaient dans la grande voie qui conduisait au fleuve. Peu après ils prenaient pied sur le pont monumental jeté dans le prolongement de l'avenue.

Le large fleuve roulait paisiblement ses ondes entre deux files de palais et de monuments, dont les plus éloignés se confondaient avec le plan de l'horizon.

Les deux ponts les plus rapprochés se montraient dans toute leur magnificence.

Sur la droite, et à huit cents mètres de distance, la vieille basilique élevait tristement ses deux tours ravagées par les siècles.

— Combien de monuments, qui faisaient autrefois l'orgueil de la Cité, ont disparu, dit gravement Antius. Par exemple, ajouta-t-il un moment après, en s'épongeant le front, si le pont des Arts avait eu la longueur de celui-ci, je connais bien des académiciens qui auraient souvent manqué aux séances de l'Institut.

Les voyageurs avaient gagné la rive droite.

Soudain, leurs regards furent attirés par un attroupement considérable, qui s'agitait sous les arbres séculaires du quai, vis-à-vis d'un monument dont les gigantesques proportions écrasaient tous les édifices voisins.

« Allons par là, nous apprendrons du nouveau, dit Gédéon qui, autrefois, avait constamment apporté un contingent précieux à tous les rassemblements de badauds qu'il rencontrait sur sa route.

Ils tournèrent à gauche et s'avancèrent du côté de la foule. Ayant pénétré au milieu du cercle, leur attention fut particulièrement provoquée par un groupe compact, au centre duquel trois ou quatre personnages parlaient tour à tour avec animation.

Le jeune homme fendit les rangs et, suivi de ses compagnons, pénétra au plus épais. Comme il lui semblait difficile de saisir l'objet de la discussion, il prit la parole.

« Pardon, Monsieur, demanda-t-il, en saluant, à celui des orateurs qui se tenait à côté de lui, nous sommes étrangers, et nous serions fort heureux de connaître la cause qui rassemble ici tant d'honorables citoyens. »

Plusieurs personnes se découvrirent.

Monsieur, il s'agit du fameux procès des mines de Kantara, qui se dénoue aujourd'hui au palais de justice, répondit le bourgeois interpellé, en désignant le monument voisin.

— Vous plairait-il de nous faire connaître la nature du procès ?

— Volontiers, Monsieur, dit le citadin. Une société s'était constituée autrefois pour l'exploitation des mines d'or de cette contrée. Au bout de quelques années, les résultats obtenus étant dérisoires, l'affaire fut abandonnée. Vingt ans plus tard, une nouvelle association de capitalistes reprit l'œuvre et, par suite de travaux habilement conduits, et surtout de circonstances très favorables, obtint un prodigieux rendement de minerai aurifère. Lorsqu'il s'agit de partager les dividendes, les premiers actionnaires réclamèrent leur part, mais les derniers venus arguèrent, qu'en vertu de la législation du pays, la première société avait virtuellement cessé d'exister par suite de la dispersion du fonds social et de l'abandon des travaux.

L'affaire est en outre compliquée par suite de la concession du territoire des placers à une compagnie de chemins de fer rapides, à système électromoteur, faite dans l'intervalle des deux exploitations par le gouvernement

« — Monsieur, il s'agit du fameux procès des mines de Kantara. »

de la région, qui percevait simultanément des taxes sur les trois groupes concessionnaires. De là, procès entre les compagnies, et procès des compagnies contre le gouvernement. On n'a été d'accord que sur le choix des arbitres. L'affaire a été portée devant le tribunal de Paris, qui doit trancher définitivement la question.

— Dans quelle contrée sont situées ces mines ? demanda Terrier.

Dans les montagnes de la Lune.

— Dans les montagnes de la Lune, Monsieur.

— Dans les montagnes de la Lune ! s'écria Gédéon en éclatant de rire. Je croyais que cet astre, perforé à outrance par les financiers de tous les temps, ne présentait que des trous.

— Les montagnes de la Lune, dit le physicien, sont au centre de l'Afrique, par le 6° degré de latitude nord.

— Ce procès, continua l'obligeant interlocuteur, n'est pas moins extraordinaire par sa durée que par sa complication. Le jugement définitif ne sera prononcé que ce soir, et l'affaire a été portée devant le tribunal depuis plus de dix jours !

— Dix jours pour juger cette affaire ! s'écria l'ex-basochien au comble de l'étonnement. Je trouve pour mon compte qu'on procède avec une rapidité merveilleuse. Si cette affaire avait été portée devant un tribunal du dix-neuvième siècle, par exemple, tous les intéressés, même ceux qui sont encore en maillot, seraient morts avant que la question eût été définitivement tranchée.

— Mais, quel est le mécanisme ingénieux qui vous permet de mener les affaires judiciaires si rondement ? ajouta-t-il devant les spectateurs attentifs, dont le nombre augmentait sans cesse.

— C'est très simple, répondit un voisin. Ceux qui ont une contestation, accumulent dans leurs mémoires respectifs tous les arguments qui sont en leur faveur. Ces pièces sont remises aux juges, choisis parmi les citoyens les plus illustres et les plus honorables, qui, après un examen approfondi, prononcent un arrêt définitif.

— Voilà qui est clair, rapide et sensé, et nous sommes loin des avocats, des avoués et des huissiers.

— Que signifient ces mots ? demandèrent plusieurs personnes.

— Messieurs, dit Gédéon avec solennité, si les importants travaux qui nous ont appelé dans cette ville nous en laissaient le loisir, je me ferais un devoir d'exposer devant vous le désolant tableau d'un procès en matières civiles au dix-neuvième siècle, point historique, que j'ai spécialement étudié.

« De plus, je tracerais tour à tour le portrait de chacun des membres de cette trilogie de personnages que vous avez le bonheur de ne pas connaître. Mais les deux savants que j'accompagne ne permettraient pas en ce moment cette conférence, qui pourrait nous écarter de notre voie, au grand préjudice du monde archéologique, qui attend fiévreusement le résultat de nos investigations.

Depuis un moment, en effet, le docteur tirait par la manche le turbulent orateur qui salua gravement l'auditoire et quitta la place, suivi de ses deux compagnons.

« Tu feras bien de conserver ta faconde pour ce soir, dit Antius, et de laisser de côté pour l'instant tes vieilles habitudes d'orateur en plein vent.

— Je ne sais ce qui arrivera ce soir, répondit Gédéon ; mais tout à l'heure je me sentais en verve, et tous ces curieux perdent quelques belles pages sur l'ancien monde du Palais. »

CHAPITRE XVII

DEUX ANTIQUAIRES

Les promeneurs s'étaient arrêtés indécis.

« Il n'est que deux heures, remarqua Terrier, et nous avons du temps devant nous. Je crois qu'il serait bon de revenir en arrière et de suivre le grand boulevard qui est à la hauteur du pont que nous venons de quitter. »

L'avis fut adopté ; les trois hommes retournèrent sur leurs pas et s'engagèrent dans une large avenue qui s'étendait sur leur gauche.

La promenade était déjà plus animée. Des groupes nombreux, réduits à l'immobilité par la chaleur ardente du soleil, stationnaient à l'ombre. D'autres, plus intrépides, marchaient avec lenteur sous la voûte des grands arbres. On n'entendait que le murmure des fontaines et les cris joyeux des enfants jouant autour des parterres.

Après un quart d'heure de marche, les voyageurs entrèrent dans une autre voie qui faisait un angle obtus avec la première et, d'après leur avis, devait les conduire dans la région occupée autrefois par les grands boulevards.

Cinq cents mètres plus loin, ils aperçurent sur leur gauche un vaste terrain inculte, au fond duquel plusieurs palais étaient en construction.

Fixées aux murs des édifices et établies à différentes hauteurs, des machines légères paraissant fonctionner sous l'action de puissants courants électriques, enlevaient, disposaient et scellaient des amas de ciment, de pierres taillées, de briques roses et de fonte malléable à l'éclat argenté. Les pièces étaient disposées avec une rapidité et une régularité admirables. Les maisons semblaient grandir à vue d'œil.

Plusieurs monceaux de colonnettes de marbre polychrome, sculptées avec un art merveilleux, avaient été disposés sur le bord de la voie. Le physicien s'en approcha et se mit à les examiner avec une attention profonde.

« Quel est votre avis sur cette substance ? demanda-t-il tout à coup au docteur.

— Je croirais volontiers, répondit celui-ci, après un examen assez long, que nous sommes en présence de carbonate de chaux, qu'une très haute température a transformé en marbre magnifique, et je m'explique maintenant la profusion et la richesse de l'ornementation des édifices. »

Gédéon dirigea vers son oncle un regard étonné, qu'on pouvait interpréter de plusieurs manières fort différentes.

« Cette opinion paraît te surprendre ? dit le physicien.

— Je dirai plus, elle m'afflige, car à qui ferez-vous croire qu'on peut faire du marbre avec de la craie ?

— A tous les gens qui possèdent les plus modestes notions de chimie, répliqua péremptoirement le professeur. Cinquante fois dans mon laboratoire, avec le même canon de fusil, fermé à ses deux extrémités et plein de craie pulvérisée, j'ai fabriqué du marbre. Il n'est donc pas étonnant que ce procédé soit aujourd'hui poursuivi industriellement, comme beaucoup d'autres qui autrefois paraissaient devoir rester dans le domaine purement scientifique. »

En ce moment, une lame de brique cannelée, de quarante mètres de surface, s'élevait comme un gigantesque rideau devant la façade d'une maison presque achevée et, après quelques oscillations, venait recouvrir une partie du toit déjà revêtu de larges planches de sapin.

« On peut dire que l'art est portée jusqu'aux combles, fit le docteur assez satisfait de son calembour. Ce genre de toiture est des plus gracieux et flatte singulièrement la vue, au lieu de l'offenser comme ces sinistres bandes

métalliques, que l'air humide ne tardait pas à couvrir d'une couche terne et sale d'hydrocarbonate de zinc.

— L'astronomie doit compter ici de nombreux adeptes, observa le physicien, en désignant des kiosques circulaires, entourés de colonnes cannelées en bronze vert, qui dominaient la plupart des édifices et dont les coupoles brillantes étaient surmontées de paratonnerres, soutenus par des figures allégoriques. Les mânes de mon illustre collègue Sainte-Claire Deville doivent être satisfaites, ajouta-t-il presque aussitôt, en suivant des yeux un balcon étincelant, soutenu par des câbles d'acier, qui montait rapidement devant une haute façade.

— Vous croyez que cette masse métallique est de l'aluminium? demanda le docteur.

— Sans doute. Il est certain qu'on a trouvé le moyen de décomposer à peu de frais l'alumine, substance très réfractaire aux agents chimiques, mais très répandue dans la nature, puisque l'argile pure n'est, comme vous le savez, qu'un silicate d'alumine hydraté, provenant de la décomposition des feldspaths, et l'argile n'est rare dans aucun pays. Au reste, l'emploi de ce métal léger, tenace et inaltérable à l'air, me paraît tout indiqué dans le cas présent. Vous remarquerez en outre que les balcons établis depuis quelque temps n'ont perdu l'éclat un peu fatigant de l'aluminium pur, que grâce à un brunissement particulier qui se fait sur place et qui fournit les tons les plus doux. »

Les voyageurs, profondément impressionnés par le spectacle des merveilles qui s'opéraient devant leurs yeux éblouis, poursuivirent lentement leur chemin.

Après quelques minutes de marche, leurs regards plongeaient dans une vaste excavation, creusée récemment, où un grand nombre de curieux, disséminés dans tous les sens, fouillaient activement le sol.

Plusieurs orateurs péroraient au milieu des groupes qui paraissaient prêter à leurs discours une attention soutenue.

« Que peuvent faire tous ces gens-là? demanda Antius, intrigué au plus haut degré.

— Voilà un bourgeois qui va nous le dire, » répondit Gédéon, en désignant un homme d'apparence respectable, qui, portant sous son bras un objet enveloppé de papier gris, s'avançait vers eux en franchissant péniblement le talus.

Lorsque le citadin eut terminé son ascension, les étrangers allèrent à sa rencontre, et le docteur, après un profond salut, lui demanda le motif du rassemblement.

« Monsieur, dit le promeneur en se découvrant, la tranchée qui est devant vous a été ouverte sur l'emplacement de quelques masures du vieux Paris, pour l'établissement des fondations d'un groupe de maisons nouvelles.

« La découverte de plusieurs objets curieux, d'une origine fort ancienne, a attiré ici un grand nombre de chercheurs. Pour ma part, ajouta-t-il, en désignant l'objet mystérieux qu'il portait avec précaution, je ne suis pas médiocrement satisfait de ma trouvaille. »

Avec l'expansion qui caractérise les gens heureux, l'antiquaire amateur, dans le but de montrer son trésor aux étrangers, commença à enlever une à une les feuilles qui l'entouraient.

Il mit enfin à nu un instrument singulier, formé d'un manche recourbé, d'un demi-pied de long, rivé à un disque creux en tôle, haut de cinq à six pouces, et ébréché d'un bon tiers. L'appareil n'avait conservé qu'une moitié de son couvercle, représenté par une lame de cuivre bombée, percée d'un grand nombre de trous.

« Il est certain, dit doctoralement le bourgeois, que la moitié de l'objet nous fait défaut. J'ai vainement fouillé dans les environs du trou où il était enseveli pour trouver la partie complémentaire. Je me suis longtemps perdu en conjectures pour deviner à quel usage le réservaient nos ancêtres. Cependant, de déductions en déductions, j'ai été amené à la certitude que j'étais en présence d'une arme défensive, d'un emploi assez général à l'époque barbare où les villes étaient exposées à des sièges plus ou moins longs. C'est vraisemblablement dans ce récipient que les assiégés renfermaient l'huile ou la poix bouillante, que du haut des remparts ils versaient sur la tête des assiégeants.

« Par exemple, je déclare avec confusion que j'ai essayé vainement de traduire l'inscription fort incomplète qu'il conserve encore aujourd'hui. »

Et l'amateur montra aux étrangers quelques lettres irrégulièrement espacées sur le bord du couvercle et gravées sur une tige horizontale.

Le docteur fixa attentivement ses regards sur les restes de l'inscription, disposés de la manière suivante :

B S N IRE B V ÉE S. D. G.

« Monsieur, dit-il tout à coup en relevant la tête, l'inscription, quelque incomplète qu'elle soit, ajouterait, s'il était nécessaire, une force nouvelle à l'opinion que je me suis faite de l'objet dès son premier aspect.

« L'objet n'était pas, comme vous le pensez, une arme de guerre. Son usage était au contraire des plus pacifiques, et vous serez de mon avis, en apprenant que l'inscription dans toute son intégrité se lisait ainsi :

BASSINOIRE, BREVETÉE SANS GARANTIE DU GOUVERNEMENT,

formule dont les quatre derniers mots étaient obligatoires au point de vue légal.

— Vraiment, Monsieur ? fit l'amateur, dont l'amour-propre était encore plus froissé par l'humilité des fonctions de son appareil que par la mise à néant de ses hypothèses.

— Il n'y a aucun doute possible à cet égard, appuya le physicien, pendant que Gédéon n'osait souffler mot, de peur d'éclater de rire.

— Je vous remercie sincèrement, Messieurs, dit le bourgeois. Dès aujourd'hui, je vais composer un mémoire que j'adresserai à la Société des antiquaires indépendants, à laquelle j'appartiens. »

Et, après avoir échangé un grand salut avec les voyageurs, il gagna l'avenue.

Le docteur et ses compagnons descendirent dans l'excavation et se trouvèrent bientôt près d'un groupe de curieux, au milieu desquels un homme d'un certain âge parlait haut et d'un air important.

« Vous savez tous, Messieurs, disait-il en ce moment, qu'à une époque géologique fort reculée, la terre était recouverte par une couche liquide, que divers soulèvements volcaniques refoulèrent peu à peu dans les régions les plus basses de l'écorce terrestre. Les mers n'ont pas d'autre origine. La présence d'une quantité considérable de fossiles marins dans le système orographique du globe offre une preuve évidente de cet état de submersion générale.

« J'ai eu personnellement la bonne fortune de trouver, dans cette portion même du sol que nous foulons en ce moment, des témoignages irrécusables de ce système géologique, qui, autrefois, a été chaudement controversé, mais qui est maintenant considéré comme une certitude scientifique bien établie.

« L'amas de fossiles qui est à nos pieds, continua l'orateur en montrant de la main un monticule de coquillages, est constitué en grande partie par les coquilles de l'*Ostræa edulis*, vulgairement appelée huître.

« L'agglomération de ces débris laissés en cet endroit par les mers de l'époque géologique constitue un cas remarquable. J'ajouterai, Messieurs, que j'ai rencontré ici une particularité devant laquelle toutes mes conjectures sont restées impuissantes.

« Vous pouvez voir d'ici, disséminées sans aucun ordre, des arêtes fossiles de plusieurs poissons, qui, aujourd'hui, vivent exclusivement dans l'eau douce, et dont la présence au milieu de ces coquilles marines constitue une anomalie pour moi inexplicable. »

En ce moment, l'un des auditeurs les plus attentifs, perché au sommet d'un monticule de terre meuble, et qui témoignait son admiration en ouvrant une bouche large comme la margelle d'un puits, perdit tout à coup l'équilibre, et descendit sur le dos, avec une vitesse croissante, le revers d'un talus de plusieurs mètres.

Le poids de son corps avait arraché des flancs du tertre une avalanche de tessons de bouteilles et de débris de vaisselle, qui dormaient là sans doute depuis plusieurs siècles, et dont le contact fit courir sur le visage de la victime une grimace significative. Arrivé au terme de sa chute, le personnage, en vertu de la vitesse acquise, s'abattit sur les deux mains et montra à la foule une lézarde de vingt centimètres, qu'une lame de verre avait pratiquée dans son vêtement.

Pendant qu'il se relevait, partagé entre la confusion et la douleur, Terrier, qui n'avait perdu aucune des phases de l'incident, s'avança vivement, au grand étonnement de la foule, vers le point d'où l'amateur avait été précipité.

Cette manœuvre singulière fit croire aux flâneurs que le professeur allait volontairement offrir une deuxième édition de la catastrophe.

Mais le physicien, arrivé au bord du monticule, se pencha en avant, prit un point d'appui sur le sol avec les deux mains, puis descendit à reculons le revers du talus avec une telle prudence, que tous les curieux furent immédiatement rassurés sur son compte.

Il descendit sur le dos avec une vitesse croissante.

Au milieu de la hauteur, le savant s'arrêta. Dès qu'il eut conquis un équilibre suffisant, il allongea la main et saisit un fragment de porcelaine affectant la forme d'un quart de cercle, dont la surface terreuse laissait néanmoins percer l'éclat d'une arabesque d'or. Il frotta méthodiquement avec le coin de son burnous de laine blanche la face qui avait fixé son attention, et fit un geste de surprise dont la soudaineté faillit le précipiter au fond de la tranchée.

« Messieurs, dit-il en s'adressant à la foule, qui avait suivi ces diverses manœuvres avec une vive curiosité, la chute de l'honorable citoyen, qui a heureusement repris d'assaut la hauteur où vous êtes, chute que je qualifierais de providentielle, si elle n'avait été marquée par un accident d'ailleurs sans gravité, vient de mettre en lumière un fait topographique plein d'intérêt.

« Il n'y a qu'un moment, tout en suivant avec inquiétude la descente périlleuse de l'estimable personnage, mes yeux ont été frappés par l'éclat de quelques lignes brillantes, dessinées sur l'objet que je tiens à la main, objet qui, dans son intégrité, était évidemment un plat de porcelaine. Je m'en suis emparé, grâce à une tactique dont l'audace, qui ne m'est pas familière, a été amplement récompensée.

« Le fragment que j'ai sous les yeux porte en exergue, peints en belle gothique, comme vous pourrez vous en assurer tout à l'heure, les deux mots : *Café Anglais*, mots encore plus significatifs pour les gourmets que pour les antiquaires.

« Nous sommes incontestablement sur l'emplacement du célèbre restaurant qui, en son temps, avait conquis la clientèle de tous les icthyophages de la capitale.

« Ce fait acquiert à mes yeux une valeur d'autant plus grande, qu'il me permet en même temps d'expliquer à notre honorable géologue l'anomalie présentée à ses légitimes convictions scientifiques, par le voisinage anormal des fossiles marins et des fossiles d'eau douce.

« Les premiers ne sont en réalité que les coquilles d'huîtres, et les seconds que les arêtes de brochets, de carpes et d'anguilles, jetées au fond de quelque cour déserte, par les garçons d'office de ce fameux établissement. »

Une formidable explosion d'éclats de rire accueillit l'explication du physicien. Seul, le géologue, consterné, ne prenait aucune part à l'hilarité générale.

Terrier vint généreusement à son secours.

« Monsieur, dit-il, en désignant poliment de la main le savant désarçonné, nous a tout à l'heure présenté quelques hautes conceptions géologiques,

Le fragment que j'ai sous les yeux...

avec une telle précision et une telle autorité, que sa haute compétence ne saurait être atteinte par un incident qu'il n'était donné à personne de prévoir. Bien plus, la franchise avec laquelle il nous a fait part des embarras que lui causait la présence simultanée des débris de mollusques marins et de poissons de rivière, témoigne hautement que son honorabilité scientifique ne le cède en rien à la profondeur de ses connaissances. »

Après avoir ainsi posé sur les blessures qu'il venait de faire un baume dont il connaissait l'efficacité, le professeur gravit lentement la crête du talus, puis, suivi de ses compagnons, il regagna l'avenue qui bordait la fondrière.

CHAPITRE XVIII

LA PRESSE DU NOUVEAU MONDE. LA MAISON COMMUNE

« A quoi peut servir ce kiosque de forme excentrique ? demanda Gédéon en désignant un élégant pavillon, dressé sous la voûte d'un orme plusieurs fois centenaire.

— C'est un magasin de journaux, répondit le physicien, apercevant un promeneur qui s'éloignait du pavillon en dépliant une feuille gigantesque dont le rez-de-chaussée alla raser le gazon.

— N'êtes-vous pas curieux de connaître les nouvelles du jour ? fit le jeune homme.

— Certainement. Va acheter un journal, » dit Antius en remettant un billet de vingt francs à son neveu.

Gédéon s'élança vers le petit édifice. Arrivé devant l'étalage, il parcourut des yeux diverses séries de publications ; mais cet examen, en raison de la nouveauté des titres, le laissa fort perplexe.

« Madame, dit-il tout à coup à une femme d'un certain âge, qui paraissait lutter contre le sommeil en inclinant et relevant tour à tour la tête avec la régularité d'un balancier, je désire un journal bien informé.

— Monsieur, le *Continent* vient de paraître, répondit la dame réveillée en sursaut.

Gédéon prit la feuille, tendit son papier et reçut son appoint.

« J'aurais dû m'informer de l'opinion du journal, dit-il en s'éloignant. Au fait, s'il n'est pas de la mienne, je le donnerai à mon oncle. En politique, ce qui m'exaspère le réjouit prodigieusement, et *vice versa*. »

Les deux savants étaient commodément assis sur un banc de l'avenue.

Arrivé devant eux, Gédéon, sans prendre avis, lut à voix haute :

« Bulletin politique. — *Ce n'est pas sans courage que, luttant contre le formidable courant d'innovations, ou plutôt de folies, qui entraîne le monde entier, les conservateurs...*

« Passons, interrompit cavalièrement le lecteur, nous connaissons la suite. »

Il courut au verso.

« Faits divers. Voilà au moins ce qu'on peut lire avec tranquillité, fit-il :

« *A l'époque à demi barbare où nos pères enterraient leurs morts...*

« Que diable font-ils des leurs ? demanda le jeune homme avec inquiétude.

« *.... leurs morts, l'air des grandes villes était saturé des miasmes pestilentiels que dégageaient sans relâche les immenses cimetières qui formaient la funèbre ceinture des cités. Les fouilles récentes qu'on vient de faire dans la partie septentrionale de la ville ont mis à découvert une prodigieuse quantité d'ossements, qui expliquent les terribles épidémies qui sévissaient dans ces temps misérables.*

« *On a dégagé en même temps quelques pierres tombales, qui témoignent de la naïve vanité de nos ancêtres. Quelques-unes, par leur texte bizarre, offrent de curieux problèmes aux antiquaires, par exemple celle-ci :*

« *Ci-gît Claude Lesturgeon, bonnetier, membre du conseil des prud'hommes, qui fut bon époux et bon garde national....*

« *Que peut bien signifier ce dernier emploi ?*

« Vous pourriez répondre à cet impertinent reporter, vous, mon oncle, qui avez été jadis un bizet modèle.

— L'épithète est trop flatteuse, répliqua le docteur, car je passais régulièrement tous les trois mois en conseil de discipline.

— Je poursuis, fit Gédéon :

Un promeneur qui s'éloignait, en dépliant une feuille gigantesque...

« *Les urnes les plus anciennes de nos nécropoles modernes, qui sont pourtant fort riches en épitaphes, ne contiennent aucun des termes qui représentent les fonctions multiples de ce personnage.* »

« Les urnes ? »

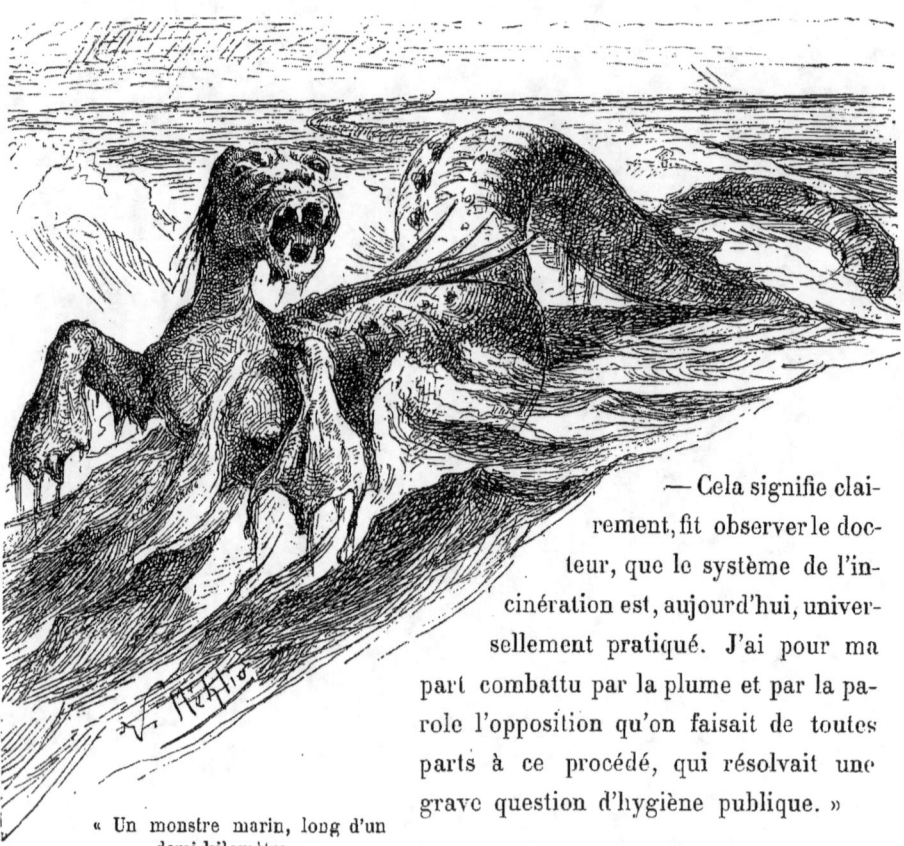

« Un monstre marin, long d'un demi-kilomètre... »

— Cela signifie clairement, fit observer le docteur, que le système de l'incinération est, aujourd'hui, universellement pratiqué. J'ai pour ma part combattu par la plume et par la parole l'opposition qu'on faisait de toutes parts à ce procédé, qui résolvait une grave question d'hygiène publique. »

— *Avant-hier*, poursuivit le jeune homme, *les passagers de « l'Astrolabe », se trouvant à vingt lieues en mer, par le travers du cap Palmas, qui est situé sur la côte occidentale d'Afrique, par le 10° degré de longitude O. et le 4° de latitude N., ont vu, à deux cents mètres au-dessous du ballon, un monstre marin, long d'un demi-kilomètre, qui tordait ses anneaux à la surface de l'Océan.* »

« Pour celui-là, je le connais, fit le docteur en relevant la tête : c'est certainement le vieux serpent de mer du *Constitutionnel.*

« Voici maintenant un entrefilet qui est pour nous de la plus haute importance :

« *On annonce l'arrivée à Paris de M. Guillaume Dryon, l'illustre agronome, qui fait de sa fortune colossale l'usage le plus intelligent et le plus généreux. On sait que cet opulent propriétaire, qui est en même temps un érudit de premier ordre, exploite au centre de l'Afrique, sur les bords du lac Tanganyka, un immense territoire de trente mille hectares, ouvert à tous les progrès et à toutes les innovations industrielles et agricoles.*

« *La bibliothèque et les collections de M. Guillaume Dryon comptent parmi les plus célèbres de tout le continent africain. Le magnifique palais qu'il possède à Paris, place des États, est une des merveilles de la cité.* »

— Voilà en effet une nouvelle fort importante pour nous, dit Antius. Nous ne devons plus avoir qu'un seul but : le travail. L'inaction serait plus qu'une privation, elle serait un déshonneur pour nous. »

Les voyageurs avaient déjà fait deux cents mètres, en suivant le côté gauche de l'avenue, lorsque leurs regards s'arrêtèrent sur un édifice qui se distinguait des maisons voisines, tant par sa grandeur et son aspect général que par la nature des matériaux qui avaient servi exclusivement à sa construction.

Dans toute l'étendue de la façade, le regard ne pouvait reconnaître d'autres substances que le fer et le verre.

Mais, avec ces deux éléments, un architecte de génie avait réussi à faire une œuvre qui étonnait autant par son caractère grandiose qu'elle charmait par l'art exquis de son ornementation.

Dans toute l'étendue de l'encadrement métallique, qui affectait les formes les plus pures et les plus gracieuses, étaient enchâssées des lames de verre, dont le reflet d'azur était d'une douceur infinie. Le rez-de-chaussée s'ouvrait par de larges baies sur des escaliers de marbre, qui descendaient en pente douce jusqu'à la chaussée.

Le mouvement incessant de la foule à travers les portes indiquait que ce monument était très fréquenté.

« Ce palais métallique doit être le siège de quelque exposition permanente, dit Terrier ; nous pouvons toujours y pénétrer. »

La lecture du *Continent*.

Ses compagnons ayant approuvé la proposition, ils se dirigèrent vers l'édifice.

Au-dessus de la porte, un écusson fort ornementé portait l'inscription :

MAISON COMMUNE

« C'est la mairie de l'arrondissement, fit Gédéon à voix haute, convaincu qu'il tranchait sûrement la question.

— Vous êtes dans l'erreur, Monsieur, dit un promeneur qui passait à côté d'eux ; la mairie de la rive droite est fort éloignée d'ici.

— Ces paroles, Monsieur, dit Antius, semblent indiquer qu'il n'y a que deux mairies dans toute la ville.

— Oui, Monsieur, celle de la rive droite et celle de la rive gauche.

— Cette organisation me paraît bien incommode pour les administrés qui habitent loin du centre.

— Personne ne s'en plaint, répliqua le promeneur, car nos moyens de communication sont tellement multipliés et tellement rapides qu'on peut se transporter en n'importe quel point de la cité en très peu de temps.

— Nous sommes maintenant fort embarrassés pour deviner l'utilité de ce bâtiment, fit observer Terrier.

— Messieurs, reprit le citadin, d'un ton plein de courtoisie, c'est pour chacun de nous un devoir de nous mettre à la disposition des étrangers, et, si vous voulez me faire l'honneur de m'accepter pour guide, je vous montrerai le palais dans ses parties principales.

— Mille grâces, Monsieur, répondit le physicien ; nous sommes profondément reconnaissants de vos bons offices.

— Chaque quartier de Paris possède une maison commune, dit l'obligeant personnage, qui maintenant, entouré par les étrangers, s'avançait vers l'édifice. Il y a même entre les citoyens une émulation fort louable pour ornementer et munir de la plus grande somme d'agréments leurs palais respectifs. Chacun a droit gratuitement à tous les avantages que peuvent offrir ces lieux de réunion, qui, par-dessus tous les résultats, ont celui de resserrer entre les habitants les liens de la fraternité.

— C'est déjà fort beau, approuva le docteur.

— Bien plus, il arrive fréquemment qu'un quartier offre une fête à un autre quartier, et la sympathie générale ne peut que gagner à cette expansion indéfinie.

— Voilà certainement ce que votre cité nous a encore offert de plus admirable, s'écria Terrier, quoique fort avare de superlatifs.

— En outre, Messieurs, poursuivit le bourgeois, chaque maison commune renferme une bibliothèque, un musée, une salle de conférences, une salle de bal et de concerts, plusieurs salons de lecture, une banque sans frais, une justice de paix dont les juges sont périodiquement nommés par leurs concitoyens, un laboratoire de sciences physiques et naturelles, un observatoire, une centaine de salons de bains fort luxueux, un gymnase très étendu, un parc gazonné pour les enfants, et une salle de dépêches donnant les nouvelles les plus récentes de toutes les parties du monde. »

Les visiteurs pénétraient en ce moment sous le porche. Une grande salle d'entrée assez déserte s'étendait devant eux. Plusieurs cartouches établis à intervalles inégaux indiquaient les salons de lecture, le prétoire, la salle de conférences, la bibliothèque et la salle de bal.

Sous la conduite de leur guide, les voyageurs s'engagèrent dans un large couloir, qui s'étendait en arrière de hautes draperies, au fond duquel étaient établis les divers établissements scientifiques.

Le professeur marchait droit à la salle de physique, lorsque le docteur le retint, alléguant l'heure pressante.

Ils retournèrent sur leurs pas, et, suivant un escalier monumental qui s'étendait jusqu'au premier étage, ils purent donner un coup d'œil rapide sur le musée et la salle des collections physiques, chimiques et naturelles.

Les vitrines de minéralogie, remplies de pierres précieuses d'une grosseur extraordinaire, auraient donné le vertige à des gens dont les facultés n'auraient pas reçu déjà d'aussi rudes assauts.

Conduits à la partie supérieure de l'édifice, ils s'avancèrent jusqu'à une plate-forme, au milieu de laquelle était construit un observatoire élevé, muni d'une foule d'instruments perfectionnés dont le mécanisme leur était inconnu.

A cette hauteur, le panorama était admirable. Leurs regards plongeaient sur les amas de verdure qui entouraient la capitale. A leurs pieds, une nuée d'enfants et de jeunes gens tourbillonnaient dans les exercices d'une gymnastique effrénée, au milieu d'une foule de curieux, qui suivaient leurs ébats avec un intérêt manifeste.

Les visiteurs, toujours précédés de leur guide, regagnèrent l'avenue.

« Je regrette beaucoup, Messieurs, dit celui-ci au moment de les quitter, que vous n'ayez pu visiter notre maison commune au moment de sa plus grande animation, c'est-à-dire dans la soirée. Vous auriez pu assister successivement à plusieurs séances instructives ou amusantes, et dès ce moment vous eussiez été les bienvenus dans toutes les familles du quartier. Si toutefois ces réunions peuvent vous offrir quelque agrément, je réclamerai l'honneur de vous présenter. »

Le docteur et ses compagnons, après avoir témoigné leur gratitude au bienveillant citoyen qui s'était mis à leur disposition avec tant d'affabilité, poursuivirent leur route.

Après vingt minutes de marche, ils se trouvaient à l'entrée du pont monumental, et, lorsque les trois quarts sonnèrent à l'horloge du musée scolaire, ils gravissaient l'escalier qui conduisait à la cour d'honneur du monument.

En ce moment, madame Herber émergeait d'un massif de fleurs, où elle avait fait une abondante récolte.

« Avez-vous fait une bonne promenade, Messieurs ? demanda la jeune femme en s'avançant.

— Oui, Madame, une promenade fort agréable et surtout fort instructive, » répondit Antius.

Herber parut bientôt et s'informa avec intérêt de l'itinéraire suivi par ses hôtes.

« Je viens d'être prévenu, Messieurs, ajouta-t-il, de l'arrivée de mon ami Guillaume Dryon. J'aurai l'honneur de vous présenter à lui très prochainement. Dès ce soir, je le ferai prévenir de notre visite. »

Les étrangers s'inclinèrent avec reconnaissance.

« La table est servie, » dit madame Herber.

Le docteur lui offrit son bras et pénétra dans le vestibule à pas processionnels.

L'institution des maisons communes et son avantage au point de vue de la sociabilité défrayèrent la conversation pendant une grande partie du dîner.

On était sur le point de quitter la table, lorsque Antius rompit tout à coup le silence qu'il gardait depuis quelque temps.

« Mon cher hôte, dit-il avec une sorte de brusquerie enjouée, je n'ai encore témoigné qu'une faible partie de mon admiration pour l'heureuse concorde qui règne parmi les habitants de la cité, sentiment dont la cause ou l'effet peuvent également s'expliquer par une fréquentation incessante ; mais il y a un point qui est encore pour moi une énigme.

— Lequel, docteur ?

— Quelle que soit l'aménité des mœurs, vos concitoyens conservent-ils toujours le calme et la politesse réciproques dans les discussions politiques ?

— Les discussions politiques ? fit Herber étonné. Que voulez-vous dire par cette expression ? »

Les étrangers se regardèrent avec stupéfaction.

« Je voudrais savoir, poursuivit Antius, si tout le monde est d'accord sur la forme du gouvernement.

— Sans doute, dit Herber en riant.

— Eh bien, mon cher maître, ajouta Antius, les deux mots que vous venez de prononcer nous surprennent beaucoup plus que tout ce que nous avons vu jusqu'à présent.

— Messieurs, déclara gravement le maître d'école, je ne sais trop comment marchent les affaires publiques chez vous, et je ne connais pas le sens exact que vous donnez au mot *gouvernement ;* mais ici et dans toute l'Europe il y a sur ce point une entente absolue.

« Nos lois sont sages, humaines et surtout préventives. Tout le monde s'incline devant leur autorité souveraine.

« Leur application est confiée à ceux qui veulent bien s'en charger et qui, dans ce but, briguent, périodiquement, les suffrages de leurs concitoyens.

« Chacun apprécie le dévoûment de ces hommes généreux, attachés volontairement à des travaux fastidieux et monotones, qui les condamnent à une sorte de condition assez obscure et fort peu recherchée.

« L'unanimité des opinions sur tout ce qui concerne la vie publique, qui paraît vous surprendre, est le résultat du développement de l'instruction dans les masses.

« La politique, rentrée désormais dans le domaine scientifique, et n'y occupant du reste qu'une place fort restreinte, soustraite par cela aux suggestions toujours fausses de la passion, ressort exclusivement du domaine intellectuel et est rivée aux lois fixes du raisonnement.

« Les idées justes n'ont plus de contradicteurs, les idées fausses plus de champions. De là l'accord général. »

— Si je ne me trompe, observa Antius, les penseurs déclaraient autrefois que ce terme important du progrès social ne serait jamais atteint.

— Les données du problème étant pour eux fort incomplètes, les conclusions devaient être nécessairement fausses, répliqua l'instituteur.

« Quel est le philosophe du dix-neuvième siècle, par exemple, qui pouvait affirmer que la science créerait une force nouvelle, dont l'effet immédiat serait un développement extraordinaire de richesses, dont la diffusion supprimerait l'obstacle capital qui paralysait tous les efforts de l'économie, le prolétariat ?

« Pourtant, ajouta le maître d'école devenu pensif, la conception de cet équilibre édonomique eût paru moins étrange si les spéculations s'étaient arrêtées un moment sur l'analogie complète qu'offrait l'histoire, au point de vue de l'élévation constante du niveau social toujours en rapport avec le développement scientifique.

« Pourquoi dans leur ignorance osaient-ils assigner des termes au progrès et à la justice ? »

Les étrangers, absorbés dans leurs propres pensées, restaient silencieux.

Le murmure argentin du feuillage, agité par la brise du soir, commençait à se faire entendre.

Herber invita ses hôtes à descendre sur la terrasse.

Antius et ses compagnons, après avoir pris congé de madame Herber, qui avait décidé de coucher sa petite fille pour la soustraire aux fatigues d'une séance dont il était difficile de prévoir la durée, suivirent l'instituteur.

En arrivant à la balustrade qui dominait le square, les étrangers aperçurent des groupes nombreux qui se dirigeaient vers l'aile gauche de l'école.

Quelques personnes qui suivaient la grande voie circulaire de la place saluaient respectueusement Herber et ses convives dès qu'ils se trouvaient à portée.

Arrivés à la hauteur des pilastres qui ornaient la base d'un grand escalier, la plupart des promeneurs s'arrêtaient pour prendre connaissance de quelque avis imprimé, fait qui excita fortement l'attention de Gédéon.

Curieux de connaître la cause de ces stations multipliées, le jeune homme se mit à suivre d'un air indifférent le bord de la rampe, puis tout à coup descendit rapidement jusqu'à la chaussée. Il aperçut alors une immense affiche fixée au mur, où on lisait en lettres capitales le programme suivant :

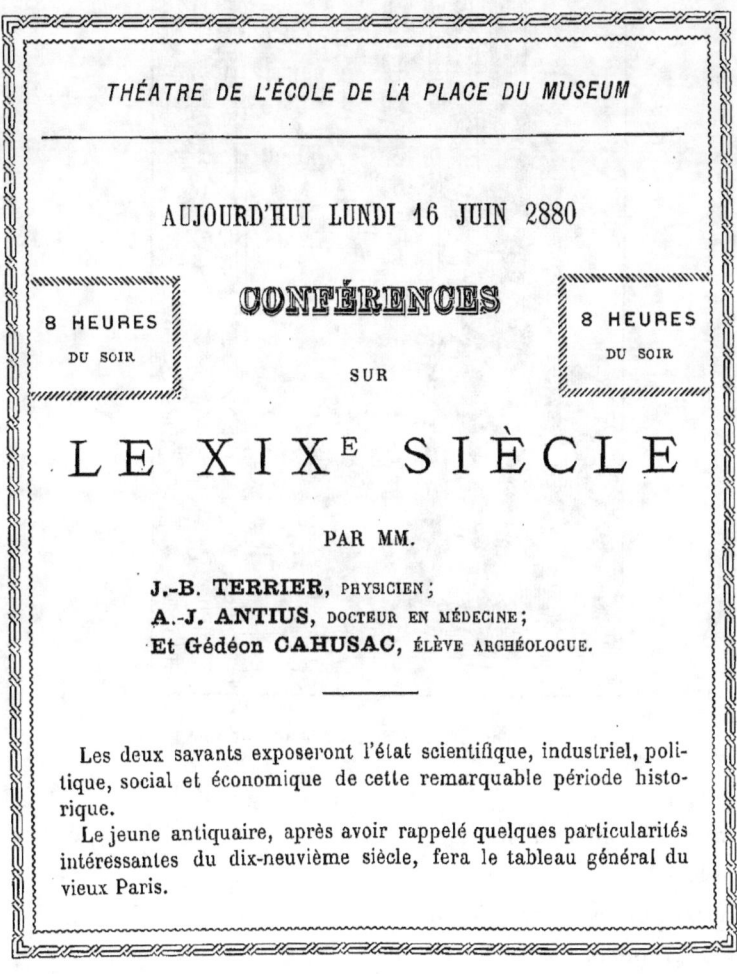

« Voilà des titres que mes premiers contemporains auraient eu la bassesse de me refuser, s'écria le lecteur. Il s'agit maintenant de les mériter. »

Et il rejoignit ses compagnons.

Pendant que le physicien et l'instituteur échangeaient leurs impressions sur les avantages que l'astronomie avait tirés des progrès de l'optique, Gédéon s'approcha de son oncle.

Aujourd'hui 16 juin 2880, à 8 heures du soir.

« Je viens de voir l'affiche, dit-il.

— Eh bien?

— Savez-vous les titres qu'on me donne?

— Non, vraiment.

— On m'appelle archéologue et antiquaire.

— Ma foi, fit Antius, voilà la première extravagance que je trouve dans le nouveau monde. »

CHAPITRE XIX

DISCOURS DES DEUX SAVANTS

Huit heures sonnaient lorsque Herber se dirigea avec ses hôtes vers le théâtre, où chacun des étrangers devait tour à tour présenter un tableau différent de ce vieux monde dont une force mystérieuse les avait brusquement séparés, pour les jeter mille ans plus tard au milieu de la société nouvelle.

Les étrangers traversèrent l'aile droite du pavillon central.

A peine eurent-ils mis le pied dans la cour intérieure, que les hautes baies de la coupole, étincelantes de lumière, frappèrent leurs regards.

A mesure qu'ils approchaient du monument, le bruit sourd et confus des conversations qui arrivait jusqu'à eux prenait un tel caractère d'intensité, que l'instituteur déclara que la salle était déjà remplie.

La porte monumentale, réservée au public, s'ouvrant à l'extérieur, les accès de l'édifice par la cour intérieure étaient à peu près déserts. A peine voyait-on à travers les quinconces quelques invités intimes de l'école marcher vivement vers la salle de spectacle, franchir un escalier de marbre blanc et disparaître derrière de hautes draperies.

Herber conduisit les étrangers vers la partie la plus éloignée du théâtre, puis s'arrêta devant une porte dont un levier fit rouler les deux battants. Un escalier de quelques marches, couvert d'épais tapis, conduisit les quatre hommes dans un salon réservé, ménagé en arrière de la scène, où plusieurs personnages étaient déjà réunis.

Le maître d'école présenta ses hôtes tour à tour, puis déclina devant les voyageurs les noms de ses amis, qui, à peu d'exceptions près, comptaient parmi les plus illustres de la science moderne.

Antius et ses compagnons, déjà signalés comme antiquaires d'une érudition incomparable, furent accueillis avec une respectueuse sympathie.

La conversation était depuis quelques minutes engagée sur le ton le plus cordial, lorsque Herber, qui avait un moment disparu, rentra au salon et demanda la permission d'ouvrir la séance.

Les deux savants ayant déclaré qu'ils étaient à la disposition de l'auditoire, la porte du fond de la scène fut ouverte à deux battants.

Une salle éblouissante de lumière et regorgeant de spectateurs frappa les yeux des étrangers. Les balcons, occupés en avant par les dames, drapées dans leurs fraîches toilettes d'été, se déroulaient autour de la salle comme de brillantes ceintures de perles. L'ensemble du vaisseau était d'une architecture admirable. Des rangs de fauteuils vastes, commodes et largement espacés, s'élevaient graduellement du parquet et s'arrêtaient devant un mur circulaire de loges élégantes, séparées par des colonnes de marbre blanc, soutenues par des groupes de figures allégoriques. Au-dessus, deux vastes balcons en retrait permettaient à chaque spectateur de saisir du regard toutes les parties de la salle. Les panneaux, couverts de velours rose et séparés par des encadrements d'or du dessin le plus pur, caressaient le regard. Le plafond, chargé de peintures mythologiques éclatantes, s'évidait en son centre et laissait apercevoir les profondeurs du ciel, baigné par la pâle lueur du crépuscule.

Quatre puissants foyers électriques, fixés dans les frises et emprisonnés dans des globes légèrement teintés, versaient des flots de lumière azurée sur les spectateurs.

Au bord de la rampe, une tribune élégante, élevée de quelques degrés, attendait les orateurs.

Sur l'invitation d'Herber, les voyageurs se mirent à la tête du cortège et, sous le feu des regards de toute l'assemblée, allèrent prendre possession de trois fauteuils d'honneur disposés au fond de la scène, pendant que les invités du maître d'école se dirigeaient vers une rangée de sièges qui, sur les deux côtés, s'étendaient en demi-cercle jusqu'aux avant-scènes.

Un silence profond se fit soudain. Le maître d'école s'approcha du physicien et, d'un geste plein de courtoisie, l'invita à monter à la tribune.

Les balcons, occupés en avant par les dames.

Le professeur se leva et, avec l'assurance que donne un exercice fréquent de la parole, marcha vers le fauteuil.

Après un profond salut qui enveloppa tout l'auditoire, le savant aborda son discours.

« Mesdames et Messieurs, dit-il, la magnificence de la civilisation et la hauteur de l'état scientifique au vingt-neuvième siècle, source du bien-être général qui nous entoure, ne doivent pas nous faire oublier que nos conquêtes, tant au point de vue spéculatif qu'au point de vue matériel, ne sont que la résultante des travaux et des efforts des siècles passés, associés à ceux que nous avons dû fournir nous-mêmes pour assurer au progrès sa marche fatale et souveraine.

« Aussi, l'examen précis d'une époque, sous les rapports intellectuel, social et économique, offre-t-il un vif intérêt, tant par l'ensemble des comparaisons qui en découlent et qui permettent de mesurer le chemin parcouru, que par l'enseignement qu'il comporte, si l'on étudie avec soin les relations qui lient les effets et les causes.

« La période correspondante du dix-neuvième siècle, à laquelle nos travaux nous ont attachés et dont il nous est permis de tracer un tableau rigoureux, sera exposée ici sous diverses faces par deux hommes dont l'existence entière a été consacrée à la science et qui, jetés soudainement dans la vie de la grande cité, à laquelle rien ne les préparait, ont été appelés par un hasard providentiel au foyer d'un homme généreux, à qui ils sont heureux de pouvoir offrir en ce moment l'expression publique de leur reconnaissance. »

A ces derniers mots, prononcés d'une voix émue, tous les regards convergèrent vers le maître d'école, chez lequel la surprise parut dominer tout autre sentiment.

« Le docteur Antius, poursuivit le physicien, se propose d'exposer ici l'état des sciences naturelles vers la fin du dix-neuvième siècle et de jeter un coup d'œil général sur le côté politique, social et démographique de la période historique que nous avons étudiée avec tant de soins, et dans des conditions incomparables de certitude.

« Enfin, sur les instances, peut-être imprudentes, d'une jeune femme dont le charme ne permet aucune résistance, notre jeune compagnon fera le tableau du vieux Paris, qu'il a fouillé dans tous les sens, et sa narration, à défaut d'autre mérite, aura certainement celui d'une exactitude irréprochable. »

Le docteur et son neveu restèrent un moment le point de mire de l'assemblée et supportèrent cet examen, fort bienveillant du reste, avec assez de sang-froid.

« L'honneur d'établir l'état des sciences physiques chez nos ancêtres, au double point de vue de la théorie et des applications, m'a été réservé. Je m'efforcerai de conserver la netteté, la clarté et la méthode, qu'exige une semblable matière.

« Tous les historiens, dit le professeur, après un moment de repos pendant lequel son esprit éminemment généralisateur avait condensé et ordonné les éléments de son discours, ont reconnu que, si le dix-septième siècle a définitivement fixé la langue française, grâce aux monuments littéraires qui l'ont illustré, le siècle suivant, par ses découvertes scientifiques, qu'il n'a possédées du reste qu'à l'état de germe, a préparé l'énorme développement industriel du dix-neuvième siècle. »

Développant les parties essentielles de ce thème aussi vaste que profond, le physicien montra à ses auditeurs attentifs les origines de l'application de la force expansive des vapeurs dans les expériences de Papin et les conceptions de Salomon de Caus, souleva une émotion profonde en racontant les efforts héroïques de Fulton pour doter ses contemporains de la navigation à vapeur, qui, en maîtrisant deux éléments redoutables, les vents et les courants contraires, assurait des communications rapides et régulières avec les régions les plus éloignées.

Dans le même ordre d'idées, il exposa les progrès résultant de l'application de l'hélice à la marche des navires, et raconta les amertumes qui avaient abreuvé Sauvage, son inventeur.

L'orateur dévoila ensuite la résistance que l'établissement des premières voies ferrées avait rencontrée chez les hommes les plus éminents, et déroula dans un magnifique tableau toutes les richesses qu'avait répandues dans le monde civilisé la force nouvelle, dont la conquête s'était imposée malgré tous les obstacles.

Le réseau des chemins de fer qui couvrait le vieux continent, la construction rapide des travaux d'art par l'emploi du fer, le percement des montagnes, qui jusque-là avaient opposé des barrières infranchissables aux communications, l'établissement des canaux interocéaniques passèrent tour à tour devant les yeux surpris de l'auditoire.

L'application des gaz fournis par la distillation de la houille, comme source de lumière, de chaleur et de force, fut traitée avec précision et étonna un grand nombre de spectateurs, dont les idées étaient assez vagues sur des procédés qu'ils considéraient comme primitifs.

Les malheurs de Philippe Lebon, forcé de traîner son invention de porte en porte jusqu'aux ateliers de Watt, où il finit par trouver un asile, excitèrent la sympathie de l'auditoire, et la terreur des Parisiens, opposés à la canalisation de leurs rues, pour ne pas dormir sur un volcan, provoqua quelque hilarité.

L'examen des divers systèmes de navigation aérienne, tour à tour préconisés et condamnés par l'expérience, les pronostics contraires qui divi-

Les premiers essais de navigation aérienne.

saient le monde savant sur ce problème immense, dont la solution devait renouveler la face du monde, excitèrent l'attention au plus haut degré.

Poursuivant l'origine des grandes inventions, le professeur fit l'historique de l'électricité dynamique, depuis les premiers phénomènes mystérieux qui mirent en rivalité Galvani et Volta, jusqu'à l'exploitation télégraphique des courants qui, cent ans plus tard, sillonnaient incessamment la surface du globe et la profondeur des mers.

L'orateur résuma en quelques mots les sciences d'observation.

« L'astronomie, dit-il, avait brillé du plus vif éclat au siècle précédent avec Laplace, Lalande, Clairaut, Herschell, Cassini, Lacaille, Maupertuis, Bradley et une foule d'autres noms illustres.

« Mais le dix-neuvième siècle, ajouta-t-il, compte avec orgueil le grand

« L'astronomie, dit-il... »

Arago. Astronome, physicien mécaniste, son génie a porté la lumière dans des questions jusqu'alors insondables. Illustre savant, profond penseur, citoyen intègre, il eut toutes les gloires.

« Par la seule puissance du calcul, son collègue Le Verrier devina dans le ciel la présence de la planète Neptune et assigna son volume, sa distance et sa révolution. Le télescope, en confirmant sa formule, remplit les contemporains d'admiration pour les ressources de la mécanique céleste.

« Delaunay étudia la lune jusque dans la profondeur de ses cratères. Faye et Jansen sondèrent les atmosphères du soleil.

« Chacornac, Laugier, Marié-Davy, Foucault et Puiseux brillèrent parmi les plus illustres astronomes de cette époque.

« Les sciences d'observation, secondées par la méthode positive, prirent un grand développement.

« En moins d'un siècle, la chimie, fondée rationnellement par Lavoisier, Fourcroy, Berthollet, Scheele, Priestley et Ruterford, prit un tel élan par les travaux de Davy, Gay-Lussac, Liebig, Dumas, Chevreul, Claude Bernard, Deville et Berthelot, qu'en moins de cent ans elle avait atteint le niveau des autres sciences qui amassaient leurs matériaux depuis plusieurs siècles.

« Les magnifiques théories d'Ampère sur le magnétisme, les études de Faraday sur l'induction et l'électro-dynamique, les recherches d'Helmholtz sur l'acoustique, les travaux d'Arago, de Fresnel et de Brewster sur la lumière, constituèrent la physique.

« Cette période féconde, sur laquelle nous devons jeter un regard reconnaissant, poursuivit l'orateur, peut encore mettre au premier rang de ses conquêtes :

« L'étude de la physique générale du globe et les premiers essais d'organisation de la science météorologique ;

« La découverte de l'action de la lumière sur les sels d'argent, qui fut la source de la photographie ;

« La connaissance intime de la constitution chimique de la matière organisée ;

« L'analyse spectrale, qui permit de déterminer à l'aide du prisme la présence de métaux connus et l'existence de métaux inconnus dans des milieux où ils n'existaient qu'à l'état infinitésimal, et grâce à laquelle le physicien et le chimiste portèrent avec certitude leurs investigations dans les profondeurs du ciel ;

« Enfin la théorie mécanique de la chaleur et de la transformation des forces, qui ouvrait les horizons les plus élevés à la philosophie des sciences. »

La parole à la fois élégante et concise du professeur, la précision des faits, des lieux, des dates et des circonstances, le rappel des noms des glorieux ouvriers de la science, ternis sinon oubliés sous dix siècles d'événements, tenaient depuis longtemps l'auditoire sous le charme.

L'électricité.

« Telles sont, dit-il en abordant sa péroraison, les conquêtes qui ont illustré le dix-neuvième siècle. Si on le compare à l'époque présente, son éclat sera sans doute singulièrement amoindri ; mais, si on le met en regard avec les siècles qui l'ont précédé, on reconnaîtra qu'il les domine tous par le caractère prodigieux de ses découvertes et par la somme de bien-être relatif qu'il a jeté dans le grand courant de l'humanité.

« Parmi les contemporains, beaucoup le regardèrent comme le plus haut terme auquel l'humanité pouvait prétendre ; mais, si l'on avait pu leur faire entrevoir le radieux tableau du vingt-neuvième siècle, ils auraient reconnu la souveraineté de ce principe fondamental des évolutions du genre humain :

« *Chaque siècle apporte une pierre nouvelle à l'édifice du progrès, et le progrès n'a pas de terme.* »

L'intérêt et surtout l'étonnement provoqués par le discours du physicien débordèrent tout à coup dans les applaudissements prolongés de l'auditoire.

L'orateur s'inclina une dernière fois et descendit lentement sur la scène. Le maître d'école se porta à sa rencontre et, tout en le félicitant avec chaleur, le reconduisit à son fauteuil. En s'asseyant, les yeux du savant rencontrèrent ceux de madame Herber, qui par un geste gracieux lui témoignait sa satisfaction.

En développant le tableau des événements au milieu desquels il vivait encore l'avant-veille et dont dix siècles le séparaient maintenant, le professeur avait évoqué le spectre du passé, qui pour la première fois se présentait appuyé sur le témoignage oral d'un contemporain. L'étrange sentiment de curiosité qui agitait la salle entière fut encore surexcité par l'approche du docteur, qui, conduit par Herber, s'avançait vers la tribune.

Antius gravit les degrés avec cette même aisance qui émerveillait autrefois les membres de la Société de biologie, et promena un regard assuré sur son brillant auditoire.

Après avoir pris de la main gauche un point d'appui sur l'entablement, geste qui lui était familier, l'orateur s'inclina devant l'assemblée.

« Mesdames et Messieurs, dit-il d'une voix claire et parfaitement timbrée qui jadis avait conquis l'admiration de tous les sténographes, si le tableau fidèle d'une époque au point de vue des sciences physiques et de leurs applications industrielles établit une base importante et fertile en déductions de tout ordre, l'examen de ce qu'elle a conquis sur les mystères de la matière organisée offre un puissant intérêt, tant par l'immensité et la variété du champ d'investigation que par la critique des systèmes. Si nous abordons l'ensemble des progrès que le XIXe siècle a réalisés par l'étude de l'organisme humain et de la protection, nous trouverons des résultats que les contemporains n'ont pas toujours appréciés à leur juste valeur.

« On peut affirmer aujourd'hui que cette période fut témoin, sinon des premiers, du moins des plus constants efforts de la science pour ramener la médecine aux sages méthodes de l'observation, et la dégager de ces conceptions vagues et sans point d'appui, qui jusque-là avaient opposé une barrière infranchissable à son développement progressif.

« S'appuyant sur les autres sciences qui grandissent autour d'elle, elle commence à prendre un essor régulier qui doit la garantir contre tous les égarements.

« Déjà la chirurgie, assurée par l'étude profonde de l'anatomie du corps humain et puissamment secondée par l'emploi des anesthésiques, avait conquis une autorité et une certitude qui avaient résisté aux efforts des meilleurs praticiens du siècle précédent.

« Pour la première fois, la science soumettait la constitution intime des tissus à la puissance du microscope, et l'histologie était créée.

« Le XIX° siècle, poursuivit le docteur, vit éclore une œuvre puissante, qui jusqu'alors, en raison de son immensité, avait défié toutes les tentatives.

« Un homme, qui fut peut-être le plus érudit de son siècle et dont le génie s'affirma à la fois dans la philosophie, dans l'histoire, dans la linguistique et dans toutes les sciences d'observation, Littré, présenta au monde étonné une histoire complète de la médecine depuis l'antiquité, fondée sur les documents authentiques de toutes les époques.

« Créateur de la méthode positive, inaccessible aux tendances qui entraînent l'esprit humain vers des régions où il ne saurait atteindre, le grand penseur avait dit : *Que l'esprit humain rejette loin de lui les vains désirs qui ne sont pas de sa condition. Et, pour se payer de sa résignation, il verra se révéler à lui toutes ces agences qui accomplissent l'œuvre du monde en cultivant l'ensemble des sciences; précieux et puissant intermédiaire entre la pensée qui contemple et le bras qui agit...*

« Les épidémies qui avaient dévasté l'Europe dans les siècles précédents, poursuivit Antius, avaient trouvé une barrière puissante dans les développements même très restreints de l'hygiène générale.

« D'autre part, les magnifiques découvertes de Pasteur sur l'inoculation de certains principes chez l'homme et chez les animaux, avaient éteint sur place ces génies épidémiques qui terrifiaient nos pères et les condamnaient à un fatalisme impuissant. »

Le docteur montra ensuite aux yeux émerveillés de l'auditoire le développement rapide de la physiologie, appuyée sur les progrès de la chimie, et la genèse de l'anthropologie, qui, remontant le cours des âges, avait poursuivi l'histoire de l'homme jusqu'à son apparition sur le globe.

Il exposa ensuite les merveilleuses ressources de la paléontologie, recons-

« D'autre part, les magnifiques découvertes de Pasteur... »

tituant à l'aide de quelques fragments des mondes disparus, et recevant une confirmation éclatante de ses déductions, par les découvertes faites dans les régions les plus éloignées.

L'orateur s'arrêta un moment, et les applaudissements de la salle entière retentirent.

« L'état politique de la France au xix° siècle, dit-il en relevant la tête, est plus difficile à apprécier.

« La société eut à souffrir de toutes les luttes qui caractérisent les époques de transition.

« Dressée péniblement sur les ruines d'un passé dont l'écroulement avait fait surgir un monde nouveau, elle fut souvent ballottée entre des excès contraires.

« Tantôt compromis par la peur et l'égoïsme, tantôt miné par les appétits, l'état social n'y trouva que rarement l'équilibre.

« Cependant on doit reconnaître que ce siècle compta un grand nombre d'hommes de progrès, de désintéressement et de dévoûment à l'humanité.

« Les grands principes de la souveraineté nationale, de l'abolition de l'esclavage, de l'égalité politique et de la liberté individuelle y furent proclamés.

« L'instruction obligatoire, décrétée chez les peuples qui marchaient à la tête de la civilisation, non seulement opposa une barrière puissante à la dégradation morale en ennoblissant l'homme à ses propres yeux, mais encore favorisa l'éclosion de toutes les grandes intelligences, qui eussent été étouffées à l'état latent sans profit pour la société.

« Quoique entravée alors par l'état politique de l'Europe, la fraternité des peuples fut entrevue par un grand nombre d'esprits généreux. »

Et dans un mouvement d'une grande éloquence l'orateur déroula devant l'auditoire les ambitions désordonnées des gouvernants, les rivalités des peuples, les guerres sanglantes, et, en vertu de cet état aussi barbare que paradoxal, l'inquiétude qui s'emparait de tous, dès que le moindre conflit agitait un point quelconque du continent.

« Les progrès énormes de l'industrie, du commerce et de la navigation, conséquence du développement extraordinaire des sciences appliquées, nous offrent un tableau moins sombre et moins désolant, ajouta-t-il.

« L'expansion industrielle sous toutes ses formes appelle partout le travail et répand autour d'elle un bien-être jusqu'alors inconnu. L'état des classes déshéritées est considérablement amélioré, et l'extinction graduelle du paupérisme réjouit l'âme du philanthrope.

« La fin du xixe siècle ne connaît plus ces lamentables hordes couvertes de haillons, rongées par la misère et la maladie, qui se traînaient péniblement sur la voie publique.

« D'autre part, secondée par la facilité, la sûreté et la rapidité des communications, l'autorité de la vieille Europe déborde dans les régions les plus reculées. De riches colonies sont fondées et s'élèvent graduellement au niveau de la mère patrie.

« De hardis pionniers, dont la plupart doivent grossir les martyrologes de

La lumière. — L'instruction obligatoire. — L'obscurantisme.

la science, se sont déjà jetés dans les mystérieuses profondeurs de ce continent africain, qui occupe aujourd'hui un rang si élevé dans l'échelle de la civilisation. »

L'orateur exposa ensuite l'historique de chacun des grands États européens et fixa par des chiffres rigoureux son étendue, sa population, sa puissance militaire et navale, son industrie et son commerce.

Restreignant son cadre, il s'attacha au vieux Paris, et, devant son auditoire, dont l'attention avait subitement redoublé, il commença une nomenclature étendue de ses monuments, dont la plus grande partie avait disparu, de ses écoles, de ses musées, de ses bibliothèques et de ses sociétés sa-

L'éducation de la jeunesse dans l'ancien monde.

vantes, dont une critique serrée lui permit de donner un coup de boutoir aux homœopathes.

Pénétrant ensuite dans la vie de famille avec l'indépendance d'un célibataire, Antius introduisit ses auditeurs dans le foyer de leurs ancêtres.

Il prit l'enfant au berceau et le conduisit par toutes les étapes de la vie. Il s'étendit particulièrement sur l'éducation de la jeunesse dans le vieux monde, et en saisit corps à corps toutes les erreurs, qui avaient pour principal point d'appui la routine ou l'ignorance.

Rappelant les bienfaits de la culture corporelle et de l'éducation artis-

Le Progrès.

tique, si négligées autrefois, il félicita les maîtres modernes, qui leur assignaient une part si importante.

En établissant avec une précision merveilleuse le tableau de la société du dix-neuvième siècle et en la poursuivant tour à tour dans la vie politique, dans la vie sociale et dans le foyer domestique, avec une sûreté incomparable dans l'ensemble et dans les détails, le docteur avait surexcité au plus haut point l'imagination de ses auditeurs.

Après quelques considérations générales sur les splendeurs du temps présent et sur les progrès de la société contemporaine au point de vue de la moralité, de l'instruction, de la santé et de la fraternité universelle, l'orateur quitta la tribune.

L'enthousiasme qu'il avait excité et maintenu avec un art sans pareil souleva des applaudissements frénétiques.

Il dut à deux reprises se porter vers la rampe pour saluer le public, et, lorsqu'il regagna son fauteuil, accompagné par les bruyants témoignages de la satisfaction générale, il ne put s'empêcher de dire à voix basse au physicien : « Ce soir, pour la première fois de ma vie, j'ai parlé sans soulever aucune tempête. »

CHAPITRE XX

CONFÉRENCE HUMORISTIQUE

Les deux premières parties du programme de la soirée avaient eu un succès inespéré. Tout en se félicitant d'avoir pu dans une certaine mesure témoigner leur gratitude pour l'hospitalité généreuse dont ils étaient l'objet, les deux savants concevaient de graves inquiétudes pour le dénouement.

Quoique leur jeune compagnon fût singulièrement doué du côté de l'imagination et qu'il eût donné souvent des preuves bruyantes d'une verve intarissable, ils redoutaient pour lui les perturbations intellectuelles qui accompagnent toujours le moment fatal où l'orateur voit pour la première fois braqués sur lui les regards terrifiants du public.

Une diversion favorable, qui retardait le moment du péril, s'offrit en ce moment.

Le maître d'école s'était avancé vers la rampe et avait annoncé à l'assemblée que, en raison de l'importance des discours qu'on venait d'entendre et de la somme d'attention qu'ils avaient provoquée, la séance allait être coupée par un intervalle de quelques minutes pendant lesquelles tous ceux qui avaient bien voulu se rendre à la soirée étaient expressément invités par madame Herber à faire honneur aux rafraîchissements qui allaient circuler dans la salle.

A peine ces mots étaient-ils prononcés, qu'une vingtaine de serviteurs des deux sexes, dont la plupart avaient été offerts par les voisins de l'école, firent irruption dans tous les sens, en présentant aux invités de vastes plateaux chargés de glaces et de sorbets.

La cordialité qui paraissait régner dans le nouveau monde s'affirmait, aux yeux des étrangers, tant par l'acquiescement plein de franchise des spectateurs que par la simplicité amicale de l'invitation.

Pendant ce temps-là, Herber introduisait les voyageurs et les personnages qui occupaient la scène dans le salon voisin, où une table abondamment servie attendait les convives.

Les deux savants, fort entourés par les amis de l'instituteur, recevaient les félicitations avec une modestie dont, à défaut de leur tempérament, la conscience du peu d'efforts qu'ils avaient dû faire pour retracer le temps passé leur eût fait un devoir.

Le maître d'école, après quelques paroles d'encouragement, venait de quitter Gédéon, lorsque le physicien et le docteur s'approchèrent du jeune homme.

Celui-ci, absorbé par des réflexions où la crainte et la confiance paraissaient dominer tour à tour, tenait en ce moment ses regards fixés sur le fond d'une coupe faite d'une seule turquoise, dans laquelle il avait opéré le vide avec un soin particulier.

« Sublime ou idiot, murmura-t-il tout à coup, sans remarquer ses deux compagnons qui debout près de lui le regardaient d'un air manifestement inquiet.

— A quoi penses-tu ? demanda Terrier avec bonté.

— A mon discours, et je suis arrivé à cette conclusion bizarre, mais certaine, que je serai ou étourdissant, ou inepte.

— Hélas ! » fit le docteur, qui paraissait admettre difficilement le premier terme.

Cependant Herber était déjà allé jeter deux ou trois regards rapides sur le public, lorsque, après une dernière inspection, il se retourna vivement et annonça à ses invités que la seconde partie de la séance pouvait commencer.

Écartant la porte à deux battants, il s'effaça pour donner passage à ses convives, qui se dirigèrent vers leurs sièges respectifs. En arrière s'avançaient les étrangers, Gédéon en tête, remerciant en ce moment par un pâle sourire un membre important de l'Institut, qui, marchant près de lui, lui donnait déjà quelques éloges prématurés.

Herber saisit le jeune homme au passage et le conduisit à la tribune.

Gédéon, enveloppé en ce moment par les regards attentifs de deux mille personnes, gravit les degrés avec le peu d'entrain dont font preuve les malheureux qu'on pousse vers la bascule fatale.

Un faux pas, qui faillit le précipiter au bas de l'escalier, fit plus en sa faveur que tous les conseils et tous les encouragements.

Conscient du ridicule auquel il venait d'échapper, il se raidit avec une énergie suprême, se jeta en avant et, le visage pâle et les muscles contractés, se trouva tout à coup face à face avec son auditoire.

Un hasard providentiel voulut que son premier regard rencontrât le charmant visage de madame Herber, qui du bord de sa loge lui envoyait un sourire d'encouragement.

La vue de la gracieuse fée, qui avait recueilli les étrangers au moment de leur détresse, lui parut un signe manifeste de la protection des dieux et ramena par enchantement le calme dans son esprit.

Il s'inclina d'abord avec assez de distinction, puis, d'une voix dont le tremblement altérait un peu la sonorité, il commença ainsi son exorde :

« Mesdames et Messieurs,

« Il ne convient ni à mon âge ni à mon peu d'expérience de saisir le passé au point de vue scientifique, industriel, philosophique, social et économique, comme viennent de le faire deux illustres savants dont je m'honore d'être l'élève le plus assidu et le plus dévoué. »

A ce préambule insidieux, le visage du physicien s'éclaira d'un sourire assez caustique, pendant que celui du docteur prenait une expression beaucoup plus significative.

« ..... Mais je crois que, même dans une sphère modeste, il est toujours possible d'instruire ses semblables.

— Ses semblables en ont diablement besoin, » dit Antius au physicien.

« Dans le monde où nous vivons, où le progrès semble déborder sous toutes ses formes, poursuivit l'orateur, dont la voix avait peu à peu reconquis son timbre normal, le rappel de quelques particularités propres à la période que nous étudions, trouverait peut-être autant d'incrédules que de censeurs, si nous ne prenions la sage précaution d'en garantir l'exactitude avec toute l'autorité dont pourraient disposer des contemporains.

« Et d'abord le spectacle d'un procès qui s'est déroulé ce matin même au tribunal nous a fourni, au point de vue de la haute question d'arbitrage entre citoyens, des termes de comparaison tout à fait caractéristiques.

« Émerveillés par la rapidité, la clarté et l'intégrité des opérations judiciaires d'aujourd'hui, nous avons hautement félicité un groupe d'honorables citoyens qui nous entouraient, de n'avoir pas vécu à l'époque où les contestations de cette nature étaient saisies dans des engrenages formidablement compliqués, dans une trilogie de personnages qui s'efforçaient encore d'embarrasser le mécanisme.

« A ces questions qui nous ont été adressées de toutes parts : Que sont les avocats? les avoués? les huissiers? et auxquelles, à notre grand regret, nous n'avons pu répondre en raison des travaux pressants qui nous ont conduits dans la capitale, nous répondrons ici avec calme, précision et impartialité. »

Gédéon, qui pendant six mois avait été de la basoche et auquel la magistrature militaire avait toujours inspiré une aversion dont il ne faisait aucun mystère, poursuivit en ces termes :

« L'avocat, Mesdames et Messieurs, était un citoyen que l'exigence des programmes avait condamné à vivre, pendant les plus belles années de sa jeunesse, dans le commerce insipide d'une foule de radoteurs, tels que Ulpien, Justinien, Tribonien, etc.

« Dès qu'il se croyait nourri de fortes études sur le droit romain et le Code civil, il se présentait, vêtu d'un sac de laine noire et coiffé d'un bonnet de forme comique, devant un groupe de vieillards quinteux et leur débitait un discours émaillé de mots barbares, dont, heureusement pour lui, il ne comprenait pas le sens.

« Si le hasard voulait que, dans le vénérable jury, la somnolence remplaçât la mauvaise humeur, le candidat était sauvé, car, à leur réveil, les juges prononçaient solennellement le *dignus est intrare*.

« Dès lors, il s'intitulait le défenseur de la veuve et de l'orphelin. En réalité, son rôle le condamnait désormais à se substituer, momentanément bien entendu, à des individus plus ou moins intéressants, dont les tribunaux demandaient tantôt l'argent, tantôt la liberté.

« Son talent consistait alors à mettre dans l'ombre tout ce qui était nuisible à la cause, et en lumière tout ce qui lui était favorable. On en a vu qui faisaient passer pour blanc ce qui était noir, et réciproquement.

« Malgré tout, ils rendaient de véritables services, en prêtant l'appui de leur érudition, de leur éloquence et surtout de leur aplomb, à nombre de gens timides qui, souvent, seraient restés muets devant la majesté de la cour.

« Quelques-uns, très avisés, tournaient le dos au prétoire pour escalader la tribune et arrivaient quelquefois ainsi aux plus hautes charges de l'État, qu'ils remplissaient souvent avec honneur.

« Maintenant le tableau va s'assombrir progressivement, et, malgré mon respect pour la vérité, je redoute en ce moment l'agitation que je vais causer dans les cœurs sensibles, en traçant le portrait des deux autres personnages.

« L'avoué, poursuivit Gédéon, était autrefois la cheville ouvrière de tous les procès en matière civile. C'est lui qui tenait le gouvernail et qui disposait, ordonnait, activait et alimentait les débats. Je ne supposerai pas un seul instant que vous puissiez croire que c'était uniquement pour l'amour de l'art.

« Bien plus, en adoptant comme vraie cette proposition consacrée par l'expérience, à savoir que si, dans un procès, il y avait du profit, ce profit était pour l'avoué, vous serez absolument dans la vérité.

« Vous comprendrez alors que, plus une affaire était obscure, tortueuse et envenimée, plus l'avoué avait le droit de s'applaudir de l'aubaine, car il était à peu près sûr qu'au dénouement, pendant que les deux parties quitteraient le tribunal, tondues, meurtries et écorchées à vif par des frais de toute nature, dont l'origine remontait pour quelques-uns à Philippe le Bel, lui seul verrait sa bourse notablement arrondie.

« Le bastion où il dressait ses batteries était une vaste salle carrée, dont l'étendue causait des frissons au moraliste et des gémissements au philanthrope.

« Là, le regard s'arrêtait avec effroi sur quatre murs de cartons verts dont l'ensemble constituait, pour les fortunes imprudentes, une nécropole d'une incomparable sûreté.

« Dans ce milieu effrayant, une demi-douzaine de jeunes gens, à l'œil égaré, assis les uns vis-à-vis des autres devant des pupitres noirs à plan incliné, et courbés sur des feuilles de papier remplies de formules barbares, étudiaient la chicane jusque dans ses plus sombres détours.

« Eh bien, Messieurs, lorsque le dieu de cet enfer avait quitté ses lunettes, dénoué sa cravate blanche et remisé son habit noir, il redevenait subitement un homme aimable, galant, empressé, et plein de distinction. »

S'il y avait du profit, ce profit était pour l'avoué.

Grisé par les applaudissements, mêlés de francs éclats de rire, qui accueillaient le début de son improvisation, et conservant encore après dix siècles une sourde rancune pour les mésaventures qu'il devait à la sollicitude de l'officier ministériel qu'il allait dépeindre, le jeune homme lâcha entièrement la bride à son imagination.

« Avec le troisième terme de cette trinité paperassière, nous entrons définitivement dans le drame, dit-il d'une voix sombre.

« L'huissier, Mesdames et Messieurs, était un carnassier de l'espèce la plus redoutable. Cet animal sanguinaire était spécialement dressé à la chasse à l'homme, exercice dont il s'acquittait avec autant d'adresse que de férocité. On ne l'approchait pas sans être mordu jusqu'au sang. Mieux valait ouvrir

Le jeune homme lâcha entièrement la bride à son imagination.

la porte à la peste et au choléra-morbus, qu'à ce bipède morne et impassible, qui n'entrait que pour semer la terreur et la ruine.

« Messieurs, l'exposition rapide et impartiale d'une histoire authentique, que j'ai relevée avec le plus grand soin dans les annales du xix° siècle, vous montrera, mieux que les aphorismes les plus énergiques, le personnage dans toute son horreur.

« Un jeune homme, dit la chronique, chez lequel toutes les qualités du cœur et de l'esprit étaient unies aux grâces du corps, avait plus d'imagination et d'appétits que d'argent.

« Il advint, un jour, qu'au moment de régler un compte, il se trouva à court, situation qui lui était du reste assez familière. Le créancier, convaincu de l'impossibilité d'obtenir immédiatement ce qui lui était dû, parvint avec un artifice diabolique à extorquer la signature de l'infortuné, qui, en libellant un billet à ordre dont l'échéance lui parut éloignée d'un demi-siècle, commit une de ces stupidités dont la récidive mériterait l'internement dans une maison d'aliénés.

« Quand on doit toucher de l'argent, le temps rampe ; quand on doit en payer, il vole.

« Un beau jour, ou, pour être véridique, un jour néfaste, notre homme fut arraché aux douceurs du sommeil matinal par des coups brutalement frappés à sa porte.

« Or, en ce moment, il était plongé dans un rêve délicieux. Assis à une table de baccara chemin de fer, jeu fort en honneur à cette époque, il avait pris la main avec sa dernière pièce de cinquante centimes ; par un bonheur inouï, il avait abattu *neuf* trente-cinq fois de suite, et à chaque coup sa banque avait doublé de valeur.

« Sans être d'une force transcendante en mathématiques, le joueur ne s'étonnait pas de la hauteur et du diamètre de la pile d'or et de billets de banque, que cette progression miraculeuse avait amassée devant lui.

« Autour de la table, les joueurs décavés offraient l'image de la consternation. Tout le monde pourrait bien proposer un *banco*, pensa prudemment l'heureux banquier, mais peu de capitalistes pourraient « l'éclairer », et il leva prudemment la séance. Toutes les victimes détalèrent à l'unisson.

« Resté seul, car il avait envoyé les garçons du cercle chercher une voiture de déménagements pour enlever son trésor, le nouveau Crésus se demandait sérieusement si, pour utiliser ses capitaux, il ne prendrait pas à lui seul l'entreprise d'un grand tunnel sous-marin dont il était question en ce moment, ou si, réalisant son rêve le plus cher, il n'irait pas fonder au centre des Pampas un grand empire, dont seraient bannis sévèrement les hommes de loi, les poètes, les musiciens, les aqua-fortistes. C'est au moment précis où il agitait ces graves questions qu'il fut brusquement réveillé.

« — Le camion est-il assez vaste, » cria-t-il en poursuivant son rêve.

« Mais l'aspect soudain des objets familiers qui apparaissaient successivement autour de lui le précipita du haut de l'empyrée.

« Le camion est-il assez vaste? »

« — Je vais joliment remercier celui qui vient d'écraser mes illusions, dit-il, en courant à la porte.

« Il ouvrit brusquement et se trouva nez à nez avec une figure renfrognée, logée entre un bicorne noir et un habit bleu-barbeau.

« — Monsieur le commissaire, s'écria le jeune homme perdant la tête, je vous jure que ce n'est pas moi qui ai décroché hier au soir les panonceaux du notaire de la rue de l'Odéon, pour les pendre aux volets du marchand de bric-à-brac, son voisin.

« — Je ne suis pas commissaire, dit le visiteur abasourdi.

« — Qui êtes-vous donc? Si vous appartenez aux pompes funèbres, vous vous trompez d'étage.

« — Je suis garçon de banque, et je vous apporte une valeur de soixante francs.

« — La banque est bien bonne de m'envoyer des fonds, répondit le jeune

Il se trouva nez à nez avec une figure renfrognée.

homme, qui croyait à une galanterie de cet établissement, peu coutumier du fait. Je porterai demain ma carte au gérant.

« — Je viens pour recevoir de vous soixante francs contre la remise de de votre billet à ordre, dit le bicorne, qui paraissait fort bouleversé.

« — Alors la banque se fourvoie, car je n'ai pas d'argent, répliqua le signataire imprudent, subitement éclairé.

« — Fort bien, » dit l'homme d'un ton dégagé.

« Et, remettant entre les mains du débiteur un petit carré de papier blanc, il sortit en hochant la tête.

« — Tiens, fit le jeune homme stupéfait, en mettant dans sa poche le papier, qu'il prenait pour un acquit, les affaires se traitent facilement avec cette compagnie. Je m'adresserai souvent à elle.

« Et il alla se recoucher.

« Vingt-quatre heures après, son portier lui remit une feuille couverte de formules communicatoires et réclamant finalement le payement de soixante-sept francs cinquante centimes. Signé : *Barnabé Cornefer, huissier audiencier*, etc.

« — Ce Cornefer est fou, pensa-t-il. Je ne puis payer soixante francs, et il prétend m'en faire payer soixante-sept ! Il examina la feuille avec soin, pour voir si elle ne portait pas le timbre de Bicêtre ou de Charenton.

« Huit jours après, nouvelle sommation, conçue dans le même style.

« — S'ils espèrent me fatiguer par leur correspondance, ils se trompent, dit le débiteur.

« Quelque temps après, vers onze heures du matin, au moment où il mettait la dernière main à sa toilette, un individu à mine patibulaire se présenta subitement à lui, annonçant qu'il venait le saisir.

« Le jeune homme, prompt comme l'éclair, sauta sur une vieille rondache pendue au mur, et cria avec force :

« — Si vous approchez de moi, je vous fends la tête, ce qui me donnera des titres sérieux au prix Montyon de l'année courante.

« Le malfaiteur recula ; mais, tout à coup, redressant son buste grotesque :

« — Je m'appelle Nicolas-Barnabé Cornefer, dit-il avec emphase, et, étant dans mes fonctions, je viens saisir votre mobilier, qui répondra d'une dette de soixante francs, représentée par un billet à ordre impayé, pour lequel j'ai déjà instrumenté trois fois, et dont les frais s'élèvent pour le moment à trente-sept francs soixante centimes, double décime compris.

« Et, tournant lentement sur lui-même, il examina la pièce jusque dans les coins les plus obscurs, puis, s'asseyant sans façon, il se mit à écrire.

« Cinq minutes plus tard, il se levait et remettait un papier au jeune homme, lui confiant le titre de *gardien de la saisie*.

« Celui-ci, croyant à une plaisanterie de mauvais goût, entama vivement contre l'oiseau de proie la colonne la plus riche de son vocabulaire.

« A la dix-neuvième épithète, l'huissier, abasourdi, prit la porte en

Barnabé Cornefer, huissier-audiencier.

criant : — « Devant le refus du débiteur, nous allons constituer un garnisaire. »

« Le jeune homme, qui depuis un moment vivait dans un cauchemar, eut l'heureuse idée d'aller prendre conseil chez M⁰ Desiflard, un respectable tabellion, ami de sa famille, qui, en cette occasion, montra une grandeur d'âme que l'on ne constatait autrefois que bien rarement chez les notaires. »

« Quelle audace de raconter ainsi ses propres aventures devant deux mille personnes, dit Antius au physicien d'une voix basse et concentrée par la colère. »

« Après avoir gratifié son client d'une longue série de reproches, de recommandations et de maximes, poursuivit Gédéon, il lui versa dans les mains une somme plus que suffisante pour le dégager des griffes impitoyables de tous les carnassiers dont il avait subi l'assaut.

« Le signataire imprudent courut à l'antre de l'huissier et, avec une brutalité dont il s'applaudit longtemps, arracha ses papiers, dont la valeur nominale était devenue insignifiante à côté des frais, autrement dit des extorsions judiciaires dont on les avait chargés.

« De tout ceci, il se dégage un enseignement, à savoir : que, dans un pays qui se prétendait civilisé, la dette la plus insignifiante pouvait, grâce aux artifices d'un vampire, heureusement disparu, prendre des proportions colossales. »

Quoique reposant sur des idées, des incidents ou des principes fort éloignés du courant moral qui régnait dans le nouveau monde, le sens général de cette histoire burlesque des temps passés avait été parfaitement saisi par l'auditoire.

Aussi l'improvisation de Gédéon, déjà fréquemment interrompue par des éclats de rire qui partaient de tous les coins de la salle comme des fusées sonores, détermina-t-elle en ce moment un tel accès d'hilarité générale, qu'il dut provisoirement suspendre son débit.

Lorsque le calme se fut peu à peu rétabli, il reprit le fil de son discours.

« J'ai eu l'honneur, dit-il, de présenter quelques types caractéristiques, dont nos pères, dans leurs errements, croyaient l'existence absolument nécessaire au bonheur de l'humanité. Je ne m'étendrai pas sur l'ensemble des personnages et des institutions, qui présentent le même caractère paradoxal. Car l'épuisement de ce sujet conduirait les plus jeunes de cette assemblée aux limites de la vieillesse.

« Après avoir dépeint une époque au point de vue de ses préjugés, il est rationnel de tracer le cadre où elle s'est débattue. »

Et, les splendeurs du Paris nouveau surchauffant son imagination, l'orateur entama un parallèle comparatif, où la fantaisie prit parfois la place de l'exactitude.

« Je ne surprendrai personne, dit-il, en affirmant que, au point de vue de l'aspect général, le vieux Paris ne peut à aucun titre être comparé à notre Paris actuel.

« Il ne faut cependant pas perdre de vue, si l'on veut rester juste, que les Parisiens du XIXe siècle arrivaient aux mêmes conclusions, quand ils mettaient en regard leur ville, dont ils suivaient les embellissements progressifs, avec la vieille cité du moyen âge, qui, noyée dans des cloaques, étouffait entre ses murs. Cet aperçu nous rappellera qu'en ce monde tout est relatif, principe que l'histoire met à chaque instant en évidence.

« On peut même ajouter que la première de ces transformations profondes qui ont peu à peu amené la capitale à l'état de magnificence où elle se trouve aujourd'hui, eut lieu précisément dans la période qui est l'objet de cette conférence.

« Par exemple, nous nous trouverons en face d'une contradiction singulière, en constatant que l'activité des édiles contemporains s'était portée particulièrement sur la partie périphérique de la ville, et que par contrecoup la partie centrale conservait à peu près dans son ensemble son ancien aspect.

« Là où s'étendent ces magnifiques avenues, larges comme des fleuves, couvertes de verdure, d'œuvres d'art et d'arbres majestueux, rampaient des rues étroites et bruyantes, bordées de hautes maisons, où les malheureux citadins, cloîtrés dans des alvéoles et privés d'air respirable, s'étiolaient à l'envi.

« La voie publique du centre de Paris était incessamment sillonnée par une foule enfiévrée, que rompaient avec peine de lourdes voitures publiques de forme étrange, appelées *omnibus*. Ces appareils primitifs étaient gouvernés par deux hommes, dont l'un, posté à l'arrière, entassait les victimes, pendant que l'autre, perché sur un siège haut, étroit et isolé, dirigeait les chevaux et devait faire des prodiges d'adresse pour ne pas écraser cent personnes à chaque voyage.

« Le dénombrement des véhicules lourds et grossiers, qui faisaient sans relâche résonner le pavé avec le plus horrible fracas, n'aurait aucun intérêt pour l'auditoire.

« De toutes les révolutions qui ont transformé le vieux monde, Mesdames et Messieurs, la plus merveilleuse peut-être est celle qui a développé le cours du fleuve dans des proportions que les contemporains n'auraient même pas osé concevoir. Quel serait l'étonnement des Parisiens de l'âge de fer, s'ils pouvaient jeter un seul coup d'œil sur cette magnifique nappe d'eau, sur ces ponts majestueux et surtout sur ce lac admirable, dont la plupart d'entre eux ont osé faire un sujet de plaisanterie !

« Bien des gens refuseraient d'admettre comme réel un tableau représentant cette rivière de deux cents mètres de large, encombrée de bateaux difformes et encaissée entre des murs gris et monotones.

« Cependant, dans ces conditions misérables, le sport nautique s'était développé avec une intensité et une perfection que les jeunes gens d'aujourd'hui, sous peine d'ingratitude envers leurs ancêtres, doivent hautement reconnaître.

« Nous leur abandonnerons toutes les supériorités au point de vue de la splendeur de leurs écoles et de la somme d'agréments qu'une civilisation incomparablement plus avancée leur a réservés. Nous ne tenterons même pas la description de nos anciens collèges, qui tenaient à la fois de la prison, du cloître et de la caserne, et surtout de la vie pleine d'amertume que la jeunesse y menait de dix à vingt ans. Nous prendrons le jeune homme à l'expiration de sa peine et déjà lancé dans cette région légendaire, appelée le quartier latin, dont les ruines sont en ce moment sous nos pieds.

« Les historiens qui ont étudié ce pays étrange ont dû à chaque pas se heurter à des contradictions.

« La vie générale s'y présente, en effet, sous des aspects tout différents : si l'on descend l'échelle occupée, en haut, par les étudiants de l'école romantique, bizarrement vêtus, mais ardents et convaincus sur l'art, la littérature et la politique, et, en bas, par leurs pâles successeurs, qui peu à peu avaient descendu jusqu'aux degrés qui confinent au prosaïsme le plus bourgeois.

« Malgré tout, les hautes régions se sont toujours recrutées à peu près exclusivement dans ce milieu hétérogène, qui offrait le singulier spectacle d'un groupe de travailleurs forcés, noyé au milieu d'une légion plus nombreuse de fantaisistes, capables de s'égarer vingt fois en chemin, si par hasard ils avaient voulu se rendre à la Faculté.

« Le monde latin prenait généralement ses ébats dans un établissement fameux, où la chorégraphie, désertant les principes académiques, n'avait d'autres guides que l'imagination ou l'état psychologique de ses disciples. Aussi la vue d'une salle de bal en pleine ébullition produisait-elle d'abord toutes les impressions fantastiques du cauchemar.

« On peut, dans cet ordre d'idées, se demander quels étaient les agréments de la masse des Parisiens.

« Si nous écartons de l'examen la catégorie assez restreinte de citoyens désignés alors sous le nom de classes privilégiées, qui se croyaient obligés de faire chaque jour le tour d'un étang appelé pompeusement *lac*, et de rester scellés chaque nuit autour d'un tapis vert, l'ensemble s'engouffrait volontiers dans des salles étroites, incommodes et surchauffées, où une musique travestie servait d'assaisonnement à des pièces dont la trame implorait la plus grande indulgence.

« Au-dessous s'étalait un genre sans façon, le café-concert, qui a eu sur la cervelle de nos aïeux une influence plus funeste que toutes les complications politiques et sociales.

« Quels étaient maintenant les plaisirs que se ménageaient pour les jours de repos ces citadins naïfs?

« Se laissaient-ils emporter comme nous vers les rivages lointains à travers les régions pures de l'atmosphère?

« Hélas! ils n'avaient devant eux que deux chemins également funestes.

« L'un conduisait aux champs de courses, où une honorable corporation de banquiers mobiles, désignés sous le nom fallacieux de *bookmakers*, opérait le vide dans la bourse du public avec la régularité et la perfection d'une machine pneumatique; l'autre menait aux restaurants de la banlieue, dont la fréquentation équivalait à un suicide.

« Le terme de cette causerie, Mesdames et Messieurs, s'impose fortement.

« J'ai essayé de rappeler quelques points saillants et caractéristiques de la vie de nos ancêtres. Si la hauteur de conception et l'ampleur philosophique ont été écartées de mon discours, la vérité et l'impartialité, dont j'invoquais la sauvegarde en montant à cette tribune, ont été scrupuleusement respectées.

« Enfin, si j'ai abusé de l'attention sympathique qui m'a été témoignée et dont je garderai éternellement le souvenir, il ne faut condamner que mon désir sincère d'établir une comparaison exacte entre le temps présent et le temps pasé. »

Les applaudissements sonores et soutenus qui accueillirent la péroraison de l'orateur le rassurèrent pleinement sur l'effet produit par l'originalité de son langage, l'imprévu de ses réflexions et la gaieté communicative qu'il avait répandue.

Il descendit sur la scène avec assurance et reçut avec satisfaction les com-

L'autre menait aux restaurants de la banlieue....

pliments d'Herber et de ses amis. Ses deux compagnons parurent également satisfaits du résultat inespéré d'une tentative dont ils avaient redouté les conséquences.

Cependant l'assemblée s'écoulait peu à peu à travers les vastes baies de l'édifice, et lorsque les invités d'Herber, réunis dans le salon, eurent pris congé de l'instituteur et de ses hôtes, la salle était vide.

Les étrangers, précédés du maître d'école, descendirent dans la cour centrale et se dirigèrent vers le pavillon.

Au moment où ils pénétraient dans la cour d'honneur, ils aperçurent madame Herber prenant congé de quelques dames amies qui avaient eu la faveur d'assister à la soirée dans sa loge.

Les voyageurs se dirigèrent vers la jeune femme pour la saluer et durent accepter ses félicitations pour la soirée si intéressante qu'ils avaient procurée aux habitants du quartier.

« Tout Paris en parlera demain, ajouta-t-elle avec un sentiment de satisfaction très évident.

— Sans aucun doute, Messieurs, appuya Herber, qui avait remarqué l'étonnement que cette dernière opinion avait fait naître chez ses invités. Vos discours ont été recueillis par les sténographes du *Siècle*, du *Continent* du *Globe* et du *Nouveau-Monde*. Ils paraîtront par conséquent, demain matin, dans les quatre journaux les plus importants de la capitale.

— Ma foi, nous ne nous attendions pas à un tel honneur, déclara Antius.

— J'ajouterai que la plupart des autres feuilles en donneront au moins un résumé, et qu'ils paraîtront certainement *in extenso* dans les revues les plus importantes, » appuya le maître d'école.

Après avoir serré la main de leur hôte, et remercié madame Herber, pour l'honneur et les encouragements que leur avait valus sa présence à la soirée, les étrangers se dirigèrent vers le pavillon.

« Nous voilà passés à l'état de célébrités, dit Gédéon.

— Oui, mais que nos succès s'arrêtent là, répondit Antius, nous ne serions pas toujours sûrs de garder l'équilibre.

— C'est mon avis, » fit Terrier.

Une heure sonnait lorsque les voyageurs pénétrèrent dans leur appartement.

CHAPITRE XXI

LE MUSÉE DES ANTIQUES

Le soleil était déjà haut sur l'horizon, lorsque Antius, subitement réveillé par un flot de lumière qui avait envahi sa chambre, mit gravement pied à terre et déposa avec précaution son magnifique couvre-chef sur l'oreiller.

Fidèle à ses habitudes, le docteur disposa avec symétrie les instruments nécessaires à la confection de sa barbe, opération à laquelle il se livra incontinent.

Vingt minutes plus tard, frais et dispos, il sortit en serrant cavalièrement autour de ses reins le cordon de soie bleue de sa robe de chambre.

Arrivé à la porte du physicien, il frappa. Terrier, dont la toilette était terminée, vint lui ouvrir.

Après quelques mots échangés sur les événements de la veille, les deux savants se dirigèrent vers la porte de Gédéon et frappèrent plusieurs coups.

Le jeune homme, qui, la veille, avec un sybaritisme prévoyant, avait entièrement baissé l'épais store de sa fenêtre, fut réveillé au milieu d'une obscurité profonde.

« Qui peut frapper à cette heure? cria-t-il avec humeur.

— Lève-toi, dit Antius d'une voix ferme.

— Quelle mouche vous pique pour venir réveiller un citoyen paisible à deux heures du matin?

— Es-tu fou? répliqua le physicien; il est au moins huit heures.

— Voilà un astronome qui a la berlue pour commettre des erreurs semblables sur la marche du soleil. Et dire qu'il a été un des gros bonnets de l'Observatoire, » murmura Gédéon.

Antius, dont la mauvaise humeur s'exhalait déjà en termes énergiques, secouait vigoureusement la porte.

Le jeune homme courut au store, qu'il repoussa vivement. Il ferma les yeux devant le soleil radieux qui le frappait en plein visage.

« Je suis à vous, » dit-il. Les deux savants s'éloignèrent. Antius rentra chez lui, termina rapidement sa toilette et rejoignit le physicien, qui l'attendait sur la terrasse.

Dix minutes plus tard, Gédéon les y retrouva.

« Mes amis, dit le docteur, nous allons être bientôt présentés à l'un des hommes les plus importants de la cité, chez lequel, d'après l'opinion du maître d'école, nous trouverons du travail. Dieu veuille qu'il en soit ainsi! car nous ne pouvons abuser plus longtemps de la fastueuse hospitalité de notre hôte.

— Pour mon compte, fit observer Gédéon, je ne sais trop à quoi je puis être utilement employé. En tout cas, ajouta-t-il vivement, je ne crois pas qu'il me soit permis de demander de l'occupation dans l'arrosage de la ville.

— Et pourquoi pas? fit simplement Antius.

— En voilà la raison, » dit le jeune homme en étendant la main vers le square.

Les deux savants virent avec étonnement l'immense place se couvrir peu à peu d'une buée compacte qui se dégageait d'un grand nombre de fontaines jaillissantes situées à fleur de terre, obéissant à une main invisible.

« Si, avant déjeuner, nous allions visiter le musée des Antiques? dit Gédéon.

— L'idée est bonne, dit le professeur.

— J'en conviens, » ajouta Antius.

Les voyageurs descendirent sur la place.

Cinq minutes plus tard, ils entraient dans la cour d'honneur du Musée.

A leur grand étonnement, ils n'aperçurent aucun gardien et n'entendirent aucun bruit dans le monument. Une inscription placée au fronton de la porte d'entrée les éclaira sur l'isolement absolu où ils se trouvaient.

Gédéon lut à haute voix l'inscription suivante : *Ces collections sont placées sous la sauvegarde des citoyens.*

Les voyageurs gravirent les marches d'un escalier monumental qui s'élevait au centre de l'édifice et pénétrèrent dans un vestibule demi-circulaire, sur lequel s'ouvraient vis-à-vis l'une de l'autre deux grandes portes en chêne sculpté. Celle de droite portait à sa partie supérieure, peints en lettres d'or, les mots suivants :

ARMES DE GUERRE, AGRICULTURE.

celle de gauche, l'indication :

SCIENCE, INDUSTRIE, INSTRUMEMTS USUELS.

« Entrons dans celle-ci, » dit Antius, en se dirigeant vers la première, dont il poussa le battant.

Les trois hommes s'avancèrent de front dans une grande salle rectangulaire, où était disposée dans un ordre parfait la plus formidable collection d'engins meurtriers que l'imagination puisse enfanter.

Tous les types, les plus anciens comme les plus récents, les plus monstrueux comme les plus exigus, les plus sauvages comme les plus perfectionnés, s'y trouvaient réunis.

Depuis la baliste et la catapulte jusqu'aux mitrailleuses à jet continu du vingtième siècle, depuis le canon de vingt-cinq tonnes des monitors jusqu'au revolver breloque, depuis le krick malais, le tomawak indien, le boomerang australien, la flèche empoisonnée de l'Africain des régions équatoriales jusqu'au fusil de chasse à mouvement basculaire compensateur, tous les modèles étaient représentés.

Chacun d'eux portait un cadre de grandeur variable, qui contenait les documents les plus étendus sur son origine et son usage.

Les visiteurs s'arrêtèrent devant une énorme pièce d'artillerie qui probablement depuis plusieurs siècles dormait là inoffensive, la gueule béante.

« Que pensent les hommes d'aujourd'hui de ce monstrueux engin ? » demanda le professeur.

Gédéon prit le tableau qui était accroché au point de mire et lut le texte suivant :

« Instrument de tir à longue portée, fondé sur la force expansive des gaz.

« Dans son *Dictionnaire des antiquités industrielles*, livre plein d'erreurs et « aujourd'hui sans autorité, Bauer appelle cette machine de guerre : Portion « supérieure d'un tube de drainage. »

Les voyageurs passèrent sans s'arrêter devant une haie compacte de fusils, dont la série commençait par une gigantesque arquebuse du quinzième siècle.

Ils jetèrent ensuite un regard distrait sur plusieurs centaines de sabres de tout modèle, qui, depuis les fameuses lames de Damas jusqu'au vulgaire coupe-choux, représentaient les principaux genres de la grande famille des armes blanches.

En avant, un immense écran de velours rouge était constellé de poignards de toutes formes et de toutes dimensions.

« Peste soit des imbéciles! cria tout à coup le docteur avec colère.

— Qu'avez-vous donc? demanda Terrier.

— Ne voyez-vous pas qu'ils ont mis le couteau chirurgical au milieu des armes homicides!

— Eh bien, » fit Gédéon en faisant volte-face.

Antius haussa les épaules sans mot dire.

En se retournant, le jeune homme faillit crever un vieux tambour rouillé, qui roula sur le parquet avec un bruit formidable.

« Diable, dit-il avec inquiétude, je n'avais pas vu cette caisse roulante, soit dit sans calembour, » et il se précipita vers l'instrument.

« Les commentaires sont gravés sur la peau du timbre, ajouta-t-il en le relevant. Voici l'opinion des antiquaires :

« Appareil bruyant, qui réglait la marche des soldats. On fabriquait « des réductions de cet instrument, qui rendaient une maison inhabi- « table.

— « *Dictionnaire de Bauer* : On n'a pas encore d'opinion précise sur cet « objet. Les uns croient que c'est un hygromètre particulier, qui rendait des « sons variables suivant la quantité d'eau répandue dans l'atmosphère. « D'autres affirment que c'était un instrument de dialyse fort répandu.

Les visiteurs s'arrêtèrent devant une énorme pièce d'artillerie.

« De dialyse ! s'écria le lecteur, quelle est cette nouveauté ?

— Le mélange des liquides à travers les membranes n'est pas une nouveauté, dit le physicien ; malgré tout, l'opinion est singulière. »

Gédéon remit le tambour en place et saisit un casque de pompier dont la jugulaire soutenait un carré de parchemin, et lut les mots suivants :

« Appareil destiné à protéger la tête de soldats d'élite, appelés sapeurs-
« pompiers. Ces hommes courageux, forts et agiles, avaient pour mission
« d'éteindre les incendies.

« Ils manœuvraient des machines fort primitives, qui jetaient une grande
« quantité d'eau sur le foyer en activité, de telle sorte que, si les voisins
« évitaient le feu, ils n'échappaient pas à l'inondation.

« On voit que ces instruments grossiers ne pouvaient rendre le service des
« pompes perfectionnées de notre époque, qui projettent des masses d'acide
« carbonique liquide, dont la vaporisation soudaine réduit le sinistre en quel-
« ques minutes. »

La partie gauche de la salle était occupée par des engins de guerre de la marine, et le regard pouvait suivre les progressions parallèles du poids des boulets coniques et de l'épaisseur des plaques de blindage.

Les voyageurs s'arrêtèrent un moment devant une torpille monstrueuse. Le procès-verbal disait :

« Machine destinée à faire sauter les navires.

« Cette opinion a été longtemps combattue par un groupe important d'ar-
« chéologues, qui ne voulaient pas admettre que les anciens eussent été
« assez fous pour exagérer les périls de la mer, contre lesquels leurs moyens
« de défense étaient déjà si limités. »

La partie centrale du mur était percée d'une baie à plein cintre, que franchirent les visiteurs. Ils se trouvèrent dans une salle non moins vaste que la première et qui était réservée à l'agriculture.

A côté des instruments anciens qui leur étaient connus et dont les plus parfaits reposaient sur l'emploi de la vapeur, les deux savants remarquèrent avec intérêt un très grand nombre de machines nouvelles, mues par la force électro-motrice. Les plus puissants de ces appareils portaient le titre d'instruments de défrichement et avaient dû servir à des exploitations lointaines.

Au fond de la salle, un vaste tableau contenait des explications très abondantes sur l'usage de chacun d'eux. Des articles spéciaux établissaient le prodigieux développement agricole de l'Orient, des deux Amériques et surtout de l'Afrique centrale, depuis l'invention de la navigation aérienne, qui avait jeté sur ces immenses territoires les bras inoccupés du vieux monde.

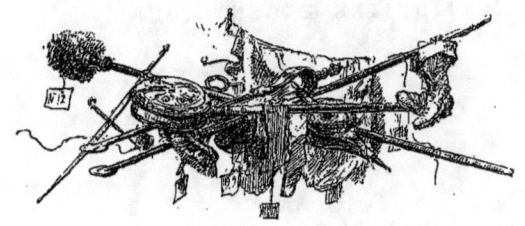

CHAPITRE XXII

ANTIQUITÉS EXCENTRIQUES

Les trois voyageurs retournèrent sur leurs pas et se trouvèrent de nouveau dans le vestibule.

« Entrons ici, dit le physicien, en se dirigeant vers la porte qui leur faisait face et donnait accès dans le musée scientifique et industriel. Je m'imagine que c'est là où les surprises nous sont réservées. »

Ses compagnons le suivirent et pénétrèrent en même temps que lui dans une immense galerie, aussi vaste que celle qu'ils venaient de parcourir.

Le mur de gauche était occupé en partie par une formidable batterie de cuisine, où tous les systèmes d'appareils culinaires, depuis le chaudron jusqu'à la marmite autoclave, étaient représentés. Une série de tourne-broches, dont le plus grand aurait convénu à un sanglier et le plus petit à un oiseau-mouche, étaient fixés avec symétrie sur les parois de la muraille.

« Comment font-ils donc leur cuisine, si ces respectables instruments sont mis à l'index ? » demanda Gédéon aux deux savants, qui examinaient avec intérêt une manivelle à déclic, commandée par un électro-aimant, et destinée vraisemblablement à régler une rôtissoire.

« Je n'en sais rien, dit Antius ; mais, pour sûr, elle n'a pas dégénéré.

— J'en conviens. »

Un lot considérable de pelles, de pincettes et de soufflets était simplement désigné sous le nom de *Vieux ustensiles*.

Ils passèrent devant une collection de lustres, de lampes et de chandeliers de toute forme et de toute dimension, disposés sous un cadre portant pour toute indication les quatre mots : *Anciens instruments d'éclairage*.

Sous la rubrique *Chauffage primitif*, les visiteurs reconnurent à peu près tous les modèles de poêles et de cheminées, qui dans les meilleures conditions rendent à peine un dixième de la chaleur reçue.

Gédéon mit la main sur un rouleau à pâte, désigné sous le nom irrespectueux de *Quille*, et la note ajoutait : *Jeu fort en honneur chez nos ancêtres*.

A côté se trouvait un modeste éteignoir, qui portait consciencieusement l'étiquette : *Usage inconnu*.

La présence d'une paire de mouchettes intrigua fortement les visiteurs, et le physicien, ayant saisi l'objet, put lire les mots suivants : « Un grand « nombre d'archéologues ont cherché vainement l'usage de ce bizarre ins- « trument. Les uns ont pensé que ce levier mystérieux était destiné à la « chasse des insectes familiers qui désolaient les habitations, d'autres qu'il « servait à comprimer les objets de petit volume ; enfin, dans son ouvrage, « Bauer lui attribue les fonctions les plus extravagantes. »

Leurs regards furent ensuite attirés par un vieux chapeau, dont le temps n'avait respecté ni la forme ni la substance.

« Serait-ce votre gibus, qu'on aurait porté ici depuis avant-hier ? demanda le jeune homme au physicien.

— Le mien était neuf, répliqua le savant avec humeur, et cette coiffure est exactement celle dont les caricaturistes ornaient Robert Macaire.

— Voyons ce qu'on en dit, » fit Gédéon, et il lut à haute voix le texte suivant :

« Appareil dont les anciens coiffaient les mannequins de paille qu'ils « dressaient dans les champs pour épouvanter les oiseaux.

— Parfait ! dit le lecteur en éclatant de rire, je ne serais pas fâché, non plus, de savoir ce que les antiquaires disent de cet habit noir qui est pendu à côté. » Et ayant saisi le revers, il retourna le vêtement. Au milieu du dos, il put lire cette phrase singulière :

« Vêtement fort disgracieux, qui était d'un usage obligatoire dans les cérémonies funèbres. »

Plus loin, tout un assortiment d'instruments de dentiste portait en exergue : *Instruments de torture*.

« Ma foi, ils sont dans le vrai, » fit gaiement Terrier.

Cependant la désignation d'un groupe, composé d'un dynamomètre, d'un aéromètre de Nicholson, d'une machine pneumatique, d'un prisme, d'une lunette de Galilée et d'un eudiomètre à mercure, sous le nom familier de : *Jouets d'enfants*, l'inquiéta au plus haut point.

« Tiens, une clarinette, s'écria Gédéon. Il n'y a donc plus d'aveugles ! C'est certainement l'usage de cet instrument agaçant qui a peuplé autrefois les Quinze-Vingts. Voilà ce qu'on en dit :

« Instrument à vent et à anche, introduit dans la musique dramatique par le célèbre compositeur Gluck. »

« Par exemple, je ne suis pas fâché de voir relégué ici cet instrument homicide, dit-il en désignant un piano, dont les touches jaunies étaient inoffensives depuis plusieurs siècles. Il est ainsi défini :

« Instrument autrefois très répandu à Paris, au détriment de la partie saine de la population. Il succéda au clavecin, qui avait l'avantage d'être moins bruyant. C'est Bartholomeo Cristafulli de Padoue, qui, en 1711, opéra cette substitution, dont le besoin ne se faisait nullement sentir, et qui eut pour résultat un accroissement notable dans les cas d'hydrophobie. »

« Voilà qui est parlé, fit le jeune homme.

— L'auteur ne s'est pas égaré quant à cet objet, dit Terrier en montrant une vieille boussole. Il en fait avec raison remonter la découverte au Napolitain Flavio Gioja, au commencement du quatorzième siècle, et se garde bien de citer cette opinion fort répandue, mais peu justifiée, que Marco Polo, en 1260, l'avait rapportée de Chine, où, selon les Chinois, elle était connue plus de dix siècles avant Jésus-Christ. »

Le physicien fut interrompu par Antius, qui lisait à haute voix l'inscription suivante :

« Connu de la plus haute antiquité.

— Quoi donc? demanda son neveu.

— Le gnomon.

— Qu'est-ce que cela?

— Je parle du cadran solaire qui est sous mes yeux ; les Chaldéens s'en servirent les premiers. comme le reconnaît avec justesse la notice. »

A côté, une barrette de président d'assises, montée sur une tige, était désignée sous le nom de *Coiffure d'intérieur.*

« Voilà, dit Terrier, une horloge de notre temps, qui est peut-être la seule qu'il y ait dans la ville, et les explications qu'on en donne sont fort détaillées. Les voici :

« Cet appareil, fort imparfait, servait autrefois à la mesure du temps. La première horloge qui parut en France avait été envoyée à Pépin le Bref, en 760, par le pape Paul Ier.

« Le calife Haroun-al-Raschid, en 807, en envoya une autre à Charlemagne, en même temps qu'un orgue, instrument de musique jusqu'alors inconnu des Occidentaux. Les horloges à sonnerie parurent au milieu du quatorzième siècle.

« En 1647, Huyghens leur appliqua le pendule, découvert par Galilée. De cette époque seulement date la division de l'heure en soixante minutes, et de la minutes en soixante secondes. »

La sagacité du commentateur paraissait avoir été mise en déroute par un objet cylindrique, garni d'une épaisse couche de crins et qui portait une carte où on lisait : *Objet inconnu.*

« Qu'est-ce que cela ? demanda Antius.

— C'est une brosse à cheveux dernier modèle, par laquelle la tête du patient était labourée avec une extrême rapidité, s'écria Gédéon. Mais voici, par exemple, un objet qui ne vous est pas inconnu, ajouta-t-il, en montrant une forte paire de besicles montées sur un axe vertical.

— Je n'en suis qu'au numéro huit, Dieu merci, déclara le docteur. Qu'en dit-on ?

— On dit, répondit le jeune homme penché sur l'instrument, que leur invention remonte au douzième siècle, et on l'attribue à Roger Bacon. On ajoute que les verres grossissants sont dus au Hollandais Jacques Metzu, et, selon d'autres, à Zacharie Jansen, son compatriote. Galilée, ajoute la note, construisit peu de temps après la lunette d'approche, qui lui permit de faire de nombreuses découvertes scientifiques, et, au dix-septième siècle, Rheita fabriqua la première lunette terrestre. Est-ce exact ?

— Très exact, fit Antius.

Vieux ustensiles.

— O vanité des vanités, s'écria le physicien, qui en ce moment plongeait ses regards dans une large vitrine.

« Nous trouvons ici, relégués au rang des vieilleries, les appareils dont le dix-neuvième siècle s'enorgueillissait à juste titre. Vous voyez là, dit-il à ses compagnons qui s'étaient subitement rapprochés, les divers systèmes télégraphiques, qui en moins de trente ans, après les premiers essais, étaient successivement remplacés en raison de leur perfection relative. Voilà l'antique télégraphe à cadran, perfectionné par Bréguet, qui de notre temps était à peu près exclusivement réservé au service des chemins de fer, mais qui au début avait frappé les esprits d'admiration. Voici le Morse, qui constitua un grand progrès dans la vitesse, la commodité et la sûreté de translation des dépêches.

« Cet autre est l'appareil Hughes, qu'on manœuvrait comme un piano et qui imprimait les télégrammes avec une grande rapidité ; enfin dans ce coin vous apercevez l'instrument inventé par Caselli, qui autographiait avec une fidélité absolue la minute de l'expéditeur.

« Voyons maintenant l'opinion des contemporains. »

Et le savant lut à haute voix :

« *Instruments primitifs de la télégraphie électrique*.

« Combien ceux-ci sont éloignés de nos appareils, fondés sur le triple effet du courant, du téléphone et du phonographe, qui permettent de converser d'une manière continue à cinq cents lieues de distance. »

« Oh, oh ! fit Gédéon, n'est-ce pas un descendant de M. de Crac qui a rédigé la notice ?

— Il n'est permis à personne de fixer des limites aux progrès des applications de l'électricité, répliqua péremptoirement le physicien.

— Que peut signifier ce capuchon ? demanda Gédéon, en désignant une sorte de burnous en gutta-percha de forme bizarre. O merveille ! s'écria-t-il, après s'être approché de cet objet singulier. Je lis :

« *Parapluie du XXe siècle*.

« Cet appareil, assez commode, se portait enroulé autour de la ceinture. En pressant légèrement un ressort qui se trouvait sur le côté droit, l'enveloppe se détendait subitement, et le voyageur se trouvait à l'abri sous une tente imperméable. »

« Voilà qui était assez bien imaginé, conclut le lecteur.

— Mais voici un violon avec son archet, continua-t-il, les yeux braqués sur la muraille. On pouvait, sans se compromettre, le pendre à côté du davier du dentiste et l'étiqueter de la même façon. Il est bon de connaître l'opinion des mélomanes d'aujourd'hui sur cet instrument, qui rendait l'opérateur si prétentieux et l'auditeur si maussade. »

Et, se levant sur la pointe du pied, il lut avec quelque peine, en raison de la distance, le commentaire suivant :

« Instrument de musique, qui a exercé de grands ravages chez la jeunesse des temps anciens. Manœuvré par une main habile, il n'était qu'ennuyeux; torturé par un exécutant médiocre, il pouvait provoquer des attaques d'épilepsie chez les plus flegmatiques.

« Cet instrument est fondé sur la vibration des cordes, ainsi que plusieurs autres, tout aussi dangereux. »

« Le conservateur du musée a mis une certaine méthode dans la disposition des objets, fit le jeune homme. Je vois en effet à côté du violon un appareil au moins aussi ennuyeux.

— Peste! dit le docteur, qui avait beaucoup de prétentions sur cet article, tu es bien irrespectueux pour le jeu d'échecs.

— Je pense comme Gédéon, appuya Terrier. J'ajouterai même que l'échiquier, qui absorbe tous les efforts intellectuels de ses fanatiques, offre de très grands dangers. Je ne dis pas cela pour vous, Antius, qui n'avez été qu'un médiocre joueur.

— Médiocre, répliqua sèchement le docteur, ce n'est pas mon avis.

— Grand Dieu! s'écria tout à coup Gédéon, en levant les bras vers le ciel et en donnant les signes de la plus vive agitation, c'est elle!

— Perds-tu la tête, et faut-il t'administrer une douche avec cet instrument? demanda sévèrement Antius, en désignant un vieil arrosoir pendu au mur et élevé au rang de curiosité artistique.

— Je vous dis que c'est elle! cria d'une voix éclatante le jeune homme, penché en ce moment sur une vaste vitrine.

— Qui, elle? interrogea le physicien, fortement intrigué.

— Celle qui me quittait si souvent, malgré la chaîne qui la retenait près de mon cœur, celle qui a été ma planche de salut dans les mauvais jours, celle qui a fait treize fois le voyage de la rue des Blancs-Manteaux, celle dont nous pleurions tous les trois l'absence le jour où nous avons pris pied dans le nouveau monde ; c'est-elle, c'est ma bonne vieille montre de Tolède, dit le jeune homme en pleurant et en riant tout à la fois.

— Je constate que tu as bon cœur, remarqua Terrier ; mais tu es sans doute victime d'une hallucination.

— Ah ! répliqua Gédéon d'un ton élégiaque, si votre chronomètre vous

— Grand Dieu ! s'écria tout à coup Gédéon.

avait rendu autant de services, vous le reconnaîtriez après dix mille années de séparation.

— Il a parbleu raison, déclara le docteur, qui s'était penché vers l'objet. Je reconnais parfaitement cette vieille casserole, toujours privée de l'aiguille des minutes et qui faisait périodiquement le voyage du Mont-de-Piété. »

Le jeune homme, chez qui la joie se manifestait toujours par quelque extravagance, s'élança en tournant sur ses talons comme un derviche, mais il s'arrêta soudain en poussant un cri de douleur, accompagné d'un chapelet d'invectives.

Dans sa rotation, il avait heurté un bec de gaz qui s'élevait tristement en avant du mur, et portait pendue à sa tige une pancarte sur laquelle on lisait ces deux mots familiers : *Vieille lanterne.*

« Modère un peu ton délire, ou tu vas te casser la tête, conseilla doucement le professeur.

— Merci, il est temps de me prévenir, riposta la victime.

— Quant à ta montre, observa Antius, elle jouit maintenant d'un repos bien mérité, et tu ne dois pas être peu fier de contribuer à l'enseignement des générations présentes, sous le rapport de la vieille horlogerie à bon marché. »

En ce moment, les voyageurs avaient fait le tour de l'immense salle et avaient pu constater qu'elle contenait des spécimens variés de la plupart des instruments scientifiques, industriels ou domestiques de l'ancien monde, instruments aujourd'hui abandonnés, soit que la civilisation actuelle en eût adopté de plus parfaits, soit que les arts dont ils dépendaient eussent subi des transformations complètes.

« Je crois, dit Antius, pour qui l'exactitude était une vertu fondamentale, que nous ferons bien de regagner l'école. Notre visite a été assez intéressante pour que les heures aient pu s'écouler à notre insu. »

Les voyageurs quittèrent la galerie et traversèrent le vestibule.

Au moment où ils passaient sous la porte d'entrée, onze coups successifs retentirent au-dessus de leurs têtes.

Les trois hommes traversèrent la cour.

Tout à coup, le professeur, arrêtant ses compagnons, leur montre une vieille machine Crampton, qui reposait dans un coin et n'était désignée à l'attention des visiteurs que par ces deux mots : *Rare spécimen.*

« Est-ce qu'on se moquerait de nous ? fit Gédéon.

— Comment cela ? demanda Terrier.

— Hier, je crois, au moment où je prononçais sur les hommes de loi une oraison funèbre digne de figurer dans les recueils de morale contemporains, il s'agitait dans le palais de justice un procès de chemin de fer.

— Oui, répliqua le professeur ; mais les machines des voies ferrées du

centre de l'Afrique sont à système électro-moteur. C'est comme si tu disais :
J'ai une montre, donc les sabliers existent encore. »

Étourdi par l'argument, le jeune homme garda le silence.

En pénétrant dans la cour de l'école, les étrangers rencontrèrent l'instituteur qui venait à leur rencontre.

« Messieurs, dit-il, je vous apporte une invitation à dîner pour demain au soir, chez M. Dryon. »

Les voyageurs remercièrent le généreux hôte.

« L'illustre agronome, qui revient du congrès, poursuivit Herber, m'a fait appeler ce matin. Il ne restera, à Paris, que quarante-huit heures. Après-demain, son transport aérien, *l'Arago*, s'élancera de nouveau dans les airs. »

Le carillon de l'office retentit.

Les quatre hommes se dirigèrent vers la salle à manger, où madame Herber les attendait, en donnant ses derniers ordres.

Après avoir salué la jeune femme, les convives se mirent à table.

La visite au musée des antiques devint le texte de la conversation. Le sujet fut traité par les deux savants avec prudence, et Gédéon, surveillé activement par son oncle, ne put commettre aucune étourderie.

« Messieurs, dit Herber, vous avez pu remarquer combien les inventions de nos aïeux étaient défectueuses, surtout en ce qui concerne les voyages, comme en témoigne cette vieille machine à vapeur qui est dans la cour d'entrée. Quelle infériorité vis-à-vis de nos ballons, dont quelques-uns, comme l'*Arago*, dévorent cent vingt lieues à l'heure. A la fin du vingtième siècle, il fallait quinze jours pour gagner le centre de l'Afrique, et aujourd'hui M. Dryon peut prendre pied sur les bords du Tanganyka après vingt-quatre heures de traversée.

— L'opulent propriétaire est sans doute venu passer la belle saison dans son magnifique palais de la place des États ? demanda madame Herber.

— Non, Jeanne, répondit le maître d'école ; malgré les fatigues du congrès, M. Dryon compte partir vendredi prochain pour ses terres.

— Vous avez dit, mon cher maître, répliqua Antius, que votre illustre ami revient du congrès.

— Oui, docteur.

— Est-ce d'un congrès politique ?

— Oui, du grand congrès des États-Unis d'Europe.

— Où siége-t-il ? poursuivit Antius.

— A Constantinople, répondit Herber surpris de la question.

— A Constantinople ? s'écria le docteur.

— Oui, Messieurs, c'est dans cette ville que le congrès général se réunit tous les ans, depuis cinq siècles. Chaque État a bien son congrès particulier où s'agitent les intérêts locaux et qui précède le grand Congrès d'un mois environ ; mais toutes les questions gouvernementales se traitent dans la capitale du vieux continent. »

Le docteur et le physicien, muets d'étonnement, n'osaient s'informer des commotions politiques qui avaient bouleversé l'Europe depuis dix siècles.

Le jeune homme vint assez habilement à leur secours.

« Mon cher maître, dit-il à Herber, je serais fort heureux de connaître les circonstances qui ont amené les États européens à une entente, que rien, dans les temps passés, ne faisait prévoir. J'avoue que, sur beaucoup de points historiques, je ne possède que des notions assez vagues, et que mon instruction doit être complétée sous ce rapport.

— Je puis, en quelques mots, mon jeune ami, vous rappeler les causes générales de ces grands événements.

« Vous savez qu'à la fin du vingtième siècle la balistique avait fait de tels progrès et les appareils d'extermination étaient devenus si meurtriers, que les gouvernements n'envisageaient qu'avec terreur l'effroyable responsabilité de la guerre.

« A cette époque, quelques différends internationaux, réglés par voie d'arbitrage, ayant donné d'excellents résultats, l'idée du désarmement pénétra peu à peu dans les esprits.

« Le terrain était ainsi préparé, lorsqu'une circonstance providentielle permit d'assurer à jamais la paix générale.

« La Turquie, qui pendant deux siècles avait été le brandon de la discorde européenne, venait d'être neutralisée.

« Soudain une idée simple et d'une efficacité absolue se fit jour.

« On comprit qu'aucune agitation politique ne serait possible en Europe, si à Constantinople, dans la position stratégique la plus favorable qui soit au monde, les nations possédaient une armée et une flotte, équipées à frais communs, prêtes à fondre comme l'éclair sur le premier qui tenterait de troubler la paix publique.

... Dont les manœuvres se réduisaient à la pratique effrénée de la pêche à la ligne.

« La mesure, si radicale qu'elle parût à nos ancêtres, ne rencontra, il faut le dire à leur honneur, que peu d'adversaires, qui finirent du reste par adopter l'avis général.

« Après cinq années de délibération, on se mit à l'œuvre.

« Deux ans plus tard, une formidable armée européenne occupait la Turquie et était chargée de la police du vieux continent.

« Le résultat fut admirable. Le désarmement général fut opéré en quelques mois. Pendant trente ans, l'harmonie fut si parfaite que, d'un commun accord, l'armée fédérale fut réduite de moitié.

« Après une nouvelle période de tranquillité absolue, elle fut encore diminuée dans la même proportion, et ainsi de suite, de telle sorte qu'à la fin du vintg-deuxième siècle la force publique chargée de veiller sur la sécurité de l'Europe comptait quelques centaines de marins et de soldats, dont les manœuvres se réduisaient à la pratique effrénée de la pêche à la ligne sur les rives du Bosphore.

« Comme on ne songeait nullement à combler les vides que l'âge ou les refroidissements opéraient dans cette troupe vénérable, elle finit par s'éteindre peu à peu sans que personne s'aperçût de sa disparition.

« Toutes les questions internationales continuèrent à être tranchées par des tribunaux indépendants, et il est sans exemple que les intéressés, même à l'époque où rien ne menaçait leur tête, aient cherché à se soustraire à la décision des arbitres.

« On finit par prendre l'habitude de regarder Constantinople comme la véritable capitale de l'Europe, et des Congrès annuels destinés à resserrer les liens d'amitié qui unissaient déjà tous les peuples y furent institués et y fonctionnent encore aujourd'hui. Voilà, Messieurs, comment furent fondés les États-Unis d'Europe.

« L'harmonie profonde, la paix inébranlable, l'estime et la sympathie réciproque des nations, ne furent pas les seuls bienfaits qui résultèrent de cette grande et pacifique révolution.

Cinq millions d'hommes furent rendus à l'agriculture, à l'industrie, au commerce maritime, aux arts et à la science. Le travail s'accrut dans une proportion formidable, et un débordement considérable de bien-être se répandit sur le monde occidental. Partout les impôts furent allégés, malgré le développement extraordinaire des grands travaux d'utilité générale et la formidable impulsion donnée à l'instruction publique.

« Les bibliothèques, les laboratoires, les musées et les écoles se multiplièrent à l'infini, et il n'y eut bientôt plus de bourgade dans les coins les plus reculés de l'Europe qui ne s'énorgueillît d'une académie locale, où toutes les questions scientifiques, littéraires, économiques et industrielles étaient traitées tour à tour.

« Telles sont, mon jeune ami, conclut Herber en s'adressant à Gédéon, les opinions de l'école historique contemporaine sur les principaux événements qui préparèrent et déterminèrent la formation des États-Unis d'Europe. »

CHAPITRE XXIII

LE PONT-NEUF. QUESTIONS MÉTÉOROLOGIQUES. LE GULF-STREAM.

Quelques moments après, les convives quittaient la table. Herber, retenu par ses fonctions, souhaita une bonne promenade à ses amis et s'éloigna en se dirigeant vers les bâtiments intérieurs.

Antius et ses compagnons, après avoir pris congé de leur gracieuse hôtesse, sortirent à leur tour.

Cinq minutes plus tard, les voyageurs, réunis au pied de l'escalier monumental de l'école, tenaient conseil pour déterminer le point vers lequel ils dirigeraient leurs pas.

« Descendons jusqu'au fleuve, proposa Gédéon ; nous serons à peu près au centre de la ville, et dès lors il sera facile de prendre une décision.

— Tu raisonnes comme Pythagore, » dit Terrier.

Antius approuva du geste, et les trois hommes s'engagèrent sur la pelouse du square, qu'ils traversèrent en ligne droite.

Ils n'avaient pas fait cent pas, qu'une ombre gigantesque, qui s'avançait sur eux avec la rapidité de la foudre, les fit reculer d'un mouvement instinctif.

« Ce n'est qu'un ballon, » dit tranquillement le jeune homme, en désignant un aérostat qui fendait l'air au-dessus de leurs têtes et dont l'ombre projetée courait maintenant sur le faîte des arbres.

« Mais, à propos, ajouta-t-il en s'adressant au physicien, je ne suis pas fâché de pouvoir aujourd'hui mettre en déroute les savants d'autrefois.

— En quoi ? demanda le professeur, pour qui cette proposition, en raison des capacités scientifiques de son auteur, paraissait le comble de l'extravagance.

— Je croyais, il y a mille ans, et cela pour vous l'avoir entendu dire, que seuls les corps plus légers que l'air pouvaient se maintenir dans l'atmosphère.

— Je n'ai jamais affirmé une absurdité semblable, déclara le professeur.

— En ce cas, je l'aurai rêvé, avoua philosophiquement le jeune homme, qui rompait volontiers sur les questions de cette nature.

— Ou plutôt tu as prêté un sens absurde à l'énoncé d'un principe que personne n'a jamais contesté.

— Lequel, s'il vous plaît ?

— Celui-ci : Un corps suspendu dans un fluide ne se trouve en équilibre que lorsque son poids est égal à celui du fluide déplacé.

— Si les poids sont égaux, ils ne sont pas différents, riposta Gédéon, avec une certaine assurance.

— J'ai dit un corps en repos, et non un corps en mouvement. Pour ce dernier cas, je vais te convaincre par un argument tellement banal qu'il sera peut-être à ta portée.

— Je vous remercie bien.

— Un aigle pèse de quatre à cinq kilogrammes et ne déplace pas dix grammes d'air. Or de tout temps, je crois, les aigles ont volé.

— Obscur, mais juste, conclut Gédéon.

Les voyageurs pénétraient en ce moment dans l'avenue qui conduisait au fleuve. Dix minutes plus tard, la majestueuse nappe d'eau se déroulait devant eux.

Ils marchaient depuis quelque temps, en suivant dans le sens du courant la magnifique allée qui bordait la rive gauche de la Seine, lorsque le jeune homme, qui ne quittait pas des yeux le cours de l'eau, donna tout à coup des signes d'agitation extraordinaire, puis, sans prévenir ses compagnons, se mit à courir en avant.

« Serait-il pris subitement d'un accès d'hydrophobie ? s'écria le docteur, fort surpris par cette manœuvre, qui avait fait tourner la tête à quelques passants.

— Je ne crois pas, répondit gravement le physicien ; la vue de l'eau ne le mettrait pas ainsi en délire. »

Cependant Gédéon s'était arrêté et leur faisait signe d'accourir.

A mesure que les deux savants approchaient, leurs yeux découvraient progressivement une ligne étincelante qui traversait le fleuve à 800 mètres en aval. Bientôt, leurs regards plongeant obliquement sur la rivière, ils purent compter quinze arches surbaissées, sous lesquelles s'écoulait lentement la nappe d'eau.

« C'est la vue de ce pont, qu'on pourrait croire construit d'un seul daimant, qui a rendu notre jeune homme épileptique, dit Terrier.

— Que pensez-vous de ce pont en glace, en plein été, cria Gédéon, posté à dix pas en avant.

— En glace ? Tu veux dire en verre, je pense, fit Antius.

— C'est assez visible, ajouta le physicien. »

Curieux de voir de près l'œuvre étonnante qui resplendissait devant eux, les voyageurs pressèrent le pas.

Ils n'avaient pas fait cent mètres, que le pont de cristal, à leur grand étonnement, perdit tout à coup sa transparence et prit la teinte rouge éclatante du rubis.

« Que pensez-vous de ce changement de décor ? demanda le jeune homme à ses campagnons.

— Rien encore, » répondit Antius, pendant que le physicien, silencieux, cherchait l'explication du phénomène.

Bientôt après, le pont jetait un dernier reflet de pourpre et brillait subitement des feux verts de l'émeraude.

« Ma foi, on dirait un arc-en-ciel qui déroule peu à peu sa ceinture sur le fleuve, dit Gédéon.

— J'ai enfin résolu la question, prononça Terrier en s'arrêtant. Nous sommes en présence d'une masse de verre irisé, qui prend des teintes diverses à mesure qu'on change de point de vue. Ce phénomène curieux a été observé pour la première fois vers la fin du dix-neuvième siècle et est dû à quelques perturbations qui s'étaient produites accidentellement dans une coulée. Aujourd'hui, on utilise cette propriété remarquable. »

Les trois hommes reprirent leur marche et virent tour à tour resplendir devant eux toutes les couleurs du spectre solaire.

Dix minutes plus tard, ils se trouvaient à la tête du pont et pouvaient l'admirer dans tous ses détails.

La chaussée était recouverte par une épaisse lame de caoutchouc, et la marche devenait subitement douce et élastique.

Cette merveille architecturale présentait dans son ensemble un caractère particulier de simplicité, rehaussée par des lignes d'une élégance irréprochable.

Les parapets semblaient jetés d'une seule pièce, car aucune soudure ne se voyait d'une rive à l'autre.

Vers le milieu du pont, un bourgeois qui regardait tranquillement couler l'eau leur apprit qu'ils se trouvaient sur le Pont-Neuf, monument coulé sur place, qui conservait toujours son titre, quoique âgé déjà de deux cents ans.

« On avait proposé de couler des maisons de verre, ajouta-t-il, mais nous ne sommes plus à l'âge heureux où le sage aurait pu braver tous les regards.

— Voilà le premier misanthrope que nous ayons rencontré en ce monde, » dit Gédéon à voix basse.

Les voyageurs émerveillés passèrent sur la rive droite et remontèrent le cours du fleuve en suivant la rive.

La chaleur était accablante. Les effluves de l'air brûlant miroitaient le long de la rampe de l'avenue, et un silence morne régnait sous le feuillage immobile.

Antius proposa à ses compagnons de prendre un moment de repos. Les trois hommes se laissèrent tomber sur un banc de la promenade.

Quelques voitures électriques, roulant silencieusement sur la chaussée et chargées de voyageurs haletants, animaient seules ce panorama torride.

Après une demi-heure de halte, les étrangers, poursuivant leur chemin, s'engagèrent dans un quartier inconnu.

Ils marchaient depuis une heure au milieu de magnificences sans cesse renouvelées, lorsque Antius, s'épongeant le front, s'adossa contre un marronnier gigantesque.

« Nous sommes loin de l'école, dit-il. En outre, sous ce ciel brûlant, nous sommes forcés de marcher avec lenteur ; il faut donc retourner sur nos pas.

— Ma foi, dit Terrier, j'ai la gorge desséchée, et toi, Gédéon ?

— Il me semble que ma poitrine est pleine de charbons ardents, répondit le jeune homme. Mon Dieu, que je voudrais trouver sur notre chemin un simple marchand de coco !

— Mais, fit Antius, il me semble que j'aperçois un café sur le côté gauche de ce boulevard, et, quoique nous ne devions user qu'avec une extrême modération de l'argent qui nous est confié, nous ne devons pas hésiter à aller nous rafraîchir. »

Le conseil fut adopté. Dix minutes plus tard, les trois voyageurs étaient attablés à l'ombre devant un établissement fort luxueux, dont la terrasse était ornée d'un triple rang de plantes exotiques.

La présence de quelques palmiers, emprisonnés dans des caisses rectangulaires pleines de terre végétale, avait suggéré au propriétaire du café l'idée simple et logique de son enseigne, sur laquelle on voyait en lettres flamboyantes ces trois mots : Café des Palmiers.

Un consommateur qui avait précédé les voyageurs de quelques minutes et avait pris place à quelque distance pressa un bouton électrique fixé sur le côté de la table qui était devant lui. Une jeune femme apparut sur le seuil de la porte. Sur un signe du client, elle disparut dans l'intérieur, puis revint avec un plateau chargé.

« Voilà qui est extraordinaire, dit Gédéon, les garçons maintenant sont des filles.

— Qu'allons-nous prendre? interrogea Antius. Il ne faudrait pas demander des choses qui n'existent plus et nous rendre ridicules.

— Le plus simple est de nous renseigner, proposa Terrier.

— Sans en avoir l'air, ajouta Gédéon. Il ne convient pas de donner ici une édition posthume de *la Cagnotte* au théâtre du Palais-Royal.

— Mademoiselle, demanda Antius à la jeune fille qui s'approchait, portant à la main une serviette, richement ouvrée, de phormium tenax, quelles sont les consommations les plus demandées par cette chaleur?

— Messieurs, on prend beaucoup en ce moment du sirop de cédrat glacé, à l'essence de vanille.

— Veuillez nous en servir, je vous prie. »

La jeune fille revint avec un plateau chargé de trois larges coupes qui avaient été creusées dans d'énormes rubis.

« Il ne serait pas prudent de casser ici la vaisselle, fit observer le professeur.

— Cette pierre est sans doute aujourd'hui fabriquée artificiellement, » remarqua Antius.

Gédéon portait déjà son breuvage à ses lèvres.

« Je te préviens qu'il y a une bonne fluxion de poitrine au fond de ce vase, » s'écria le docteur en l'arrêtant.

Après quelques minutes de repos, les voyageurs commencèrent à déguster lentement la liqueur délicieuse qui était devant eux.

Un groupe de consommateurs, ruisselants comme des dieux marins, vint s'asseoir à quelques pas.

« Quelle température accablante! s'écria l'un d'eux, pendant que son voisin commandait une boisson identique à celle des étrangers.

— Oui, mais nous allons enfin avoir un peu de fraîcheur, dit un autre. L'Académie des sciences a pris ses dispositions pour que nous ayons de la pluie dans vingt-quatre heures. »

Gédéon fit un soubresaut. Les deux savants prêtèrent l'oreille.

« Est-ce que les membres de ce corps savant vont, comme les

sorciers nègres, se livrer à des incantations? demanda le jeune homme.

— Tais-toi et écoute, dit brusquement le docteur à voix basse.

— Elle a décidé que ce soir vingt aérostats monteraient dans les régions supérieures et fourniraient chacun une cinquantaine de détonations formidables de nitro-glycérine au milieu des vapeurs, qui ne tarderaient pas à se résoudre en pluie. L'action doit s'étendre sur un cercle d'au moins trente myriamètres carrés.

— L'an dernier à pareille époque, raconta un quatrième, on a déterminé des pluies torrentielles qui ont duré deux jours.

— Les conditions météorologiques sont bien modifiées ici, reprit le premier. Il paraît qu'autrefois, avant la déviation du Gulf-Stream, Paris pendant l'hiver était couvert de neige. »

Le physicien eut un soubresaut qui attira vers lui les regards des consommateurs.

« Monsieur, demanda-t-il en se découvrant au personnage qui venait de parler, voudriez-vous bien m'apprendre quelle est la température moyenne de cette région?

— Seize degrés huit dizièmes, Monsieur, répondit l'interlocuteur en s'inclinant.

— Elle a donc augmenté de six degrés en quelques siècles ? poursuivit le second.

— Oui, Monsieur, depuis le changement de direction du Gulf-Stream, qui baigne maintenant les côtes de France et permet de prendre des bains de mer tièdes au mois de janvier.

— Je vous remercie, dit Terrier.

— La nature a donc eu aussi ses révolutions ? » murmura-t-il d'un air pensif.

Quelques moments après, un jeune homme à mine intelligente et éveillée vint s'asseoir à côté d'eux.

Tout en dépliant un journal grand comme une porte cochère, le nouveau venu commanda du xérès glacé à une seconde jeune fille, qui venait de paraître sur le seuil de la porte.

« Monsieur, demanda tout à coup Antius au jeune citadin, qui parcourait déjà la première page, le service des établissements publics est-il fait habituellement par des femmes ?

— Oui, Monsieur, répondit le jeune homme en s'inclinant. Tous les travaux qui n'exigent pas une certaine force physique sont généralement confiés au beau sexe.

— Une information encore, s'il vous plaît.

— Je suis à vos ordres, dit poliment le jeune homme en déposant sa feuille.

— Nous sommes étrangers, et, voulant nous conformer aux usages des pays que nous traversons, principe qui doit être la première règle de conduite d'un voyageur, nous voudrions savoir quel est le pourboire que l'on donne d'habitude aux gens de service.

— Je ne comprends pas bien ce que vous me faites l'honneur de me demander, Monsieur, fit le jeune homme d'un air étonné.

— N'est-il pas d'usage de donner une légère gratification aux gens qui vous servent?

— Ce procédé serait extrêmement blessant, Monsieur, et je ne vous conseille pas de l'employer en aucun point du continent. Chacun ici se considère avec raison comme l'égal de tous et rougirait de se faire payer deux fois un service.

— Je vous remercie, Monsieur. »

Le jeune homme reprit sa lecture, puis un moment après jeta sur la table le prix de sa consommation, salua les étrangers et s'éloigna.

« Il est temps de partir, » dit Antius, entendant sonner cinq heures à une grande horloge électrique, fixée au-dessus de la porte d'entrée.

Gédéon appuya sur le bouton d'ivoire, et la première jeune fille accourut.

Le docteur fouilla dans sa poche et, après quelques mouvements nerveux, parut tout à coup fort embarrassé.

« Nous serions dans une belle situation si vous aviez perdu la bourse, » fit le jeune homme.

Obligé de se livrer à une manœuvre familière aux gens distraits, le savant commença à vider ses poches. Il sortit successivement un foulard, un portefeuille, un agenda, un étui à lunettes, deux brochures et un catalogue.

« Ce n'est pas avec ces pièces antédiluviennes que vous comptez payer la consommation? s'écria son neveu avec inquiétude.

— Monsieur, dit la jeune fille du ton le plus aimable, ne vous préoccupez pas de l'oubli de vos valeurs; vous payerez lorsque vos affaires vous ramèneront de ce côté; en outre, si vous avez besoin d'une somme quelconque pour poursuivre votre promenade, la caisse de l'établissement est à votre disposition.

— Je vous remercie, mon enfant, et vous suis fort obligé, répondit chaleureusement le docteur; mais, ajouta-t-il, je suis maintenant hors d'embarras. » Et il exhuma le carnet, dont une ferrure s'était attachée au fond de sa poche.

Le compte ayant été facilement réglé, les voyageurs se mirent en marche vers le boulevard.

A l'aide de quelques indications que les passants leur fournirent avec une urbanité parfaite, ils prirent le chemin de l'école.

Ils traversèrent de nouveau le fleuve. Six heures sonnaient au pavillon au moment où ils mettaient le pied dans la cour d'honneur.

Herber vint à leur rencontre et les conduisit à la salle à manger, où sa femme donnait ses derniers ordres.

Le voyage de l'après-midi servit de texte à la conversation du dîner.

L'instituteur donna les détails les plus intéressants sur le pont de cristal.

« Au point de vue de la solidité, dit-il, cette œuvre d'art l'emporte sur toutes les autres de même nature, car elle est en réalité formée d'une seule pièce homogène. Aussi les procédés des ingénieurs du vingt-septième siècle qui l'ont construit sont-ils encore aujourd'hui conservés dans toute leur intégrité.

« A mesure que les blocs de verre sont apportés, les faces qui doivent être soudées sont mises en regard et ne sont séparées que par des grilles de platine à mailles serrées, que le passage du courant électrique porte en quelques secondes au rouge-blanc. Le verre fond superficiellement, la toile métallique est enlevée, et les deux plans à l'état fluide sont en contact. La soudure est dès lors absolue.

« Cet emploi du verre rend d'immenses services, car il permet de jeter des ponts indestructibles sur des gouffres qui jusqu'alors avaient défié tous les efforts du génie humain. »

Sur la demande de ses convives, le maître d'école exposa ensuite les variations du Gulf-Stream, ce fleuve chaud et vivifiant qui coule à pleins bords au milieu de l'Atlantique. Sa direction s'était peu à peu inclinée vers l'est et avait élevé notablement la température moyenne de l'Europe occidentale.

« La mer, toujours tiède sur les côtes de France, baignait, sur une étendue de trois cents lieues, une ceinture brillante de villas noyées dans une verdure perpétuelle. L'hiver, qui n'était plus qu'une expression astronomique, avait fui définitivement devant un printemps doux et lumineux.

« Le dimanche, ajouta l'instituteur, plusieurs convois de ballons, chargés de voyageurs, partent pour tous les points de la côte, qui est devenue la véritable banlieue de Paris.

— Pourquoi n'a-t-on pas choisi cette cité miraculeuse pour la capitale du monde ? s'écria Gédéon, dont l'imagination était surexcitée au plus haut point par tous ces récits merveilleux.

— Paris, mon jeune ami, est toujours la capitale de l'État ou, si vous le préférez, de la France, répondit Herber. Il n'a même tenu qu'à nous d'obtenir l'honneur dont vous parlez. Mais, obéissant à des considérations de l'ordre le plus élevé au point de vue général, nous avons proposé nous-mêmes Constantinople pour le siège du gouvernement central, et cette générosité

« La mer, toujours tiède sur les côtes de France... »

nous a conquis la sympathie de tous les peuples, qui proclament à l'envi et sans arrière-pensée notre suprématie intellectuelle.

« Nous sommes toujours les premiers représentants de ces races latines, qui, au point de vue de l'abstraction et de l'expansion des idées, ont été jusqu'à présent l'âme de l'humanité. »

Les étrangers, absorbés par les réflexions qu'avaient fait naître dans leur esprit ces bouleversements politiques, restaient silencieux.

La voix harmonieuse de madame Herber les arracha à leurs méditations.

« Messieurs, dit la jeune femme en montrant une corbeille pleine d'énormes grappes de raisins muscats qu'on venait d'apporter sur la table, voici quelques échantillons des vignes des hauts plateaux du Soudan. On les a pris ce matin à la Halle aux fruits. — Mais, ajouta-t-elle, ces messieurs n'ont pas encore visité les Halles.

— Je me mets à leur disposition pour les y conduire demain matin, si toutefois ils sont curieux de visiter notre grand entrepôt gastronomique, » proposa l'instituteur.

Les voyageurs accueillirent l'offre avec empressement.

« Messieurs, dit la jeune femme, en montrant une corbeille... »

Après le repas, les visiteurs descendirent sur la pelouse de la cour d'honneur.

La conversation, qui durait depuis longtemps, fut interrompue par un courrier de Guillaume Dryon, qui apportait à Herber et à ses hôtes une invitation pour le jeudi soir.

« Nous nous y rendrons en sortant de la grande séance de l'Institut, » dit le maître d'école.

Après avoir fixé le moment du départ pour les Halles à neuf heures du matin, Herber prit congé de ses hôtes, qui rentrèrent dans leur appartement.

CHAPITRE XXIV

LES HALLES

Le lendemain matin, au moment où neuf heures sonnaient à l'horloge du musée scolaire, les étrangers, frais et dispos, réunis depuis un moment devant la balustrade qui dominait le square, virent arriver leur hôte, qui s'avançait à grands pas.

Ils se dirigèrent vers lui. Herber leur tendit les mains.

« Nous aurons un beau temps pour notre promenade, dit l'instituteur en montrant le ciel, dont le bleu éclatant n'était altéré par aucun nuage. »

Les quatre hommes descendirent l'escalier monumental et furent bientôt sur la pelouse.

Pour échapper aux torrents de flammes que le soleil versait sur leurs têtes, les voyageurs s'engagèrent sous la voûte ombreuse des arbres géants qui encadraient la place du Muséum.

Des myriades d'oiseaux au plumage brillant s'agitaient dans les branches et descendaient parfois se percher familièrement sur les bancs de la promenade, malgré la présence d'un assez grand nombre de citadins, qui interrogeaient les journaux du matin.

« *Le Globe* ne conservera pas longtemps ma clientèle, disait l'un d'eux, au moment où les voyageurs passaient devant lui.

— Serait-il mal informé sur quelque point ? demanda son voisin.

— Je ne l'accuse pas d'un fait aussi grave, mais il me donne ce matin des nouvelles d'hier connues de tout le monde.

— Les lecteurs d'aujourd'hui sont moins débonnaires que ceux d'autrefois, fit observer Gédéon à voix basse.

— Je les en félicite, répondit sur le même ton Antius, qui marchait près de lui. »

Herber et ses hôtes débouchèrent dans une avenue qui faisait un angle assez ouvert avec celle par laquelle ces derniers étaient venus trois jours auparavant.

Quelques moments après, une de ces gigantesques voitures publiques qu'ils avaient aperçues le premier jour arrivait sur eux à toute vitesse.

Sur un signe de l'instituteur, le mécanicien interrompit le courant, et les six roues, subitement emprisonnées dans des freins métalliques, glissèrent sur la voie.

Herber et ses hôtes passèrent à l'arrière de la voiture et, par le marchepied recouvert d'une épaisse couche de gutta-percha, montèrent sur la plate-forme.

La machine se remit à rouler en silence.

Précédant ses amis, le maître d'école leur fit visiter successivement les dispositions des deux premiers étages, réservés principalement aux femmes, aux enfants et aux gens d'un âge avancé.

Après avoir parcouru les galeries circulaires de ces régions, à peu près désertes en ce moment, ils montèrent sur la plate-forme supérieure, abritée par un large velum de toile rayée, sous lequel deux ou trois voyageurs étaient installés.

Les voyageurs prirent place sur des bancs recouverts d'épais coussins de cuir capitonné.

Tournant le dos à l'allée centrale, qui régnait dans toutes ces voies luxueuses, ils pouvaient saisir l'ensemble des habitations magnifiques qui bordaient l'avenue.

Depuis quelques instants, Gédéon donnait des signes manifestes d'étonnement qui n'échappèrent pas à l'instituteur.

« Je suis convaincu, mon jeune ami, dit-il, que quelque chose d'insolite a frappé vos regards.

— Vous l'avez dit, mon cher maître, répondit le jeune homme, et voici ce qui m'étonne. Sans regretter les boutiques et surtout les boutiquiers, je vous avouerai que je suis fort surpris de n'avoir encore aperçu aucun magasin sur ces magnifiques voies. Il est probable que nous sommes loin du centre des affaires.

— Nullement, mon cher ami, et, au point de vue qui vous occupe, Paris est à peu près semblable d'un bout à l'autre. Chacun achète ce dont il a besoin dans les entrepôts, où le choix est immense et le prix de chaque marchandise établi avec équité.

« Il y a longtemps que nous avons rompu avec ce parasitisme multiple et dévorant, grâce auquel la matière brute ou manufacturée n'arrivait au consommateur qu'après avoir passé par huit ou dix mains au moins inutiles, qui prélevaient chacune un profit. Il en est résulté pour nous un abaissement notable dans le prix de tous les objets.

« Vous n'apercevez même aucun atelier sur notre chemin, car, en raison de la commodité des transports, ces établissements fonctionnent tous à quelque distance de la ville, où ils trouvent tous les éléments désirables d'installation. »

En ce moment, la voiture passait, rapide comme un projectile, devant la dernière maison de l'avenue, et le merveilleux panorama du fleuve et de ses rives s'offrit à leurs regards. Bientôt ils se trouvaient sur le pont et pouvaient saisir l'ensemble de la majestueuse nappe d'eau.

La voiture, poursuivant sa marche, se lança dans un boulevard nouveau, qui formait la dernière branche d'une triple avenue répondant à la tête du pont.

Après une course de quelques minutes, elle s'arrêta devant une pelouse au fond de laquelle se dressait une sorte de construction cyclopéenne.

« Messieurs, voici la Halle, » dit Herber en désignant le monument.

L'immense marché formait un carré se développant sur un côté de huit cents mètres. Au centre de la façade, une galerie large et élevée traversait le monument dans toute son épaisseur. Le fronton de la voûte, surélevé de quelques mètres et orné de reliefs mythologiques, était dominé par une énorme statue de l'Agriculture.

Couronnant l'édifice, une tour octogonale de marbre rose, entourée de colonnes de porphyre, supportait un groupe gigantesque représentant les quatre parties du monde, soutenant le globe terrestre.

Toutes les nervures de l'édifice étaient en fonte malléable, étincelante comme de l'argent poli. Le revêtement était établi en briques et en marbre polychrome.

Les visiteurs se dirigèrent vers la galerie.

Au moment de pénétrer sous la voûte, l'instituteur proposa de visiter successivement les marchés des fruits, du poisson, de la volaille et de la boucherie.

« Par quelle voie arrivent tous ces approvisionnements, que je suppose très considérables ? demanda Antius.

— Par des tubes cylindriques souterrains qui vont les prendre à deux lieues de la ville dans les docks généraux, répondit Herber. C'est là que s'opèrent les déchargements des ballons arrivant de toutes les parties du monde. A peine arrivées dans les caves de la Halle, ces marchandises sont élevées par des machines électro-motrices, qui les distribuent à leurs places respectives.

« D'autre part, les maraîchers suburbains, dont l'habileté proverbiale est surexcitée par une concurrence formidable, sont desservis par un roulage électrique spécial, qui arrive au marché par les tunnels établis sous la voie publique. Cette exclusion *extra muros* est nécessitée par le maintien de l'extrême propreté de la ville. »

Les promeneurs avaient pénétré sous la voûte et se trouvaient au milieu d'une foule agitée.

Herber entraîna ses compagnons vers la droite : en quelques pas ils se trouvèrent sur le seuil d'une salle immense, où les fruits les plus magnifiques, les plus rares et les plus savoureux étaient disposés en pyramides hautes, épaisses et pressées.

A peine pouvait-on apercevoir les marchandes, qui, au milieu de ce débordement végétal, trônaient avec dignité, sans harceler le client et surtout sans engager ces colloques légendaires de leurs congénères d'un autre âge, plus remarquables par le pittoresque que par l'aménité.

La modération des prix, établis en évidence, étonna d'abord les étrangers.

« Rien n'est plus logique, dit Herber. Le monde entier est cultivé aujourd'hui, et la navigation aérienne, répandant en tous lieux suivant les besoins les richesses du sol, maintient à la fois l'équilibre et le bon marché.

Des fruits exotiques, transportés à travers les régions fraîches de l'air avec une vitesse prodigieuse, tombaient sur le marché dans toute leur succulence et toute leur fraîcheur. Plusieurs étaient cueillis de l'avant-veille et présentaient le velouté humide du fruit sur l'arbre.

Le parcours de la salle fut un enchantement.

Le parcours de la salle fut un enchantement.

Des pyramides de noix de coco pleines d'un lait délicieux et d'ananas frais s'élevaient de plusieurs mètres.

Des amas de pêches, de raisins, de figues, de grenades, d'oranges et de citrons, cultivés dans les grands établissements du centre de l'Afrique, où la récolte précoce précédait de quelques mois celle des régions tempérées, s'élevaient de toutes parts et partageaient l'attention des acheteurs avec les produits tout aussi abondants des fermes colossales des pampas de l'Amérique du Sud.

Les voyageurs pénétrèrent dans le marché au poisson.

Dans cette nouvelle enceinte, tout le monde icthyologique était représenté, soit vivant et emprisonné dans des bassins de marbre pleins d'eau fraîche et dans des aquariums de cristal, remplis d'eau de mer, soit à l'état de nature morte, étendu sur des lits humides d'herbes aquatiques.

Les thons de la mer Saharienne, aux écailles brillantes, étendus en longues files, les énormes saumons de la Laponie, les anguilles des cours d'eau de l'Asie centrale et les lamproies du sud de l'Espagne, respirant encore, étaient particulièrement recherchés par les acheteurs.

Les variétés conchyologiques les plus diverses formaient de véritables murs, cimentés d'herbe humide, qui dominaient la tête des clients.

Une fraîcheur délicieuse régnait dans cette partie du marché, et le bruit de la foule était couvert par le bruissement intense d'une infinité de fontaines jaillissantes qui alimentaient les réservoirs.

Les quatre régions qu'avait énumérées le maître d'école étaient séparées par deux larges galeries se coupant à angle droit au centre de l'édifice.

Ce rond-point était orné d'un bassin monumental, couvert de cascades ruisselantes, dont les eaux, frangées d'écume, noyaient à moitié un cortège varié de naïades, de dieux et de monstres marins, qui projetaient d'épaisses gerbes liquides dans toutes les directions.

Le bassin était entouré d'une couronne de gazon d'un vert éclatant, autour de laquelle était disposée une chaîne de bancs à dos renversés, sur lesquels s'étalaient en ce moment plusieurs groupes de clients de ce gigantesque musée gastronomique.

Herber et ses compagnons traversèrent l'allée qui les séparait du pavillon de la volaille.

Ici, le bruit léger et argentin des chutes d'eau était remplacé par les cris assourdissants de plusieurs milliers de volatiles, indigènes ou exotiques, transportés vivants et continuant à picorer dans des cages d'une longueur infinie.

Les fermes, les bois et les forêts du monde entier avaient envoyé leur tribut dans la ville reine de l'Occident.

Des montagnes de caisses de cailles fraîches, arrivant des hauts plateaux asiatiques, et des bandes de perdreaux du Cap, disposés en rangs pressés, tellement longs que les pièces du centre paraissaient aussi exiguës que des oiseaux-mouches, attirèrent particulièrement l'attention du docteur.

« La navigation aérienne, dit Herber, met chaque jour à notre portée des substances, qui autrefois ne pouvaient arriver sur nos tables qu'à des moments déterminés. Le gibier est aussi abondant ici pendant l'été que pendant l'hiver, car il nous vient en droite ligne des contrées du monde austral qui sont sous la neige, pendant que nous sommes sous les feux les plus ardents du soleil. »

Les voyageurs, tout en marchant sous un plafond sans fin de lièvres et de bécasses, longeaient un mur d'oies grasses originaires des fermes de la Patagonie, dont l'aspect eût ravi le maître d'hôtel de Gargantua.

En quittant ce tunnel extraordinaire, Herber et ses hôtes gagnèrent le pavillon de la boucherie.

Indépendamment des plus beaux spécimens de l'élevage indigène, ils remarquèrent des hécatombes de bisons, de chevreuils, d'antilopes et d'une foule d'animaux autrefois sauvages et maintenant domestiqués, que de savantes méthodes d'engraissement avaient portés à un état de perfection incomparable.

Les visiteurs marchaient depuis une heure et demie, et n'avaient vu qu'une faible partie de l'immense entrepôt où la ville entière venait s'approvisionner.

L'extrême facilité des communications, en supprimant la distance, avait amené progressivement ces concentrations de produits, qui, en mettant le consommateur en relation directe avec le producteur, avaient fait suivre plus de chemin au problème économique que tous les in-folio écrits sur la matière depuis six cents ans.

Onze heures sonnaient lorsque Herber ramena ses hôtes vers l'avenue.

Les quatre hommes montèrent dans la première voiture qui se présenta. Vingt minutes plus tard, tous les convives étaient réunis autour de la table hospitalière du maître d'école.

CHAPITRE XXV

LA NÉCROPOLE

Après le déjeuner, Herber, retenu par ses fonctions, souhaita une bonne promenade à ses amis et s'éloigna vers les bâtiments inférieurs de l'école.

Les voyageurs, après avoir pris congé

de leur charmante hôtesse, descendirent sur le square. Ils délibéraient depuis quelque temps sur le chemin qu'il convenait de suivre, lorsque Gédéon prit la parole.

« J'ai une idée, s'écria-t-il.

— Tu m'étonnes, fit Antius.

— J'aurais même pu dire : une bonne idée, poursuivit le jeune homme sans se déconcerter. Par exemple, je crains bien qu'elle ne soit pas accueillie par mon oncle avec tout l'enthousiasme qu'elle mérite.

— Alors, garde-la pour toi, répliqua le docteur d'un ton bourru.

— Il ne serait pourtant pas impossible qu'elle lui parût originale.

— De quoi s'agit-il ? demanda le physicien, intrigué par toutes ces précautions oratoires.

— A l'autre extrémité de la place, dit Gédéon, se trouve un monument devant lequel vous avez passé déjà sans y prendre garde et qui porte comme enseigne ce mot éloquent : Nécropole.

— Allons le visiter, s'écria le docteur en avançant le pas dans la direction indiquée.

— Comment, fit son neveu en s'élançant derrière lui, vous ne craignez pas d'aller inspecter une colonie que vos exploits ont tant contribué à développer ?

— Tu ressembles à tous ceux qui disent du mal de la médecine, répondit Antius en poursuivant sa marche. Dès qu'ils ont un rhume de cerveau, ils convoqueraient volontiers toute la Faculté. »

Le physicien, qui les avait rejoints, sourit d'un air incrédule ; mais, sentant que toute réflexion ne servirait qu'à attiser le feu, il se contenta de dire : « Après tout, il est intéressant de savoir comment nos arrière-neveux ont traité les résidus de leurs ancêtres. »

Le vaste square était rempli d'une fraîcheur délicieuse, et un grand nombre de citadins, renversés sur des sièges confortables, causaient entre eux ou lisaient les journaux. L'air était plein du murmure des fontaines jaillissantes, que dominaient par moments les cris joyeux des oiseaux cachés dans le feuillage.

Les voyageurs traversèrent la pelouse et s'engagèrent de nouveau sous la voûte ombreuse des arbres séculaires qui entouraient la place du Muséum.

Après avoir fait une centaine de pas, ils aperçurent devant eux un superbe portique dont les hautes colonnes produisaient un effet saisissant. A mesure qu'ils avançaient, la façade de l'édifice se déroulait progressivement, et bientôt ils purent en saisir l'ensemble grandiose et majestueux.

Un grand nombre de citadins, renversés sur des sièges confortables...

Quatre étages de colonnes corynthiennes couplées, disposées de la base au sommet de l'édifice dans un ordre de grandeur décroissante, décoraient le monument dans toute son étendue. De vastes baies cintrées, encadrées dans des sculptures fouillées avec art, s'ouvraient entre les colonnes et étaient traversées par d'éclatantes draperies de soie rose, qui interceptaient en partie la lumière du jour.

Au fronton du portique, le mot Nécropole se détachait en grandes lettres d'or sur un cadre de marbre noir. Le monument, isolé des palais voisins, était entouré d'une épaisse ceinture d'arbres magnifiques qui abritaient un océan de fleurs.

Les trois hommes étaient muets d'admiration.

Le physicien rompit le silence.

« Ce qui me frappe encore plus que la magnificence de ce gigantesque tombeau, dit-il, c'est l'absence de tout caractère qui pourrait éveiller des idées funèbres dans l'imagination des vivants.

— Ma foi, ajouta Gédéon, c'est à donner l'envie d'être mort.

— Entrons, dit Antius.

— Il faudrait d'abord savoir si cela est permis, » objecta Terrier.

En ce moment, des cris joyeux et de frais éclats de rire enfantins retentirent au fond du portique.

« Oh! s'écria le jeune homme en reculant d'un pas, les inventeurs d'aujourd'hui auraient-ils trouvé le moyen de faire amuser les trépassés?

— Poltron, répliqua le docteur, ne devines-tu pas que ce sont des enfants qui prennent leurs ébats dans l'intérieur du mausolée? »

Et il s'avança vers la porte à pas délibérés.

Les trois hommes pénétrèrent dans un vaste vestibule, décoré avec une richesse inouïe. Le joyeux tapage allait *crescendo*.

« C'est véritablement le monde renversé, fit Gédéon. Voilà le seul endroit de la ville un peu bruyant. »

A quelques pas, le docteur, qui avait repris les devants, s'arrêta soudain.

« Voyez, » dit-il en étendant la main.

Le professeur et le jeune homme avancèrent. Un curieux spectacle s'offrit à leurs regards.

Dans une vaste cour intérieure, couverte d'un épais tapis de gazon vert, une vingtaine d'enfants prenaient leurs ébats sous les yeux attentifs de quelques jeunes femmes. Celles-ci causaient gaiement, assises autour d'une admirable fontaine de marbre blanc, qui par moments disparaissait sous une brume compacte.

Les voyageurs pénétrèrent dans la cour, sans que leur présence parût provoquer la moindre attention chez ses joyeux habitants.

« Nos descendants se font de la mort une autre image que leurs ancêtres, dit le docteur. Remarquez combien l'admirable architectecture de cette cour intérieure est riante jusque dans ses moindres détails. Ce séjour est véritablement enchanteur, au moins quant à l'extérieur. Nous allons maintenant visiter les galeries, car c'est là le point le plus intéressant pour nous. »

Ils rentrèrent dans le vestibule. Un large escalier de marbre dépoli, en pente douce, conduisait au premier étage. Ils montèrent, et se trouvèrent bientôt sur un immense palier rempli de peintures et d'œuvres d'art. La fenêtre qui l'éclairait s'ouvrait sur un balcon, dont la rampe était soutenue par une longue rangée de colonnettes de pierre blanche.

En face de l'escalier, une haute porte cintrée portait à son fronton, gravées en lettres d'or, les deux dates :

2700-2800.

« Qu'est-ce que cela signifie ? demanda le jeune homme.

— C'est sans doute la galerie réservée aux morts du vingt-huitième siècle, » répondit Antius en se dirigeant vers l'entrée.

Ses deux compagnons le suivirent.

Le docteur poussa le battant d'un main assurée, et les trois hommes entrèrent dans une salle mesurant au moins deux cents mètres de long sur trente de large. Le plafond, légèrement voûté et peint en ciel lumineux, présentait en perspective une profondeur infinie.

Les quatre murs disparaissaient entièrement sous un revêtement d'urnes d'or, hautes d'un pied environ. Sur le plancher, une triple rangée de pyramides à faces multiples étaient chargées de la base au sommet de vases semblables aux premiers.

Chaque vase funéraire portait à sa partie centrale un cadre d'émail bleu, où étaient gravés le nom du défunt, la date de sa naissance et de sa mort, sa profession, les services qu'il avait pu rendre à la société par ses travaux, et les actes par lesquels il s'était signalé.

« Vous pouvez apprécier, dit tout à coup le docteur, quels immenses progrès la crémation a résolus, au triple point de vue de la salubrité publique, de la piété envers les morts et de la vérité historique.

« Ce palais immense, qui en étendue et en magnificence l'emporte sur

Ses deux compagnons le suivirent.

toutes les merveilles que nous avons admirées, peut loger somptueusement les restes de quinze millions d'individus. Enfermés dans des vases précieux, incorruptibles par leur essence, ces débris peuvent durer jusqu'à la fin des siècles. Chacun peut venir s'incliner ici devant ses aïeux et suivre du regard l'échelle ascendante de sa propre généalogie. L'historien trouve sûrement des preuves matérielles pour ses travaux, et les vivants ne sont plus à chaque instant menacés par les vapeurs pestilentielles que les cimetières saturés de cadavres exhalaient sans interruption.

« De tous les arguments mis en avant par les adversaires de l'incinération, ajouta le phycisien, le plus singulier, sans contredit, est celui qui s'appuyait sur l'impossibilité de pouvoir faire des recherches ultérieures sur les cas d'empoisonnement.

« Cette idée était aussi absurde au point de vue scientifique qu'au point de vue social. En premier lieu, l'état de résidu par combustion est, dans l'immense majorité des cas, éminemment favorable à l'analyse chimique, et, d'autre part, on ne peut admettre que les cas de mort violente soient assez fréquents, pour qu'on doive compromettre la santé publique. »

Les voyageurs, qui jusqu'alors étaient restés immobiles, s'avancèrent graves et recueillis, et arrivèrent au fond de la galerie. Sur leur gauche s'ouvrait une autre salle aussi vaste et aussi peuplée que la première. Elle portait les mêmes dates.

« Il est donc mort bien du monde dans le vingt-huitième siècle? demanda Gédéon. »

— Ces deux galeries, dit Antius, ne peuvent contenir le quart des restes qu'a légués tout un siècle. A notre époque, il mourait à Paris au moins quarante mille individus par an, ce qui fait quatre millions par siècle. Or nous n'avons pas encore vu un million de vases funéraires.

Les voyageurs poursuivirent leur marche et franchirent trois autres salles qui étaient comblées comme les premières. Ils avaient parcouru trois ailes du bâtiment, et se retrouvèrent à leur point de départ. La funèbre série du siècle précédent était entièrement épuisée. La galerie qu'ils venaient de quitter avait même été envahie par les morts des premières années du vingt-neuvième siècle.

Les deux savants, un peu fatigués, se jetèrent sur un divan adossé à la rampe.

« Pendant que vous vous reposez, dit le jeune homme, je vais donner un coup d'œil dans les parties supérieures de l'édifice. Je tiens à savoir si tous les étages sont habités. »

Quelques minutes plus tard, il redescendit comme une avalanche.

« C'est plein jusqu'aux combles, s'écria-t-il ; et, à mesure qu'on monte, les époques deviennent de plus en plus reculées. J'ai retrouvé des urnes du vingtième siècle, » dit-il lentement.

Et il attendit l'effet de sa découverte sur les deux savants.

« Alors cela ne nous intéresse pas directement, fit simplement Antius.

— Oui, mais cela m'intéresse, ou peut m'intéresser, répliqua Gédéon.

— Est-ce que tu crois que tes cendres sont là-haut, sous le toit ? demanda Terrier.

— Pourquoi pas ? Nous avons vu des choses bien plus fortes. J'y reviendrai.

— Si les cendres des générations qui nous ont immédiatement suivis sont renfermées dans des vases de métal précieux, fit observer le docteur, il est probable qu'elles y ont été déposées par la suite, car au vingtième siècle l'or était encore certainement très rare.

— L'uniformité des modèles, ajouta le physicien, indique suffisamment que les dépenses de cette nature sont aux frais de l'État.

— Nous allons descendre, si vous le voulez bien, proposa Antius. Nous visiterons en partie l'étage inférieur.

— Je ne serais pas fâché de voir les appareils de combustion, déclara le physicien.

— Pour mon compte, je n'y tiens guère, fit Gédéon ; leur vue me glacerait le sang. »

Les visiteurs descendirent au rez-de-chaussée. La cour intérieure était encore plus bruyante qu'au début.

Dans le vestibule, un homme, assis sur un banc de marbre, lisait attentivement son journal, en savourant un énorme cigare. A l'aspect des étrangers, le fumeur se leva et se dirigea vers eux.

« Messieurs, je suis un des gardiens du palais, dit-il. Je regrette beaucoup d'avoir été absent au moment de votre arrivée. J'aurais eu l'honneur de vous accompagner et de vous donner toutes les indications qui auraient pu vous être utiles.

— Nous vous rendons grâces, Monsieur, répondit Antius à l'obligeant personnage. Nous avons parcouru tout le premier étage, et nous sommes fort satisfaits de notre visite. Mais nous vous serions fort reconnaissants si vous vouliez nous dire ce que renferment les salles basses du palais.

— Messieurs, dit le gardien, l'aile gauche du monument est divisée en trois vastes salles destinées aux urnes du siècle présent. Les deux premières sont complètes, et la troisième est prête à recevoir ses hôtes. A droite se trouvent la bibliothèque et la salle des archives; cette dernière est spécialement affectée aux recherches historiques. En face de nous est la salle de l'état civil des habitants de Paris. Les généalogies ont été dressées avec le plus grand soin. Quelques-unes remontent au commencement du vingtième siècle.

— Les appareils d'incinération ne se trouvent donc pas ici? demanda le physicien.

— Non, Monsieur, ils sont à dix lieues de la ville. Les corps y sont transportés en ballon, et, dès qu'ils sont réduits en cendres, ils sont enfermés dans des urnes qui sont immédiatement scellées. Chaque semaine nous les recevons, et elles sont définitivement mises en place et cataloguées. J'espère, Messieurs, que vous me ferez l'honneur de donner un coup d'œil dans la salle de l'état civil, dont je suis spécialement chargé.

— Nous acceptons avec reconnaissance, Monsieur, » dit le docteur.

Le gardien s'avança vers la porte qui leur faisait face et poussa les deux battants, en se mettant de côté pour livrer passage à ses hôtes.

Les voyageurs pénétrèrent dans une salle richement ornée, dont les parois disparaissaient sous quatre murs d'in-folio reliés avec luxe. Chaque rayon portait une lettre indicatrice qui facilitait les recherches.

Une vaste table, recouverte d'un épais tapis de velours vert et entourée de fauteuils, était à la disposition de ceux qui venaient prendre connaissance des précieux documents.

Le docteur ne put s'empêcher de féliciter le gardien sur l'ordre admirable qui régnait dans le splendide salon où ils se trouvaient. Le fonctionnaire reçut les compliments avec une modestie mélangée de satisfaction.

Les voyageurs firent le tour de la salle.

Quelques moments après, ils remerciaient leur cicérone et quittaient la Nécropole, émerveillés de tout ce qu'ils avaient vu.

CHAPITRE XXVI

L'IMPOT-ASSURANCE

A six heures précises, les étrangers entraient dans la cour d'honneur de l'école.

Herber, assis à l'ombre, une brochure à la main, les attendait.

Suivant son habitude, l'instituteur s'informa avec bonté de la promenade de ses hôtes.

Les deux savants racontèrent, dans tous ses détails, l'étrange visite qu'ils venaient de faire, et témoignèrent tour à tour leur admiration pour les soins pieux que les vivants rendaient aux morts.

« L'incinération, Messieurs, telle qu'elle est pratiquée de nos jours, dit le maître d'école, soude intimement tous les anneaux de la chaîne des âges.

« Grâce à elle, aucune individualité ne reste absolument dans l'oubli ; elle crée en quelque sorte l'immortalité historique pour les plus humbles comme pour les plus illustres. Chacun peut venir s'inspirer des vertus ou des mérites de ses aïeux, quelque obscurs que soient ces derniers.

« Malgré l'évidente supériorité de ce système ou, pour être plus respectueux, de cette institution, elle ne devint générale qu'au vingt-deuxième siècle. Aujourd'hui, elle est adoptée exclusivement par tous les peuples et elle a tellement pénétré dans les mœurs, que ceux qui ne sont pas familiarisés avec l'histoire se refusent à admettre qu'en des temps même reculés on ait pu consentir à abandonner les corps à la corruption en les enfouissant dans le sol.

« Le respect de la mort est tel, à notre époque, qu'il n'y a pas de cité dans le monde entier où la demeure de ceux qui ne sont plus ne soit plus magnifique que celle des vivants. »

Le carillon de l'office se fit entendre, et les quatre hommes se dirigèrent vers la salle à manger, où madame Herber les accueillit avec son charmant sourire.

Pendant le repas, le ciel se couvrit peu à peu, et, au moment où les convives allaient quitter la table, quelques éclairs précipités illuminèrent les profondeurs de l'horizon. Bientôt, de larges gouttes d'eau commencèrent à tomber sur la terrasse.

« Voici enfin la pluie et sans doute la fraîcheur, dit Herber avec une satisfaction évidente.

— Cette perturbation atmosphérique est-elle le résultat des ébranlements déterminés la nuit dernière dans les régions supérieures? demanda Antius.

— Sans doute, répondit l'instituteur, et le résultat provoqué se fait rarement attendre davantage. »

Cependant le ciel devenait de plus en plus sombre. Tout à coup la pluie se mit à tomber avec violence.

« Ce changement brusque du temps, en dehors de tout courant atmosphérique appréciable et de tout abaissement de pression, déclara le physicien, est bien déterminé en effet par des causes locales.

— La sécheresse, qui persistait depuis deux mois dans nos régions, avait beaucoup inquiété les cultivateurs, dit Herber, et la décision prise par le Conseil météorologique de l'Académie des sciences n'est pas étrangère à ces appréhensions.

— Le gouvernement ne doit jamais perdre de vue ces questions, remarqua Antius, car, lorsque la récolte est mauvaise, les impôts ne rentrent qu'avec difficulté.

— Les impôts ? fit Herber.

— Sans doute. Tout le monde ne concourt-il pas aux charges de l'État ?

— Vous voulez parler de l'assurance ?

— Je ne saisis pas bien la portée de ce mot.

— L'assurance couvre toutes les dépenses d'ordre général, répondit l'instituteur.

« Il est bien évident que le Trésor public, qui s'écoule incessamment par deux artères capitales : l'enseignement et les travaux publics, doit être alimenté par la masse des citoyens.

« Or cet afflux universel se fait au moyen de primes variables payées régulièrement. En retour, l'État garantit à chacun non seulement une protection efficace et le maintien rigoureux de ses droits, mais encore en cas de désastre, occasionné par des causes indépendantes de la volonté, il indemnise l'assuré de toutes les pertes qu'il peut faire et de tous les dommages qu'il peut subir.

« Le capital de chaque citoyen est donc inébranlable, et j'entends ici par capital toutes les forces de production. Le savant, par exemple, tient dans son cerveau un capital aussi important que celui du millionnaire ; aussi sa prime d'assurance est-elle assez élevée. Que l'âge, la maladie ou un accident quelconque viennent enrayer ses travaux, l'État lui assure immédiatement la richesse.

« Par ce système, l'artisan est à l'abri de la misère, le capitaliste à l'abri de la ruine.

« Arrivé aux portes de la vieillesse, l'ouvrier ne voit plus se dresser devant lui le fantôme sinistre de la misère, car, du jour où l'instrument du travail devient trop lourd pour son bras, sa prime d'assurance lui garantit une existence facile, abondante et honorée jusqu'à la fin de ses jours.

« Je vous prie d'observer combien notre système économique est supérieur à ceux qui l'ont précédé.

« Il est honorable, car il constitue un contrat essentiel avec la société, contrat qui commence avec la vie et ne finit qu'avec la mort.

« Il est équitable, car il est proportionnel aux intérêts engagés.

« Enfin il repose sur un principe simple et vrai, car il est universellement approuvé. »

En terminant sa péroraison, Herber s'était avancé vers la fenêtre et avait jeté un coup d'œil sur le ciel, dont l'aspect diluvien devenait de plus en plus sombre, malgré les torrents d'eau qui tombaient sans relâche.

« Messieurs, dit-il, nous aurons de la pluie jusqu'à demain. Pour ce soir, à mon grand regret, nous serons forcés à renoncer à ces longues causeries du crépuscule, où je trouve tant d'agrément et tant d'intérêt. »

Quelques moments après, les étrangers, après avoir serré la main de leur hôte, regagnaient leur appartement.

Ils se réunirent dans le salon du docteur et tinrent conseil pour l'entrevue du lendemain.

Vers les onze heures, Antius fit entendre à ses compagnons que le moment du repos était arrivé, et, pour donner le signal de la retraite, il alla dégager de l'oreiller son majestueux couvre-chef.

Terrier et Gédéon, considérant cette manœuvre comme une injonction, se retirèrent aussitôt.

CHAPITRE XXVII

UNE ÉCOLE MODÈLE

Le lendemain matin, le physicien, en ouvrant les yeux, fut surpris par le miroitement des rayons du soleil, qui se jouaient dans ses rideaux.

« Le mauvais temps ne dure pas longtemps ici, dit-il avec satisfaction. Quoique le besoin d'eau se fît fortement sentir, mes collègues ont sagement mesuré la dose. On voit quelquefois arriver la pluie avec plaisir, mais on la voit toujours disparaître sans regret. »

Sur cet aphorisme, il se leva sans difficulté et procéda immédiatement à sa toilette.

Dès qu'il fut prêt, il se dirigea vers la chambre du docteur.

Il allait frapper légèrement lorsque l'horloge sonna huit heures.

« Si je ne m'abuse, observa-t-il, mon ami met en ce moment pied à terre. Donnons-lui le temps de classer ses rasoirs. »

Et il commença une promenade circulaire autour du vestibule.

Au premier quart, il piqua en ligne droite vers la porte d'Antius et frappa.

Le docteur, tout en s'épongeant, vint lui ouvrir.

« Bonjour, Terrier, fit-il. Je suis convaincu que, depuis notre réveil, les mêmes pensées nous agitent.

— Si vous voulez parler des deux événements capitaux : la séance à l'Académie, et notre présentation chez le nabab de l'Afrique centrale, vous êtes dans le vrai, répliqua le professeur.

— C'est bien exactement à ces deux choses que je pensais, déclara Antius. Dans le premier cas, nous allons jouer les rôles, vous de l'alchimiste Basile Valentin, moi de Paracelse, assistant à une séance académique à la fin du dix-neuvième siècle.

— Sans doute, répondit le physicien ; mais nous avons déjà vu tant de choses étonnantes, que nous pouvons maintenant tout entendre sans péril.

« Quant à la deuxième question, il faut reconnaître qu'elle est fort grave, car malgré, ou plutôt en raison de la splendeur de l'hospitalité que nous recevons, nous ne pouvons rester plus longtemps ici. »

Terrier approuva de la tête.

« Mais il y a un obstacle considérable au succès.

— Lequel ?

— La pauvre personnalité de mon neveu, cria le docteur en saisissant le bras de son interlocuteur, que peut-on en faire ?

— Ne vous inquiétez pas autant sur mon compte, s'il vous plaît, » répondit du corridor une voix claire.

Et le jeune homme entra brusquement.

« Ma foi, nous parlions de toi, dit Antius.

— Je le sais. Mais, lorsque vous aurez à me décerner quelque brevet de votre façon, mettez-y un peu plus de mystère. Il n'est pas nécessaire, en des cas pareils, de prendre tout le quartier pour confident.

— En somme, il sera toujours temps d'aviser lorsque nous serons en face des difficultés, remarqua Terrier, dont le caractère pacificateur se manifestait toujours en semblable occasion. »

Les voyageurs descendirent.

Au moment où ils mettaient le pied dans la cour d'honneur, Herber, sortant de l'aile opposée, arrivait vers eux à grands pas. Ils se portèrent à sa rencontre.

« Messieurs, dit l'instituteur en tendant les mains aux étrangers, je viens de recevoir nos cartes d'entrée pour la séance solennelle de l'Académie des sciences. »

Les voyageurs remercièrent chaleureusement leur hôte.

« Si je n'étais retenu par quelques travaux qui ne souffrent aucun retard, poursuivit le maître d'école, je vous accompagnerais avec plaisir dans la promenade que vous faites habituellement avant le déjeuner ; mais nous nous retrouverons à table.

— Je crois que le meilleur usage que nous puissions faire des deux heures que nous avons devant nous, proposa Antius, est de les consacrer à la visite des bâtiments scolaires, si toutefois, mon cher maître, vous n'y voyez aucun inconvénient.

— Vous êtes absolument chez vous, dit Herber, et je vais vous donner un guide.

— Nous vous remercions sincèrement pour l'offre, mais elle est superflue. Si vous le permettez, nous poursuivrons seuls l'inspection, qui aura tout le charme de l'imprévu.

— Vous avez raison, docteur, » répondit Herber en souriant ; et il s'éloigna.

Les voyageurs se dirigèrent vers le pavillon central, qu'ils laissèrent sur la droite. Après avoir franchi un escalier de quelques marches, ils traversèrent une large galerie et se trouvèrent dans la cour intérieure.

Abrités contre les rayons ardents du soleil par des arbres séculaires, ils avançaient vers le bâtiment principal, dont l'architecture grandiose se déroulait progressivement à leurs yeux.

Un silence profond régnait dans l'école.

« La nécropole est cent fois plus animée, » murmura Gédéon.

Les baies en plein cintre de la salle de gymnastique frappèrent les regards du jeune homme, qui attira ses compagnons vers la porte d'entrée.

Ils pénétrèrent dans une salle immense, où les appareils les plus variés et les plus ingénieux étaient disposés dans un ordre parfait. Au fond s'ouvrait une salle d'hydrothérapie.

En quittant le gymnase, les voyageurs entrèrent dans le bâtiment central, dont le rez-de-chaussée était occupé par les laboratoires de physique, de chimie et de sciences naturelles, déserts en ce moment.

L'abondance et la richesse des instruments frappèrent d'admiration le physicien.

Les voyageurs montèrent au premier étage et pénétrèrent dans une longue galerie réservée aux collections scientifiques.

Quelques jeunes gens, occupés à dresser des catalogues ou à mettre de l'ordre dans les vitrines, surpris par l'arrivée des étrangers, suspendirent leurs travaux, s'inclinèrent respectueusement et gardèrent une immobilité parfaite pendant le passage des visiteurs.

En quittant l'édifice, Antius entraîna ses compagnons vers labibliothèque scolaire, vaste salle à voûte hémisphérique, murée dans toute sa hauteur d'ouvrages techniques et encombrée de tables elliptiques, chargées d'atlas, de plans-reliefs et de sphères terrestres et célestes de dimensions colossales.

Gédéon se porta vivement vers un appareil mû par un mouvement d'horlogerie, qui figurait avec la plus grande perfection le mouvement général du système planétaire, et resta absorbé dans sa contemplation.

Pendant ce temps-là, les deux savants parcouraient la salle en inspectant les rayons.

Tout à coup, le physicien allongea la main vers un traité d'optique et se plongea dans la lecture avec une sorte de fièvre.

Le docteur avait ouvert un dictionnaire de physiologie et, emporté par l'émotion, lisait à haute voix les passages les plus intéressants.

L'horloge de la salle, sonnant les dix heures et demie, arracha le jeune homme à l'examen des satellites de Jupiter.

Il s'empressa de prévenir ses deux compagnons, qui paraissaient également absorbés dans leurs recherches.

Les deux savants ne quittèrent qu'avec regret cette salle, où ils pouvaient, anneau par anneau, reconstituer la chaîne des progrès scientifiques si brusquement rompue.

Cinq minutes plus tard, ils traversaient le pavillon. Au moment où ils mettaient le pied dans la cour d'honneur, ils se trouvèrent face à face avec Herber, qui venait à leur rencontre.

Tout en exprimant leur admiration pour la grandeur, la magnificence et la richesse de l'établissement qu'ils venaient de visiter, les hôtes de l'école se dirigeaient avec leur hôte vers la salle à manger.

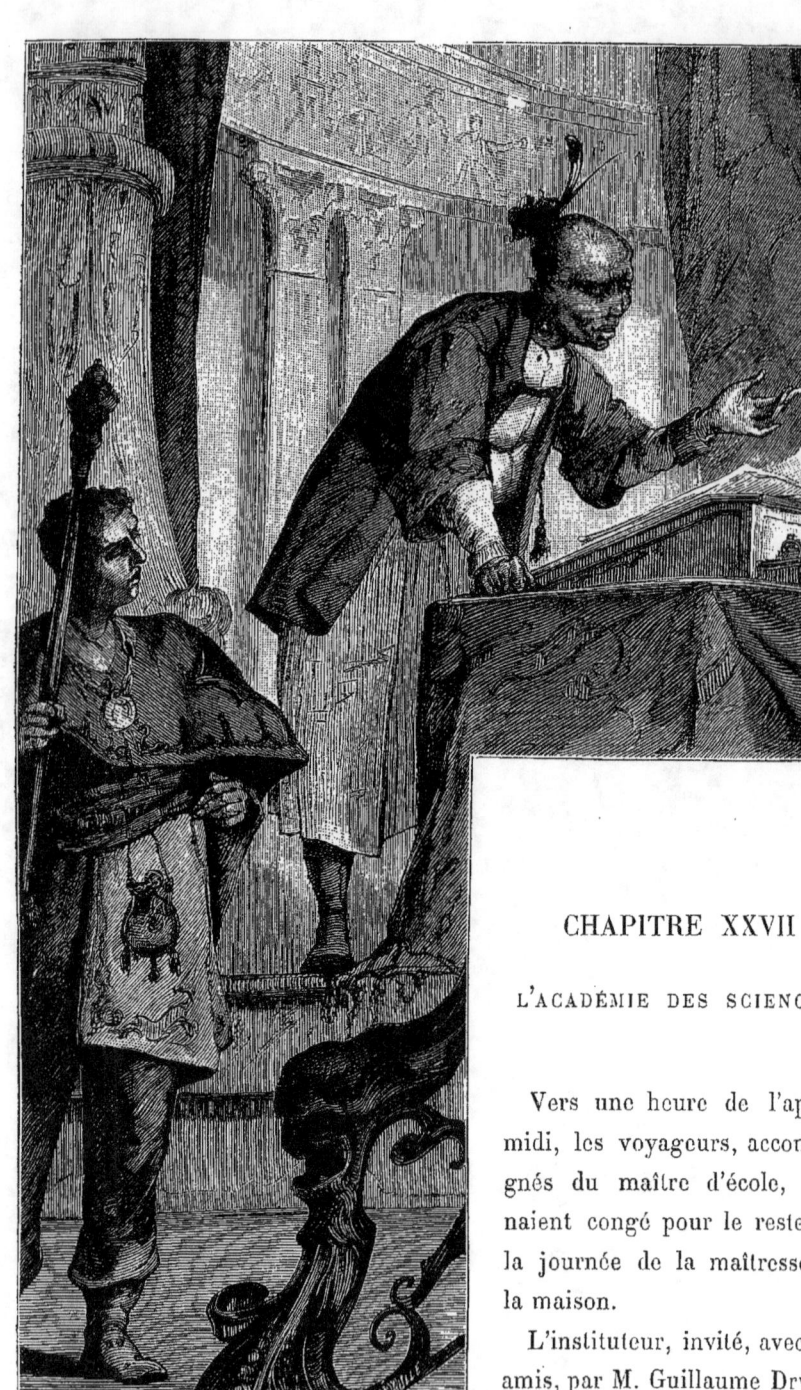

CHAPITRE XXVII

L'ACADÉMIE DES SCIENCES

Vers une heure de l'après-midi, les voyageurs, accompagnés du maître d'école, prenaient congé pour le reste de la journée de la maîtresse de la maison.

L'instituteur, invité, avec ses amis, par M. Guillaume Dryon, chez lequel on devait se rendre en sortant de la séance de l'Académie des sciences, avait prévenu madame Herber que le retour à l'école n'aurait pas lieu avant minuit.

Chargés des souhaits les plus sympathiques, les quatre hommes descendirent sur la place du Muséum et se dirigèrent vers l'avenue qui conduisait à la Seine.

La chaleur torride des jours précédents s'était éteinte sous la pluie torrentielle de la dernière nuit, et l'air, tiède et doux, était embaumé par les émanations des fleurs qui avaient repris toute leur fraîcheur et tout leur éclat.

Après un quart d'heure de marche, les hôtes de l'école se trouvaient au bord du fleuve, dont les eaux étincelaient sous les rayons du soleil.

Une voiture électrique, de proportions colossales, descendait rapidement le long du quai et s'avançait vers les voyageurs.

A l'entrée du pont, elle stoppa brusquement et déposa quelques personnes.

Avant que le mécanicien eût remis la machine en mouvement, Herber et ses compagnons avaient escaladé l'escalier de la plate-forme supérieure et s'y étaient commodément installés.

La voiture, engagée sous l'épaisse voûte des marronniers, poursuivit sa course rapide.

Par moments, les eaux du fleuve miroitaient à travers les éclaircies du feuillage.

Une foule inaccoutumée descendait le cours de la Seine, et le nom du savant Ho-wey-hu retentit plusieurs fois à l'oreille des voyageurs.

Gédéon, bercé par le mouvement doux et élastique de la voiture et envahi peu à peu par le parfum pénétrant des fleurs, s'assoupit doucement.

« La séance d'aujourd'hui, dit Herber, attirera la moitié de Paris dans les environs de la salle des séances, car, indépendamment de l'intérêt que provoquent dans le public les questions scientifiques, il n'est question depuis un mois que de la découverte du savant président de l'Académie des sciences d'Honolulu. Les curieux, bien convaincus qu'ils ne pourront pénétrer dans l'enceinte, se contenteront de recueillir les résultats de première main.

— Ne pourriez-vous pas, mon cher collègue, demanda Terrier, établir quelque hypothèse sur le secret qui va être dévoilé par votre savant ami?

— Non, car Ho-wey-hu, redoutant d'être troublé soit par les critiques, soit par les conseils, a tenu absolument secrète la nature de ses travaux.

Cependant, comme il s'occupe d'astronomie, de physique et de mécanique transcendante, c'est vraisemblablement à l'une de ces trois branches que nous devons rapporter l'invention qu'il va nous soumettre.

— Dans quelle région de la ville est situé l'Institut? demanda tout à coup le docteur.

— Au bout du pont des Arts, parbleu! répondit Gédéon, en bâillant les yeux fermés. C'est chez le bouquiniste d'en face que j'ai dressé, il y a un mois, la batterie Collardon, qui a si bien raté. »

Un furieux coup de pied d'Antius rappela le dormeur à la réalité.

« Qu'y a-t-il? s'écria Gédéon en se jetant de côté. Est-ce que nous déraillons?

— Tu rêves, mon ami, dit Antius d'une voix parfaitement tranquille, tout en dardant sur son neveu un regard irrité.

— Je vous demande pardon, fit le jeune homme en s'éloignant prudemment de son tuteur.

— Je rêvais, en effet, car voici le pont de cristal, ajouta-t-il tout à coup, en désignant une ligne brillante qui coupait l'horizon.

— L'Institut, docteur, est à cinq cents mètres du pont et domine l'estuaire de la Seine, » dit l'instituteur, attribuant les divagations du jeune homme à l'incohérence des idées qui accompagne quelquefois le réveil.

Quelques minutes plus tard, ils passaient devant le pont de verre, sillonné en ce moment par un assez grand nombre de citadins, dont la plus grande partie se portait sur la rive gauche.

A un demi-kilomètre en aval, la voiture électrique était arrivée au terme de sa course. Les roues, subitement emprisonnées dans leurs freins, glissèrent pendant quelques mètres, et la machine s'arrêta brusquement.

Les voyageurs mirent pied à terre.

Au bout de quelques pas, ils quittèrent l'allée ombreuse, et soudain un spectacle féerique s'offrit à leurs regards.

Devant eux, entouré par les hautes collines de l'ouest, qui lui formaient un cadre grandiose, ruisselant de verdure, d'or et de marbre, le lac, resplendissant comme une masse d'argent en fusion, se déroulait dans toute son étendue.

Sur la gauche, au fond d'un vaste demi-cercle de gazon, se dressait un palais d'une grandeur et d'une magnificence saisissantes.

« Voilà l'Institut, Messieurs, » dit Herber.

En disant trois jours auparavant que le palais des cinq académies était le plus magnifique de la cité, le maître d'école avait émis une opinion dont l'exactitude s'imposait avec éclat.

Établi sur un soubassement, le palais, construit en marbre blanc, affectait la forme d'un arc de cercle et présentait, sur un développement de plusieurs centaines de mètres, un entablement avancé, soutenu par une file de colonnes corinthiennes d'un effet admirable. Le fronton du monument, sculpté en haut relief dans toute son étendue, portait à son centre une statue majestueuse de la science, entourée de symboles allégoriques.

Une quantité innombrable de bustes, représentant les hommes illustres qui avaient concouru par leurs travaux au progrès et au bien-être général, se détachaient sur la façade.

La coupole, haute et superbe, recouverte d'aluminium bronzé aux reflets d'azur, était constellée de moulures épaisses d'or pur, représentant des attributs scientifiques.

Une foule compacte franchissait en ce moment les marches d'un escalier monumental, qui s'élevait jusqu'à la porte d'honneur.

Herber arracha ses amis à leur contemplation et se dirigea avec eux vers l'édifice.

Les quatre hommes s'engagèrent dans le flot des élus et pénétrèrent dans un vaste vestibule, au fond duquel s'ouvrait une porte de la salle des séances.

L'instituteur présenta les cartes à un huissier, qui, abandonnant ceux qui l'entouraient, s'inclina respectueusement et invita les visiteurs à le suivre.

Arrivé au palier, le guide se dirigea vers un couloir circulaire, dont la porte, soigneusement fermée, fut ouverte à deux battants.

Au fond du corridor, l'huissier souleva la portière d'une loge réservée et, s'effaçant, pria Herber et ses hôtes d'en prendre possession.

En pénétrant dans l'enceinte, regorgeant déjà de spectateurs, les voyageurs furent frappés d'admiration par le majestueux aspect de la salle.

La partie réservée au public, de forme demi-circulaire, était ornementée avec un art merveilleux et disposée avec une intelligence parfaite des lois de l'acoustique.

L'estrade était occupée en ce moment par le corps académique tout entier.

Assis sur une sorte de trône élevé, la main appuyée sur une table couverte de draperies, le président de l'Académie des sciences, vieillard plein de majesté, dominait une tribune riche et élégante réservée aux orateurs.

Au moment où deux heures sonnaient à l'horloge du palais, le président

Une foule compacte franchissait en ce moment...

frappa sur un timbre d'or, et un silence solennel s'imposa soudain sur toute l'assemblée.

Un secrétaire monta jusqu'au fauteuil et déposa quelques documents devant l'auguste personnage qui dirigeait la séance.

Ce dernier, après une rapide inspection, se leva et, s'adressant aux membres titulaires dont tous les regards convergeaient vers lui. prit la parole.

« Messieurs, dit-il, en raison de l'importante découverte que doit nous soumettre l'illustre président de l'Académie des sciences des îles Sandwich, nous avons été forcés de remettre à une séance ultérieure quelques rapports qui ont été déposés ces jours derniers.

« Cependant, nous devons mentionner le tableau des observations magné-

Le pôle nord.

tiques, qui ont été faites dans le courant du mois à la station du pôle nord. »

Le physicien et le docteur se regardèrent avec stupéfaction.

« On sait que l'observatoire établi depuis quatre siècles à l'extrémité de l'axe terrestre a rendu les plus grands services à la physique générale du globe et aux observations astronomiques.

« Nos pères, pénétrés de l'importance de la conquête du pôle, mais ne pouvant disposer que de moyens de locomotion primitifs, ont vainement essayé de franchir la barrière inviolable des glaces éternelles, et bien des fois les ossements des martyrs de la science ont blanchi dans les champs glacés du monde boréal. Conservons pour eux un pieux souvenir.

« Depuis quatre mois, les observateurs de la station polaire, voient sans interruption le soleil décrire des cercles parallèles à l'horizon.

« Cette clarté continuelle constitue pour quelques-uns une anomalie assez fatigante, pour qu'ils attendent avec impatience la longue nuit de six mois qui commencera pour eux à l'équinoxe d'automne.

« La température de la mer intérieure, dont l'existence, au début des temps modernes, a soulevé tant de polémiques, est de dix degrés environ ; celle de l'atmosphère a atteint quatorze degrés.

« J'ajouterai que, suivant le vœu de quelques corps savants, l'établissement matériel de l'origine des méridiens sur une étendue de deux cents mètres est aujourd'hui un fait accompli.

« Je ne puis laisser dans l'ombre les remarquables travaux que l'Académie des sciences de l'Amérique du Sud a entrepris dans l'immense plaine des Pampas.

« L'idée d'établir à la surface du sol de puissants foyers lumineux, disposés suivant des formes géométriques, pour provoquer l'attention des observateurs de Mars et de Vénus et les convaincre que la terre est habitée par des êtres intelligents, remonte au dix-neuvième siècle, mais n'a provoqué à cette époque obscure que l'ironie, qui, invariablement, s'efforçait d'étouffer, dès leurs premiers efforts, toutes les grandes inventions. Les siècles suivants, cependant, plus éclairés, lui ont opposé une arme aussi meurtrière : l'indifférence.

« Aujourd'hui, cette audacieuse conception se réalise. Les immenses foyers électriques, répartis sur un territoire de trois mille six cents myriamètres carrés, sont en voie de construction, et l'échelle des signaux a été soigneusement élaborée.

« Nous serons informés du moment précis des expériences, dont les résultats seront attendus avec émotion par le monde entier.

« Je dois maintenant laisser la parole à notre honoré collègue Ho-wey-hu. Ce savant est prêt à dévoiler devant vous ces fameux travaux qui, en raison de leur caractère mystérieux et surtout de la haute renommée de l'inventeur, ont depuis longtemps fixé l'attention de tous. »

A ces mots, un frémissement agita l'assemblée. Sur un signe du président, une riche draperie qui couvrait la paroi la plus reculée de l'hémicycle fut écartée par deux huissiers, et un homme âgé, dont le visage imposant portait l'empreinte sublime du génie, s'avança à pas lents sur l'estrade.

Une double salve d'applaudissements accueillit son entrée.

Sur l'invitation du président, l'illustre savant gravit les marches de la tribune. Arrivé en face du public, l'inventeur s'inclina profondément et prit la parole.

« Messieurs, dit-il, le principe de la conquête scientifique, que j'ai poursuivie presque exclusivement pendant la période la plus active de mon existence, et dont il m'est permis aujourd'hui de vous soumettre les résultats, remonte à la période de l'alchimie, cette science étrange, sans méthode et sans fondements, qui prit naissance sur de vagues conceptions scientifiques, rapportées de l'Orient au retour des croisades.

« Pendant trois ou quatre siècles, les secrets de l'alchimie furent le partage de quelques esprits audacieux, errants dans l'absurde, dont les recherches désordonnées rendirent néanmoins de grands services à la chimie méthodique et rationnelle qui illustra la fin du dix-huitième siècle.

« Par-dessus tout, les alchimistes poursuivirent, sous le nom de *Grand œuvre*, un cas particulier de la transformation de la matière.

« Ils se brisèrent contre ce redoutable problème.

« C'est ce problème dont la science est maîtresse aujourd'hui. »

Une formidable salve d'applaudissements prolongés accueillit ces paroles.

« Messieurs, poursuivit l'orateur, je n'aurais pas entrepris mes travaux si, dès le début, je n'avais pu prendre un point d'appui sur une découverte qui illumina la fin du dix-neuvième siècle : la *matière radiante*.

« Nous connaissons tous la célèbre découverte de M. Crookes, dont les efforts s'attachèrent particulièrement à l'étude des forces mystérieuses qui régissent la matière.

« Ce physicien, dont les travaux mirent parfois en évidence des phénomènes en apparence contradictoires, source d'ardentes polémiques, parvint à établir que les gaz, réduits à un état de raréfaction presque absolu et soumis à l'influence de l'électricité négative, deviennent subitement doués d'une activité intense et produisent des effets lumineux et calorifiques extraordinaires.

« On fut conduit plus tard à admettre l'identité de la matière ainsi dissociée avec l'*état cosmique*, ou état primordial de la matière élémentaire.

« Tous les corps étant formés d'une matière unique, simple et identique,

L'alchimie.

vérité soupçonnée dès le dix-neuvième siècle, et le retour à l'*état cosmique étant devenu possible*, un problème capital se dressait devant moi :

« Reconstituer les corps suivant les lois qui président à leur formation.

« Ce sont ces recherches qui m'ont absorbé pendant trente ans, et je puis affirmer aujourd'hui qu'avec la source exclusive de l'azote, ramené à l'état de matière radiante sous un cent-vingt-millionième d'atmosphère, j'ai pu créer tous les corps simples connus jusqu'à ce jour. »

Un roulement frénétique d'applaudissements répondit à la déclaration de l'illustre physicien.

Au même moment, quatre préparateurs entrèrent dans l'hémicycle et vinrent déposer, sur une longue table elliptique dressée en face des acadé-

Quatre préparateurs entrèrent dans l'hémicycle.

miciens, une longue série de flacons pleins de gaz, de matière pulvérulente et de cristaux étincelants.

Les produits, soumis successivement au président de l'assemblée et au corps académique, passèrent de main en main dans le public.

Ho-wey-hu était monté s'asseoir à la place d'honneur réservée pour lui à la droite du président et recevait avec modestie les félicitations que ses collègues venaient tour à tour lui apporter.

A la fin de cette séance mémorable, l'Académie des sciences, à l'unanimité, adoptait les résolutions suivantes :

« Art. I. — L'illustre savant Ho-wey-hu, président de l'Académie des sciences d'Honolulu, a bien mérité de l'humanité.

« Art. II. — L'Institut de France considère comme un honneur la première communication de la grande découverte de la transformation de la matière.

« Art. III. — L'Académie des sciences décerne le titre de membre honoraire à l'inventeur.

« Art. IV. — Une commission spéciale sera constituée dès ce jour pour l'examen de ses travaux. »

CHAPITRE XXIX

LE PALAIS DE L'OPULENCE

Quatre heures sonnaient, lorsque Herber et ses hôtes descendaient l'escalier monumental de l'Institut.

S'étant dégagés avec quelque peine de la foule immense qui, du seuil de l'édifice, s'étendait jusqu'au quai, les voyageurs, sous la conduite du maître d'école, s'engagèrent dans l'avenue qui dominait le lac en suivant ses bords.

« Il est temps, Messieurs, de nous rendre au palais de Guillaume Dryon, qui s'élève à quelques centaines de mètres d'ici, dit l'instituteur. J'ai annoncé notre arrivée pour quatre heures et demie. »

Après cinq minutes de marche le long des rives, les étrangers et leur guide s'engagèrent dans une vaste avenue, sillonnée par une quadruple rangée d'arbres énormes, dont les rameaux se réunissaient à dix mètres du sol et formaient une voûte impénétrable aux rayons du soleil. Une rivière artificielle, roulant un courant d'eau vive et claire comme du cristal, sillonnait d'un bout à l'autre cette voie, d'un charme et d'une splendeur imcomparables.

Les voyageurs étaient émerveillés. Depuis cinq minutes, Gédéon débitait un dithyrambe des plus pompeux sur la beauté du paysage, lorsqu'il fut interrompu par le maître d'école, qui dit tout à coup : « Messieurs, nous sommes arrivés. »

Il tourna à droite ; ses compagnons le suivirent. Au bout de vingt pas, il s'arrêta et montra avec une satisfaction évidente un palais magnifique, qui se dressait au fond d'un parterre incliné en pente douce et décoré avec un art infini.

Il poursuivit sa marche et pénétra avec ses hôtes jusqu'au seuil de l'édifice.

Un homme d'aspect grave et digne, qui paraissait attendre les visiteurs, sortit tout à coup du vestibule et vint les saluer respectueusement.

« Monsieur Dryon est en ce moment dans le parc et attend ces messieurs, dit le personnage. Je vais avoir l'honneur de les conduire.

— Je vous remercie pour votre offre bienveillante, Monsieur l'intendant ; mais nous trouverons facilement nous-mêmes le maître de la maison, » répondit Herber.

L'intendant s'inclina. Les quatre hommes traversèrent le vestibule.

Au fond de la salle d'entrée, un escalier cyclopéen en marbre dépoli, chargé de sculptures et de vases regorgeant de fleurs rares, conduisait à l'étage supérieur. Le maître d'école et les étrangers s'engagèrent dans un large corridor latéral, dont la profondeur paraissait infinie.

Au bout de vingt pas, les visiteurs tournèrent à gauche et se trouvèrent sous une porte haute et vaste comme un porche de cathédrale.

Devant leurs yeux se déroula tout à coup un tableau féerique.

Un parc immense, où toutes les merveilles de la nature et de l'art étaient accumulées, s'étendait devant eux. Les plantes les plus rares de la zone tropicale y formaient des massifs entiers. Au fond, une large nappe d'eau, tombant comme une masse compacte d'une hauteur de trente pieds, s'écoulait dans le jardin par deux rivières sinueuses, qui resplendissaient sous les rayons du soleil couchant. Une ceinture d'arbres géants, originaires des hautes terres de l'Afrique centrale, formait un cadre majestueux à ce merveilleux horizon.

Après quelques minutes de contemplation muette, les étrangers, précédés par le maître d'école, descendirent sur la pelouse qui s'étendait devant eux, et, après avoir franchi un pont de marbre blanc, ils s'avancèrent dans l'allée centrale.

Le palais de l'opulence.

Au bruit de leurs pas, un homme de haute taille et d'aspect imposant, assis sur un banc de gazon adossé contre un cèdre gigantesque, se leva lentement et s'avança vers eux.

« Voici note hôte, » dit Herber à voix basse.

En reconnaissant le maître d'école, la noble figure de Guillaume Dryon s'éclaira d'un sourire. Il salua les étrangers avec bienveillance.

« Messieurs, dit-il, je suis à la fois heureux et honoré de votre visite, et je remercie hautement mon cher ami Herber, qui a eu l'heureuse idée de me mettre en rapport avec vous.

— Ces messieurs, répondit le maître d'école, sont originaires de l'Océanie. Pénétrant pour la première fois dans nos contrées, dont ils viennent étudier le progrès scientifique et l'état social, ils se sont égarés dès leur arrivée à Paris. Un incident fortuit les a conduits dans ma demeure. J'ai pu chaque jour apprécier l'élévation de leur caractère et la profondeur de leurs connaissances. Comme la poursuite de leur mission semblait préoccuper constamment leur esprit, j'ai pensé qu'ils trouveraient dans vos vastes musées et dans vos riches bibliothèques les éléments qui leur sont nécessaires. Ils seraient heureux en même temps de reconnaître votre générosité, en concourant à vos travaux scientifiques.

— Vos amis sont devenus les miens, répondit Guillaume Dryon en tendant la main aux étrangers. J'ai lu avec le plus vif intérêt les magnifiques discours qu'ils ont prononcés sur le dix-neuvième siècle et m'honorerai de compter des hommes d'une érudition aussi profonde parmi les hôtes les plus chers de la maison. Je leur demanderai dès aujourd'hui comme une très grande faveur de prendre la direction temporaire des musées africains que j'ai fait récemment édifier et dont mes travaux agricoles m'éloignent de plus en plus. »

Antius prit la parole, et, dans un langage à la fois chaleureux et élevé, il exprima sa reconnaissance et celle de ses amis.

Guillaume Dryon conduisit ses hôtes à un rond-point élevé de quelques mètres, d'où le regard pouvait embrasser toute l'étendue du merveilleux éden qui les entourait. Plusieurs fauteuils élégants étaient disposés à l'ombre. Sur l'invitation du maître de la maison, chacun prit un siège.

La conversation s'engagea sur la politique. Sur la demande du docteur, le député de Paris aux états généraux exposa l'ensemble des travaux de la dernière session du parlement européen. En appréciant tour à tour les diverses questions qui avaient été traitées, Dryon montra qu'il possédait une autorité indiscutable sur toutes les matières.

L'orateur établit ensuite un parallèle éloquent entre les institutions politiques de la vieille Europe et celles des États fédéraux africains. Il put démontrer à ses auditeurs que les hommes désignés par leurs concitoyens pour le règlement des affaires publiques n'avaient qu'un seul objectif : le progrès incessant au double point de vue matériel et moral.

La conversation fut interrompue par l'approche solennelle d'un majordome, qui annonça que plusieurs convives étaient déjà arrivés.

Guillaume Dryon se leva et, suivi de ses hôtes, se dirigea vers le palais. Il pénétra avec eux dans un vaste salon d'été, tendu d'étoffes de couleur claire et meublé avec un goût exquis.

Une douzaine de personnes étaient déjà réunies. Parmi elles, quatre jeunes dames, vêtues avec une extrême élégance, jouaient de l'éventail avec un art consommé.

L'amphitryon alla d'abord leur présenter ses hommages. Ayant ensuite tendu la main à chacun des personnages illustres qui l'entouraient, il présenta les étrangers comme les hôtes définitifs du palais.

En ce moment, une portière de tapisserie se souleva, et une vision éblouissante frappa tous les regards.

Une jeune fille, d'une souveraine beauté, portant sur son visage l'empreinte de la grâce, de la bonté et de l'intelligence, s'avança vers les visiteurs, qu'elle salua gracieusement.

« Ma fille Éva, » dit Guillaume Dryon aux voyageurs, non sans une certaine nuance d'orgueil paternel.

Il présenta ensuite les étrangers à la jeune fille.

Mademoiselle Dryon les salua avec un charmant sourire.

Gédéon parut un moment pétrifié par l'admiration. Soudain, il saisit le bras de Terrier.

« Les grands yeux phosphorescents de cette divine créature m'ont foudroyé, » dit-il tout bas.

Le professeur, qui de sa vie n'avait regardé avec complaisance que ses instruments de physique, haussa les épaules.

Sur la prière du maître de la maison, le docteur et le physicien vinrent offrir leurs bras, le premier à mademoiselle Éva, le second à une des jeunes dames qui étaient devant lui, et les convives se mirent en marche vers la salle à manger.

En tête de la colonne, les deux savants marchaient avec une dignité tout académique.

La conversation fut interrompue par l'arrivée d'un majordome.

La table, chargée de fleurs rares, resplendissait sous le feu des cristaux et des pièces d'orfèvrerie.

La splendeur du festin ne put arracher le jeune homme aux pensées qui l'agitaient. Assis presque en face de son oncle, il ne pouvait détacher son regard de la charmante jeune fille.

Le repas, néanmoins, se poursuivait au milieu de l'animation et de la gaieté générales.

Lorsque toutes les merveilles culinaires eurent disparu tour à tour de la table somptueuse du Lucullus moderne, un magnifique dessert, où les fruits les plus admirables des cinq parties du monde étaient groupés en pyramides, fut disposé devant les convives.

Quelques moments après, sur l'invitation de l'amphitryon, les invités se rendirent dans un vaste et magnifique salon, dont les hautes fenêtres s'ouvraient sur une terrasse, d'où le regard embrassait le merveilleux panorama du jardin.

La jeune fille servit à chacun une tasse de platine damasquiné pleine de café exquis.

« Ces dames entendraient-elles avec plaisir un peu de musique ? demanda Dryon avec bonhomie.

— Certainement, répondirent les jeunes femmes à l'unisson. Depuis huit jours, on ne parle dans tout Paris que du merveilleux instrument que vous avez fait construire. »

Les autres convives approuvèrent la proposition.

Terrier fit la grimace.

L'antipathie sincère qu'ils éprouvaient pour la musique avait rivé l'un à l'autre le professeur et son ancien disciple. Ils avaient gagné l'angle le plus reculé du salon.

Sur un signe d'Éva, on apporta sur la table une boîte rectangulaire de moyenne grandeur.

« Une simple épinette, dit Gédéon au physicien. C'est plus agaçant que meurtrier. Je suis étonné, par exemple, que vous, qui avez le tempérament observateur si développé, n'ayez pas déjà été frappé d'une singularité fort apparente.

— Que veux-tu dire ?

— Vous avez vu avec quel transport sans doute dénué de sincérité les convives ont accepté la proposition artificieuse de notre hôte. Eh bien, regardez-les maintenant. Ils ont tous eu la prudence de s'éloigner autant que possible de l'instrument. Tous sont rangés le long du mur ; aucun n'est resté au milieu de la pièce, pour avaler de près la pilule demandée avec tant d'acharnement. »

Éva s'approcha de la caisse, exerça une légère pression sur un disque d'ivoire et revint s'asseoir au milieu des jeunes dames.

Une jeune fille d'une souveraine beauté...

Tous les regards étaient tournés vers l'appareil mystérieux.
Soudain, un accord large et profond, comme s'il résultait de la vibration simultanée de trente harpes sonores, remplit le salon. Bientôt un groupe

imposant de violons et de violoncelles vint participer à la symphonie, en brodant une suave mélodie sur l'accompagnement des basses.

Peu à peu, tous les instruments à vent, à anche ou à percussion de l'orchestre firent irruption dans le concert, et, au milieu d'un forte magistral, chacun éprouva exactement l'impression que peut produire un orchestre de cent musiciens, fonctionnant avec une régularité et une maestria irréprochables.

L'admiration était peinte sur tous les visages, et, lorsque la mélodie principale eut été énergiquement entraînée dans un scherzo triomphal, toutes les mains battirent avec frénésie.

« Voilà, dit le physicien, ce que j'ai entendu de plus fort en ce monde et en l'autre.

— Comme nous sommes seuls, ajouta Gédéon, vous pouvez dire : de plus extraordinaire et de plus admirable.

— J'en conviens. Mais quels sont les mouvements qui peuvent engendrer des vibrations semblables? »

Et le professeur resta pensif.

Plusieurs convives se levèrent et vinrent entourer Dryon, en lui demandant d'expliquer le mécanisme du merveilleux instrument.

« Messieurs, dit à voix haute l'amphitryon, j'avais déjà vu à Ujiji un instrument semblable à celui-ci, quoique beaucoup moins complet. L'idée me vint de chercher quelques distractions dans la construction d'un appareil qui, sous le minimum de volume, produirait le plus de sonorité.

« Après quelques jours d'études, je donnai à un très habile mécanicien un plan détaillé, qui fut exécuté avec la plus grande perfection.

« Comme générateur, j'ai adopté l'électricité. Les cordes sont mues, les unes par des pinces activées par des électro-aimants, les autres par des archets courts, à fils très solides agissant à la fois sur des rangs serrés de même diapason. Les instruments de bois et de cuivre doivent leurs vibrations à l'expansion de l'air comprimé contenu dans des récipients de plusieurs calibres ; enfin les batteries sont commandées par des mouvements d'horlogerie.

« Le tout fonctionne sous la direction d'un cylindre mobile autour de son axe, sur lequel la musique est gravée en pointes métalliques et qui règle l'action du courant. »

Tout le monde félicita l'inventeur, et les compliments des trois étrangers furent aussi enthousiastes que sincères.

La nuit commençait à tomber. Mademoiselle Dryon se leva et se dirigea vers la table centrale. Ayant écarté légèrement le tapis, elle pressa sur une poignée d'ivoire qui commandait un contact métallique. Soudain dix globes lumineux étincelèrent au plafond.

A la demande générale, l'orgue électrique fit entendre une deuxième symphonie, qui eut le même succès que la première.

On apporta sur la table une boîte rectangulaire.

Quelques instants après, deux jeunes filles entrèrent dans le salon, portant dans leurs bras de grands plateaux d'or, chargés de glaces parfumées.

Gédéon, grisé pour la première fois par la musique, était retombé sous l'empire de ses rêveries et nageait de nouveau dans l'azur.

Il sortit sur la terrasse.

Le tableau qu'il avait sous les yeux était saisissant. Au fond du parc, la cascade roulait une nappe d'argent en fusion. La lune, au milieu de chaudes vapeurs, s'élevait lentement sur l'horizon. La brise du soir agitait doucement le feuillage.

Les pensées du jeune homme, surexcitées par la magnificence de la nature, firent brusquement explosion.

« Mon Dieu, qu'elle est belle ! » s'écria-t-il en levant les bras vers le ciel.

Antius, qui avait remarqué son absence, s'était mis sur sa piste et n'avait pas tardé à le rejoindre. En ce moment, le docteur se tenait immobile derrière son neveu.

Surpris par l'exclamation qu'il venait d'entendre, il leva le nez en l'air, et, fixant la lune, il répliqua d'un air indifférent :

« Ce n'est pas mon avis, je lui trouve mauvaise apparence.

— Mauvaise apparence ? Cieux, vous l'entendez !

— Oui, elle est assez terne.

— Terne ? O sacrilège !

— Est-ce qu'il est fou ? s'écria Antius. L'astre des nuits aurait-il réellement une influence pernicieuse sur les cerveaux malades ? pensa-t-il avec inquiétude.

— En serais-tu amoureux ? demanda-t-il avec ironie.

— Oui, je l'aime ! Je ne puis plus garder dans mon cœur ce secret qui l'étouffe.

— Oh, l'insensé ! fit le docteur en mettant les mains sur ses yeux.

— Oui, je l'aime, et j'en mourrai. Il n'y a que vous qui puissiez me sauver la vie.

— Que faut-il faire, mon pauvre enfant ? demanda le savant avec émotion.

— Demander sa main pour moi, dit le jeune homme d'une voix oppressée, sans cesser de regarder le ciel.

— Mon Dieu, ayez pitié de nous ! Mais à qui demanderai-je sa main ?

— A son père, qui est si bon, si grand, si généreux.

— Comment, triple animal, cria Antius en saisissant avec colère son neveu par le bras, tu veux que j'aille faire pour toi une demande en mariage au père de la lune ?

— Qui vous parle de la lune, homme sans entrailles ? Il s'agit de l'adorable, de l'adorée Éva !

— Alors, mon garçon, répliqua froidement le docteur, tu es encore plus fou que je ne pensais. »

Et il rentra au salon.

Résolutions funestes. Un coup de foudre.

CHAPITRE XXX

RÉSOLUTIONS FUNESTES. UN COUP DE FOUDRE

Une heure plus tard, après avoir pris congé de leur hôte, les invités quittaient la somptueuse demeure.

Au moment du départ des étrangers, l'agronome les avait engagés à venir le lendemain matin s'asseoir à sa table, car, le départ étant proche, il avait besoin de prendre avec eux quelques dispositions pressantes.

Herber reconduisit ses amis à l'école. Pendant le retour, le docteur était sombre et pensif. Gédéon marchait comme un corps sans âme. Seuls le maître d'école et le physicien échangeaient quelques réflexions sur l'avenir.

Au moment où les horloges sonnaient minuit, ils arrivaient dans la cour d'honneur.

L'instituteur serra avec émotion les mains des étrangers, leur souhaita une bonne nuit et se dirigea vers sa demeure.

A peine la porte s'était-elle fermée sur leur généreux hôte, que le docteur, les bras croisés, se posta devant le physicien.

« Savez-vous, Terrier, quel terrible danger nous menace au moment d'entrer au port? dit-il d'une voix sourde.

— Non, répliqua le professeur avec inquiétude.

— Vous allez le savoir. Ce soir, j'ai surpris ce grand imbécile, regardant le ciel et gémissant comme si on le conduisait à la potence.

— Est-ce qu'il était malade ?

— Plût à Dieu qu'il en fût ainsi ! Je préférerais mille fois le voir en proie à toutes les maladies cataloguées dans les traités de pathologie, tant anciens que modernes, que d'avoir à constater l'épouvantable cas d'aberration où il se trouve. En un mot, il est en ce moment sous le coup de l'affection, non seulement la plus bête et la moins avouable, mais encore la plus dangereuse pour lui et pour nous. Il est amoureux !

— Oh, oh ! mon ancien élève, dit le professeur d'un ton de commisération profonde, en toisant son disciple.

— Et qui pensez-vous qui a fait tourner sa pauvre tête ? Je vous donnerais bien dix ans pour le deviner... Je préfère vous le dire tout de suite : mademoiselle Dryon !

— Antius, répondit le physicien avec un calme imperturbable, je n'aurais pas mis dix ans à le deviner. Et puis, ma foi, elle est charmante.

— Vous le soutenez ? cria le docteur exaspéré. Seriez-vous son complice ? ou bien cette jeune fille vous aurait-elle mis également la cervelle à l'envers ?

— Si pareille démence s'emparait jamais de moi, répliqua Terrier, la principale cataracte du Niagara serait une douche insuffisante pour traiter ma folie. J'en dirais autant de vous, Antius, et *à fortiori*, car vous êtes mon aîné. Mais je crois que vous vous alarmez à tort. Sans être expert dans la matière, je croirais volontiers que demain notre jeune ami sera le premier à rire de ces billevesées. Allons nous coucher. »

Gédéon les suivit machinalement.

Une demi-heure plus tard, les deux savants dormaient du sommeil des justes, pendant que le jeune homme, étendu sur un divan, se livrait à une laborieuse construction de châteaux en Espagne. Peu à peu cependant sa tête s'appesantit, et il finit par s'endormir.

Son sommeil fut continuellement agité par une suite de visions, tantôt délicieuses, tantôt terribles.

A un certain moment, il se vit, après mille difficultés vaincues, conduisant au temple la jeune Éva, qu'il tenait respectueusement par la main.

Les futurs étaient suivis par un cortège imposant, formé des membres de

Le rêve.

l'Institut et des députés du parlement européen, invité tout entier par son beau-père.

A cinquante pas en avant, l'orgue électrique, porté par une locomobile à air comprimé, jouait une marche triomphale.

Soudain, un monstrueux crocodile, qui avait un faux air de son oncle, s'était précipité entre les deux fiancés, et tout avait disparu dans le néant.

Le jeune homme, baigné d'une sueur glaciale, s'était dressé sur son séant. Ses traits exprimaient la souffrance et le désespoir. Il resta longtemps immobile et pensif.

Tout à coup, il redressa vivement la tête.

« Si je dois continuer à vivre comme hier et à dormir comme cette nuit, je préfère en finir, dit-il à voix haute.

« C'est bien décidé, poursuivit-il après un moment de réflexion ; je dois trancher moi-même le fil de mes jours. Pourquoi hésiterais-je? N'ai-je pas assez vécu ? Il n'y a au monde que deux hommes qui auront eu une existence plus longue que la mienne, et j'occuperai un rang fort honorable sur les tables de Deparcieux. Hélas ! si autrefois j'avais eu la prévoyance de mettre mon bien en viager, j'aurais ruiné trente compagnies d'assurances, ce qui serait assez méritoire.

« Quant à mon oraison funèbre, je suis tranquille, M. Terrier est là, et je sais, pour l'avoir vu à l'œuvre, quel parti il sait tirer des vertus réelles ou imaginaires des trépassés.

« Par exemple, pour le dernier jour de ma vie, je veux avoir un peu de méthode. Je vais me rendre à la nécropole pour choisir ma place. Je ne tiens pas à être éternellement logé entre un poète et un homme de loi. Quant au genre de mort, je n'ai que l'embarras du choix. »

Fier de sa détermination et se comparant déjà à Brutus, il s'avança vers la fenêtre et fit fléchir un ressort qui repoussa vivement les volets. Il faisait grand jour. En ce moment, cinq heures sonnèrent à l'horloge. Le temps était magnifique.

« Pour la première fois que je salue l'aurore, la situation manque de gaieté, » dit-il avec un rire amer.

Et il réfléchit pendant un quart d'heure, les yeux perdus dans l'espace.

« Pas d'hésitation, s'écria-t-il tout à coup en se redressant ; je ne vais pas marcher, je vais me ruer au-devant de la mort. »

Il se dirigea vers la porte, mit la main sur la poignée et s'arrêta.

« Il serait de la dernière inconvenance de faire le grand voyage, sans laisser quelques mots bien sentis à mes compagnons, » pensa-t-il.

Et il marcha droit à un pupitre d'ébène incrusté, prit deux grandes feuilles de papier, ornées de symboles académiques, et, après avoir réfléchi un instant, les remplit tour à tour de lettres hautes d'un demi-pouce.

Il sortit doucement dans le corridor et, à l'aide de deux épingles d'or, fixa l'une sur la porte du physicien, l'autre sur celle du docteur.

Sur la première, on pouvait lire :

« *Adieu, mon cher professeur. Je vole vers un monde meilleur. Si vous prononcez quelques mots sur mon cercueil, n'oubliez pas de rappeler que j'ai autrefois remporté une médaille de vermeil, grand modèle, aux courses nautiques du Havre.* »

La deuxième portait écrite d'une main fébrile la phrase suivante :

« *Mon oncle, c'est vous qui me jetez dans la tombe, ou plutôt dans l'urne. Je vous lègue un éternel remords. Si les revenants sont autre chose qu'un vain mot, je vous ménage quelques nuits dont vous me direz des nouvelles.*

Après avoir jeté un dernier coup d'œil de satisfaction sur ses autographes, il descendit dans la cour et gagna le square.

L'immense place était absolument déserte. Le silence n'était troublé que par le murmure des fontaines et le chant matinal des oiseaux.

« Que la nature est belle ! » dit-il en soupirant.

Craignant de se laisser amollir par le spectacle qu'il avait sous les yeux, il précipita sa marche. Arrivé en face du palais de la mort, il eut un frisson.

« Cela arrive aux plus braves, » pensa-t-il.

Dans le vestibule d'honneur, il fut surpris du silence profond qui régnait dans l'édifice.

Soudain, il se frappa le front.

« J'avais juré de visiter l'étage le plus élevé, afin de voir si je trouverais ici quelque connaissance, » fit-il.

Et il se mit à gravir le grand escalier à pas comptés. Arrivé dans les combles, il se trouva en face d'une porte, au-dessus de laquelle les deux mots : « vingtième siècle, » étaient peints en lettres d'or.

« C'est bien là ! » murmura-t-il, et il entra.

Il sortit dans le corridor et à l'aide de deux épingles...

Suivant du regard l'ordre des dates, il monta lentement la galerie en lisant les inscriptions.

Tout à coup, il poussa un grand cri et faillit tomber à la renverse. Devant ses yeux, sur l'émail d'une urne placée à la hauteur de ses épaules, flamboyaient ces deux mots :

« GÉDÉON CAHUSAC. »

« O Providence, dit-il, tu m'as ménagé un spectacle dont jusqu'ici aucun mortel n'a pu jouir. Que je verse au moins quelques larmes sur ma dépouille mortelle. »

Et sa paupière s'humecta.

Il se rapprocha du vase.

« Il est bien en or comme les autres, fit-il. Voilà toujours une consolation. Grand Dieu, que vois-je ! Une notice ! »

Et il lut avidement sur le socle de l'urne l'avis suivant :

« *Généalogie des Cahusac. Salle de l'État civil. Registre K, n° 2, folio* 1237. »

Gédéon prit sa course, traversa la galerie comme une flèche et se précipita dans l'escalier, qu'il descendit quatre à quatre.

Il franchit le vestibule en deux bonds, repoussa violemment la porte de la salle, qu'il avait visitée la veille avec les deux savants, et, tout en marchant à pas saccadés, parcourut des yeux les indications gravées au dos des énormes registres.

« Le voilà ! » s'écria-t-il, et il s'élança vers un in-folio marqué d'un K magistral.

Le livre, arraché violemment, tomba lourdement dans ses bras et faillit le renverser. Le jeune homme courut vers la table, y déposa son trésor et tourna vivement les feuillets.

Arrivé à la page 1237, il lut avec stupeur le nom suivant :

« NICOLAS PLATEAU, *maître des requêtes au Conseil d'État.*

« Ils se sont trompés, fit-il avec douleur. Et dire que j'ai pleuré sur les cendres d'un jurisconsulte. Oh ! la bureaucratie ! »

Et il rejeta avec colère l'énorme volume.

L'in-folio retourné montra à ses yeux l'indication n° 1, haute d'un pouce, que dans sa précipitation il n'avait pas vue.

Un rayon d'espérance illumina son visage, et il s'élança de nouveau vers le mur.

« Enfin, je le tiens, » s'écria-t-il, en revenant chargé d'un autre registre.

Devant ses yeux flamboyaient ces mots...

Et il compulsa fiévreusement le livre.

Lorsque la feuille indiquée fut étalée devant ses yeux, il lut en tressaillant son propre nom, encadré dans un cartouche, orné de vignettes élégantes.

Au-dessous était écrite en belle bâtarde la généalogie suivante :

Achille-Gédéon Cahusac, *fils de* Pierre-André Cahusac *et de* Julie-Antoinette Antius, honorable notaire, né le 22 septembre 1856, mort le 25 octobre 1928. »

« Notaire ! s'écria-t-il effaré, elle est bien bonne ! Continuons. Je crois que je vais passer un bon quart d'heure avant de mourir. »

« *Époux d'*Alexandrine-Dorothée Desiflard. »

« Oh ! ils veulent entraver mon suicide en me faisant étouffer par le rire, dit-il en battant la table de ses deux poings et en s'abandonnant à un accès de joie qui se prolongea pendant cinq minutes et dut étonner les sévères échos de la salle funèbre où il se trouvait.

« Dorothée ! la fille unique de notre voisin et ami le notaire Desiflard, reprit-il. Dorothée, qui dévoilait chaque jour à ma mère mes plus ingénieux procédés pour faire l'école buissonnière et à qui, en revanche, je flanquais de belles calottes lorsque je la trouvais seule ! Dorothée, qui, dix ans plus tard, se permit, devant une amie de pension, de parler de moi en ces termes : « Ce grand imbécile a déjà dévoré les trois quarts de sa fortune. » Mon Dieu, donnez-moi la force d'aller jusqu'au bout. »

Lorsqu'il eut repris un calme relatif, il poursuivit sa lecture à haute voix :

«Sylvain-Théodore Cahusac, *fils* d'Achille-Gédéon Cahusac *et* d'Alexandrine-Dorothée Desiflard. »

« Dorothée ! Théodore ! en grec, cela a la même signification ; voilà un nom qui est logique, » pensa-t-il.

« *Célèbre voyageur géographe, à qui l'on doit la première carte exacte du cours supérieur du Congo.* »

« Voyageur, voilà ce que j'aurais voulu être, murmura le lecteur. Quant au titre de géographe, l'Académie qui me l'eût conféré aurait fait preuve d'une grande bienveillance. »

Pendant que le jeune homme poursuivait le dépouillement, son visage devenait tantôt sombre, tantôt radieux, et, à un moment donné, il battit joyeusement des mains, ses yeux étaient attachés sur un de ses descendants désigné ainsi :

« Jérome-André Cahusac, *célèbre marin du vingt-troisième siècle. Força le passage du nord-ouest avec trois navires de fort tonnage.* »

« Voilà qui est assez corsé, dit Gédéon. Il n'y a là qu'une ombre : c'est le nom de Jérôme, que je n'aime pas, d'abord parce qu'il appartient à mon oncle. Tiens, le nom des Cahusac s'éteint là. Enfin, c'est clore dignement la série. Que signifie cet *avis important ?*

« *Le capitaine de vaisseau Cahusac, n'ayant laissé qu'une fille, la descendance directe change de nom. La même transformation a lieu à la dix-septième, à la vingt et unième, à la vingt-cinquième et à la vingt-neuvième génération.* »

« Tous ces gens-là m'importent peu, déclara le lecteur. Courons à la dernière famille. Et il tourna le verso.

En lisant le nom qui était au bas de la colonne, il jeta un cri terrible et tomba en arrière évanoui.

Sur l'avant dernière-ligne buttaient en fortes lettres le nom et les titres de :

« Constantin-Guillaume Dryon, *membre de l'Institut, célèbre agronome, opulent propriétaire du plateau central de l'Afrique équatoriale, membre du Parlement européen, fondateur et président honoraire à perpétuité des Expositions universelles d'Ujiji, de Zanzibar, de Magdala, de Kazeh et de Tombouctou, administrateur des voies ferrées des cercles du Tanganyka et du Bangouelo, créateur de la Banque continentale africaine, etc.* »

Et au-dessous :

« Aurore-Eva Dryon, *fille de* Constantin-Guillaume Dryon, *et de* Laure-Henriette Bonheur. »

CHAPITRE XXXI

TÉMOIGNAGES EXPANSIFS

Le jeune homme, dont l'anéantissement avait duré vingt minutes, fut rappelé à la vie par une sensation particulièrement désagréable.

Il ouvrit et ferma brusquement les yeux ; mais il avait eu le temps de reconnaître qu'on l'avait transporté dans la cour du mausolée, près de la fontaine monumentale. Là, le conservateur des archives, le soutenant d'une main, lui versait de l'autre une carafe d'eau fraîche sur le visage.

Au moment où le bienveillant fonctionnaire remplissait de nouveau son récipient dans le bassin, le patient sauta sur ses pieds.

« Une ration me suffit, dit-il. Je vous remercie bien. Mais comment suis-je ici ?

— Monsieur, répondit doucement l'hydropathe, je vous ai trouvé évanoui dans mon bureau, et je vous ai porté ici pour vous faire reprendre connaissance. Rien n'est efficace comme l'eau fraîche en pareil cas.

— J'en conviens. Mais... attendez, » fit le ressuscité en portant la main à son front. Et, la mémoire lui revenant soudain, il prit sa course la plus rapide vers la place.

« Voilà un compagnon qui est bien malade et qui nous reviendra bientôt, » murmura le conservateur en hochant la tête. A la grande stupéfaction des promeneurs Gédéon redoublait à chaque instant de vitesse. Arrivé près de la pyramide centrale, il était essoufflé. Sept heures sonnaient en ce moment au flanc du monolithe.

Il s'arrêta.

« Modérons un peu cette allure, et cela pour deux raisons, dit-il. La première est que j'ai le temps d'arriver avant le lever de mes deux compagnons, dont l'existence est réglée comme un pendule compensateur, et qui, aujourd'hui comme les autres jours, mettront pied à terre à huit heures précises. La seconde est d'un ordre plus élevé. Désormais les choses changent de face. Je suis incontestablement l'arrière-grand-père des arrière-grands-pères d'Éva, et les gambades d'un daim aux abois conviennent peu à cette dignité inattendue. Désormais les grâces du soupirant cèdent le pas à la gravité de l'archi-trisaïeul. »

Et il se remit en marche à pas comptés.

Arrivé devant l'école, il crut devoir gravir le grand escalier d'un pas pesant et accablé. Il longea la balustrade en s'appuyant dessus, pour se conformer à l'attitude qui lui convenait maintenant : mais, devant le perron qui conduisait à l'appartement des deux savants, le vieil homme reprit son empire, et il se précipita à grandes enjambées vers l'étage supérieur.

A peine eut-il atteint le corridor, qu'il étendit les deux bras et décrocha vivement ses deux formules testamentaires. Il les plia en quatre et les glissa dans sa poche. Puis, s'élançant contre la porte du physicien, il se mit à frapper à tour de bras.

« Monsieur Terrier, cria-t-il, venez m'ouvrir ; je vais vous apprendre quelque chose de prodigieux. Si vous ne voulez pas être renversé, faites provision de sang-froid. »

Le professeur, arraché brusquement à son sommeil, se dressa sur son séant et, reconnaissant la voix de son ancien élève, murmura :

« Que signifie ce tapage ? Est-ce que le pronostic d'Antius se serait réalisé ? »

Pendant ce temps, le docteur, réveillé en sursaut, disait de son côté :

« C'en est fait. Il faut que je demande à Herber où se trouve la maison de santé la plus voisine. »

Sautant à bas de son lit, il chaussa ses pantoufles, jeta sa robe de chambre

Le soutenant d'une main, il lui versait, de l'autre...

sur ses épaules et se dirigea vers la porte, qu'il ouvrit à deux battants.

A l'aspect de son oncle, coiffé du somptueux bonnet de coton qui avait déjà excité l'admiration du physicien, le jeune homme, sous l'empire d'une idée bizarre, sauta sur le respectable savant et, le saisissant dans ses bras, le fit participer, malgré lui, à un exercice chorégraphique des plus extravagants.

Antius, entraîné dans un rapide tourbillon, jetait des hauts cris où la colère et la terreur dominaient tour à tour.

« Terrier ! cria-t-il, venez m'arracher des mains de ce forcené... Il veut m'assassiner sans doute. Armez-vous de tout ce qui vous tombera sous la main. »

Le physicien parut tout à coup en manches de chemise et agitant d'un air menaçant un énorme pot à eau.

A cet aspect, Gédéon s'arrêta en appuyant son oncle le long du mur.

« Merci, dit-il ; j'ai déjà pris ce matin une douche assez énergique, cela me suffit.

— Mais, sauvage, vociféra le docteur, quel était ton but en me secouant de cette façon ?

— Sauvage ? Mesurez, s'il vous plaît, vos expressions. Savez-vous bien à qui vous parlez en ce moment.

— Quelle outrecuidance ! s'écria Antius. Il est bien fou au dernier degré, et je lui promets un cabanon d'une solidité exceptionnelle.

— Mon oncle, riposta froidement le jeune homme, vous et vos collègues feriez volontiers mettre en cellule la moitié du genre humain. Je vous déclare que je ne suis pas fou, et que, si je me suis livré en votre compagnie à quelques ébats, qui, après tout, n'ont rien de condamnable, c'est parce que, aujourd'hui même, j'ai fait une découverte qui pourra bien vous faire perdre la raison à vous-même, lorsque je vous la dévoilerai. Mais, pour causer tranquillement, rentrons tous dans votre chambre, s'il vous plaît.

— Si tu pénètres chez moi, déclara Antius, je te coupe la jugulaire avec un de mes rasoirs.

— Alors, allons chez M. Terrier.

— Merci, dit le physicien, j'ai reçu ma chambre en bon état, et je veux la rendre de même.

— Messieurs, dit Gédéon d'un air sérieux, j'ai quelque chose d'extrêmement grave à vous apprendre. Puisque vous ne voulez pas me recevoir,

Venez m'arracher des mains de ce forcené...

entrez chez moi pour dix minutes, et, après ma confidence, vous m'accablerez de bénédictions. »

Et il ouvrit sa porte.

Cette objurgation avait été faite avec tant de solennité que les deux savants se regardèrent un moment indécis.

Terrier se décida le premier et suivit le jeune homme, Antius s'avança à son tour avec précaution. Le professeur se jeta dans un fauteuil, et le docteur prit place au bout du divan, tout près de la porte, se ménageant au besoin une retraite rapide. Puis, sans mot dire, il désigna du doigt à son neveu le siège le plus reculé.

Sans faire aucune opposition, celui-ci obéit et, après quelques secondes de réflexion, prit la parole.

« Messieurs, je vais commencer par le commencement. »

Terrier approuva en inclinant la tête.

« Ce matin, j'avais résolu de gagner les sombres bords, et en voici la preuve, » dit l'orateur, en développant ses pancartes et en apportant à chacun des destinataires la feuille qui lui était adressée.

Après lecture, le professeur sourit, Antius haussa les épaules.

« Mais, avant de mourir, poursuivit le jeune homme en revenant vers son siège, qu'il rapprocha de deux mètres, j'ai voulu, pour des raisons particulières, visiter d'avance le lieu où seraient déposées mes cendres.

« Pendant que vous dormiez, j'ai tracé ce dernier adieu à chacun de vous, et, après avoir attaché les deux exemplaires sur vos portes, je suis descendu dans la cour d'honneur.

« De là, j'ai gagné le square, que j'ai traversé sans hésiter, en me dirigeant vers la nécropole. Je dois ajouter que, pendant tout ce drame funèbre, le courage stoïque de Régulus ne m'a pas abandonné un seul instant.

« Comme je m'y attendais, le palais était vide. Arrivé devant le vestibule, je ne sais quelle idée bizarre m'a pris d'aller visiter les morts du vingtième siècle, pour savoir si je n'allais pas me trouver en compagnie de quelque ancien camarade. Je monte donc au quatrième, avec la familiarité d'un locataire définitif.

« Je pénètre dans la salle, et, au bout de cinq minutes d'examen attentif, j'aperçois tout à coup mon propre nom, sur une urne d'or massif.

« Je suis renversé, au moral bien entendu. Mais j'ai failli l'être pour tout de bon quand j'ai lu sur mon bocal une note ainsi conçue :

« *La généalogie des Cahusac se trouve aux Archives, tel registre, page* 1237. »

« Je prends ma course, descends l'escalier comme une avalanche et me précipite dans le bureau que nous avons visité ensemble hier dans l'après-midi.

« J'arrache le volume, je cherche la page 1237, et je vois, quoi? Un Plateau. »

Le docteur se leva lentement en lançant un regard à Terrier. Convaincu, avec raison, que son oncle le soupçonnait encore d'avoir perdu la tête, Gédéon reprit avec calme :

« J'entends dire qu'à ma place légitime je trouve un certain Nicolas Plateau, jurisconsulte. Je jette avec colère le registre, qui me montre heureusement le dos. Je m'étais trompé ; il fallait le K *bis*, s'écria le narrateur en se dressant brusquement sur ses pieds.

— Malheureux! s'écria Antius, croyant à un nouvel accès et serrant le cordon de sa robe de chambre, comme pour se préparer à la lutte.

— Mon Dieu, mon oncle, que vous êtes désagréable, poursuivit le jeune homme sans s'émouvoir. En présence d'une douzaine d'auditeurs de votre espèce, le conférencier le plus flegmatique deviendrait certainement hydrophobe. Puisqu'il faut, avec vous, mettre les points sur les *i*, je vous dirai que K *bis* signifie la lettre K numéro 2. C'est ainsi que le volume était désigné par l'inscription. Si toutefois vous ne compreniez pas encore...

— Continue, interrompit le physicien.

— Je saute sur l'in-folio véritable, et je l'étale devant moi. Je me mets à le feuilleter d'une main fébrile, et je trouve enfin la page 1237.

« O miracle! mon nom occupait la place d'honneur. Le généalogiste l'avait même encadré avec un certain art.

« Maintenant, ce qui vous paraîtra prodigieux, c'est que j'étais désigné sous la rubrique *ancien notaire*. Et dire que l'histoire des nations qu'on fait apprendre aux collégiens n'a peut-être pas plus d'authenticité que la mienne. Mais vous allez vous tordre quand vous apprendrez que, suivant mon historiographe, bien entendu, j'ai été le gendre de M° Desiflard, le notaire de la famille. »

Le pronostic du narrateur ne se réalisa en aucune façon, car le docteur devint pensif, et le physicien se contenta de répondre :

« Mais cela s'enchaîne assez bien.

— Vous voulez dire qu'on m'enchaîne assez bien, riposta le jeune homme. Malgré tout, je ne manquai pas de bénir la Providence, qui m'avait ménagé un quart d'heure de folle gaieté avant de quitter la terre pour une seconde fois.

« Je poursuivis ma lecture, et je me trouvai père d'un certain Sylvain-Théodore Cahusac, célèbre géographe, qui a découvert les sources du Congo. Ce n'était pas le cas de dire *talis pater is filius*, car je ne sais même pas si ce fleuve se trouve en Cochinchine ou en Andalousie.

« Je passai en revue la liste innombrable de mes descendants. Il y avait entre autres une très riche collection de notaires, deux consuls, un président de cour, quatre rentiers, un aéronaute, et, hélas! deux marchands de nouveautés, un chef d'orchestre et un vérificateur des poids et mesures.

« A la quatorzième génération, le nom de Cahusac tombe définitivement dans l'oubli avec le plus glorieux de la troupe, un capitaine de vaisseau qui a forcé le passage du nord-ouest, dit la notice avec admiration. Je suis de son avis, quoique, à vrai dire, je ne sache pas trop de quoi il s'agit. Jusqu'à la fin, rien de remarquable ; mais, en lisant le dernier nom, j'ai reçu un choc qui a failli avancer l'heure de mon trépas.

« Devinez, dit le jeune homme d'une voix concentrée, de qui je suis l'aïeul? »

Les deux savants se regardèrent avec anxiété.

« De Guillaume Dryon!!! fit Gédéon à voix basse, en scandant toutes les syllabes du nom de leur protecteur.

— Voilà qui est véritablement merveilleux, ajouta Antius, ému malgré lui.

— Et maintenant, mon oncle, comprenez-vous le motif du tour de valse que je vous ai fait exécuter malgré vous?

— Je le comprends sans l'approuver, riposta le docteur. Mais il importe de nous assurer si ton récit, qui dépasse toutes les vraisemblances, est bien exact.

— Je vous remercie de la confiance. Allez-y voir.

— C'est ce que nous allons faire, conclut Terrier. Pendant ce temps, tu te reposeras. Êtes-vous de mon avis, Antius?

— Certainement. Allons nous habiller. Nous serons de retour dans une heure.

Dès que ses compagnons l'eurent quitté, le jeune homme se jeta sur son lit, et, brisé de fatigues et d'émotions, il tomba dans un profond sommeil.

Il fut bientôt visité par un rêve gigantesque.

Sa descendance s'était multipliée à l'infini. Père de plusieurs nations florissantes, il voyait sa propre statue en or massif sur les places des grandes cités.

Chaque année, le jour de son anniversaire, il recevait la visite de toutes sortes de sociétés, qui venaient en corps saluer son image. Il était forcé d'entendre des cantates composées en son honneur et exécutées par de formidables orphéons. On avait institué pour ce jour mémorable un concours de jeux floraux, et il écoutait avec complaisance des discours académiques, où l'on vantait ses vertus et ses mérites. Enfin, au moment où une société de tempérance le revendiquait comme son véritable fondateur, le jeune homme fut réveillé par la voix de Terrier, qui disait :

« Quant à moi, je n'ai laissé que deux descendants, proprement reliés en veau et qui ornent, paraît-il, les bibliothèques publiques. »

Le jeune homme sauta hors de son lit et courut à la porte.

« Eh bien ? fit-il.

— Tout ce que tu as dit est scrupuleusement exact, déclara Antius, et nous pouvons sans arrière-pensée accepter les bienfaits de ton arrière-neveu. Par exemple, il ne faudrait pas invoquer devant lui ce titre de parenté.

— Soyez tranquilles, j'ai déjà assez de douches comme cela.

— Maintenant, mes amis, dit le docteur, il convient d'aller remercier le généreux maître d'école, pour les bienfaits dont il nous a comblés. »

CHAPITRE XXXII

EN BALLON

Un quart d'heure après, la famille d'Herber, réunie au salon, recevait les remerciements émus des étrangers.

Ils durent promettre formellement de rentrer à l'école toutes les fois qu'ils reviendraient à Paris, leur place étant éternellement réservée au foyer de leur ami.

Le maître d'école les accompagna jusqu'au palais et ne les quitta qu'à l'arrivée du maître de la maison, qui leur tendit les mains et essaya vainement de retenir Herber à sa table. Celui-ci objecta ses travaux d'installation et partit, après avoir dit un dernier adieu à ses hôtes.

Un majordome vint annoncer que le repas était servi, et les convives passèrent dans la salle à manger.

Éva, qui surveillait les derniers préparatifs, sourit gracieusement aux invités. Chacun prit place autour de la table, qui était aussi somptueusement servie que la veille.

Gédéon, dont les instincts paternels étaient surexcités par la présence de ses arrière-petits-enfants, était visiblement ému.

Il s'était composé un maintien grave et majestueux et ne parlait que par sentences, pendant que ses compagnons conservaient leur liberté d'esprit et leur calme habituels.

Les deux savants mangeaient avec un franc appétit ; mais le jeune homme, redoutant pour la première fois une gastrite, en raison de son grand âge, officiait avec une prudence extrême.

Au moment où l'on remplissait les tasses d'un café exquis et parfumé, Guillaume Dryon prit la parole.

« Messieurs, dit-il, nous partons dans deux heures sur un de mes navires aériens, *l'Arago*. Nous arriverons ce soir à huit heures dans la ville de Livingstone, qui est la station balnéaire la plus animée et la plus élégante de la mer Algérienne. Demain matin, nous nous élancerons à travers le continent africain, et après-demain nous prendrons pied sur mes terres sur les bords du Tanganiyka. Si vous avez quelques dispositions à prendre pour ce voyage, mes gens sont à votre disposition. »

Le docteur répondit que, semblables aux philosophes anciens, ils portaient tout ce qu'ils possédaient sur eux-mêmes, et qu'ils se tenaient aux ordres de leur généreux hôte.

Dryon appela son intendant et lui donna des ordres précis pour le départ. Éva, qui gouvernait la maison avec une expérience consommée, surveilla elle-même tous les préparatifs.

Une heure plus tard, une escouade de porteurs, chargés de bagages, se dirigeait vers l'embarcadère.

A une heure et demie, l'agronome, donnant le bras à sa fille et suivi de ses hôtes, traversait le grand jardin en droite ligne. Derrière eux marchait tout le personnel attaché au palais, en résidence fixe. Au fond du parc, le majordome s'élança en avant et ouvrit à deux battants une porte haute et large, qui donnait directement accès à une station du chemin de fer circulaire. Les hôtes du palais descendirent sur la pelouse, escortés par les vœux sincères de tous les serviteurs.

Après quelques minutes d'attente, ils furent rapidement emportés vers le palais aérostatique. A la quatrième station, Dryon et ses nouveaux amis mirent pied à terre.

Les voyageurs traversèrent une place ombragée, à peu près déserte, et se trouvèrent bientôt en face d'un talus gazonné de vingt mètres de hauteur.

Un homme dans la force de l'âge, assis en ce moment au pied d'un grand

Semblables aux philosophes de l'antiquité.

escalier de marbre qui s'élevait jusqu'au sommet du monticule, se leva vivement à leur aspect et vint à leur rencontre.

Un homme dans la force de l'âge.

« M. Humphrey, notre habile ingénieur, » dit Guillaume Dryon, en tendant la main au nouveau venu.

L'ingénieur et les étrangers s'inclinèrent en même temps.

« Toutes les dispositions sont-elles prises ? demanda l'agronome.

— Oui, Monsieur ; nous partons dans un quart d'heure, sauf avis contraire.

— Fort bien. »

Les passagers gravirent cent vingt marches et traversèrent le couronnement de l'esplanade.

Un spectacle singulier s'offrit tout à coup à leurs regards.

Une centaine de rails, brillants comme des raies de feu, sous les rayons ardents du soleil, couraient parallèlement, d'une extrémité à l'autre d'un vaste rectangle incliné et mesurant au moins six cents mètres de longueur. Plusieurs ellipsoïdes rayés transversalement de courbes d'acier poli, et mesurant jusqu'à mille mètres cubes, reposaient sur les voies.

Un monument, d'une grande magnificence, s'élevait sur la base inférieure du quadrilatere et s'étendait jusqu'au milieu des côtés latéraux.

Quelques rares promeneurs, bravant la chaleur torride de l'après-midi, arpentaient le quai du départ.

Les deux savants étaient en proie à une vive émotion.

« Je ne comprends pas votre agitation, dit le jeune homme ; je ne vois là qu'une gare plus belle que les autres, des rails très écartés et des wagons qui n'ont pas de roues.

« Voilà des guérites d'un modèle assez original, » poursuivit-il en désignant une vingtaine de demi-ellipsoïdes évidés, à axe horizontal, et fixés à l'extrémité de chaque voie.

L'ingénieur se dirigea vers le fond de l'embarcadère et poussa l'extrémité d'un petit levier fixé au mur.

Deux hommes sortirent du bâtiment et s'avancèrent vers lui.

Il leur dit quelques mots. Les deux employés rentrèrent vivement, et soudain les voyageurs virent avec étonnement l'un des appareils descendre lentement le long de la voie et s'emboîter exactement dans la cavité correspondante.

« Messieurs, dit Guillaume Dryon, notre transport est au point. Nous n'avons plus qu'à nous embarquer.

— Comme il dit cela avec sang-froid ! murmura Gédéon ; on reconnaît bien là un Cahusac. Quant à moi, j'avoue que je commence à être assez fortement ému, et si, pour faire le voyage, on me donnait le choix entre un vulgaire coucou et cet obus gigantesque, je crois que je n'hésiterais pas un seul instant. C'est peu chevaleresque, j'en conviens ; mais, à mon âge, il est permis d'être prudent.

— Je crois avoir une idée exacte quant à la manière dont s'effectue le départ, dit à voix basse le physicien en s'adressant au docteur. Il est certain que l'appareil, mû par une force quelconque, glisse sur les rails inclinés avec une vitesse croissante, et qu'à cinq cents mètres du point de départ il abandonne le sol et s'élance dans les airs avec une vitesse acquise qui atteint sans doute quarante mètres par seconde. Mais que se passe-t-il après ? »

Les passagers atteignirent le wagon aérien. Terrier put constater qu'il glissait sur quatre patins encadrés dans des rainures longitudinales d'acier poli. Les courbes brillantes qu'ils avaient remarquées sur les flancs de l'appareil étaient dues au reflet de puissantes ailes métalliques d'acier trempé, qui en ce moment reposaient inertes sur les côtés du transport. Elles étaient articulées avec la masse de l'appareil par d'épaisses tiges métalliques d'une résistance à tout épreuve.

A la partie postérieure, un large auvent parabolique mobile en tous sens, qui formait le gouvernail, retombait le long de la partie dorsale de la machine.

En avant, un léger renflement métallique figurait une proue d'une finesse remarquable.

« C'est en réalité un oiseau de fer à huit ailes, dit le professeur ; mais où logent-ils la force motrice ?

L'ingénieur pressa un ressort. Une porte s'ouvrit dans la paroi correspondante, et un escalier de six marches, revêtu d'un riche tapis d'Orient, se déroula jusqu'au sol.

Éva s'élança légère comme un oiseau et disparut dans les flancs du ballon. Le docteur, qui suivait la jeune fille, mit le pied sur la première marche en frissonnant, mais gravit crânement les cinq autres. Le physicien, qui aurait pris froidement des notes sur la lèvre d'un volcan en éruption, monta tranquillement l'escalier sans se presser. Le jeune homme hésita un moment ; mais, en voyant les regards de son arrière-petit-fils fixés sur lui avec un certain étonnement, il se battit les flancs, poussa un *sursum corda* intérieur et escalada les six marches, comme s'il montait à l'assaut. Guillaume Dryon et l'ingénieur pénétrèrent enfin l'un après l'autre dans la machine avec une allure familière, qui témoignait d'un fréquent exercice.

La porte se referma brusquement sous la pression d'un ressort intérieur que l'agronome avait mis en jeu.

Les passagers se trouvaient en ce moment dans un salon elliptique, orné avec magnificence. Un épais tapis couvrait le plancher ; de larges et moelleux divans étaient fixés le long des parois.

Sur l'un des murs était attachée une bibliothèque en ébène sculpté, chargée de livres richement reliés, dont la plupart traitaient de grands voyages et de découvertes. Une géographie générale du globe, en quarante volumes in-quarto, occupait le rayon inférieur. En face était suspendu un vaste planisphère, entouré de cartes détaillées des continents ou de régions moins étendues.

Au fond, une horloge de précision séparait un baromètre et un thermomètre, construits avec un art infini. En avant, deux boussoles, l'une de déclinaison, l'autre d'inclinaison, indiquaient à chaque instant la trajectoire du ballon. Au milieu du plafond, un globe électrique, qu'on pouvait allumer par une simple pression du doigt, était encadré par d'admirables peintures allégoriques.

Quatre fenêtres ovales, percées symétriquement et à hauteur d'appui dans les parois, permettaient de voir au dehors.

L'ingénieur souleva une lourde portière tendue au fond de la pièce et disparut.

Peu après, un bruit léger et continu se fit entendre ; le wagon glissait sur les rails.

Les passagers prirent place sur les divans. Gédéon saisit instinctivement des deux mains l'entablement d'un coffre d'ébène, qui était près de lui.

Le mouvement devint de plus en plus rapide, et, quelques secondes plus tard, le jeune homme, ayant hasardé un coup d'œil par la fenêtre qui était derrière lui, recula vivement la tête.

« Nous allons comme le vent, » dit-il au physicien, qui, concentré dans ses hypothèses, ne l'entendit pas.

Le sifflement devint d'une acuité extrême, puis cessa tout à coup.

« Nous sommes arrêtés, » et je n'en suis pas fâché, murmura Gédéon, et il regarda de nouveau.

Le premier examen parut confirmer son opinion, car il n'aperçut rien devant lui ; mais, s'étant dressé sur ses pieds pour reconnaître le lieu où il se trouvait, il jeta un cri d'effroi.

« Nous sommes à plus de mille mètres du sol, s'écria-t-il. Les maisons ressemblent à des dominos. Est-ce que nous allons monter longtemps ainsi?

Nous sommes a cinq cents mètres.

— Non, mon jeune ami, répondit l'agronome; nous sommes à cinq cents mètres, hauteur moyenne que nous prenons pendant l'été, pour avoir un peu de fraîcheur. »

La température avait en effet très sensiblement baissé.

Les deux savants, tourmentés par une légitime curiosité, brûlaient de connaître la théorie de la machine qui les emportait dans l'espace. Néanmoins, toujours dirigés par la prudence, ils n'osaient interroger leur hôte et ne témoignaient aucun étonnement.

L'ingénieur rentra au salon.

« Tout va bien? demanda Guillaume Dryon.

— Oui, Monsieur. Le niveau d'eau est parfaitement horizontal. Nous marchons par exemple avec une petite vitesse de soixante lieues à l'heure, car les ailes de droite sont un peu fatiguées, et il serait imprudent de forcer la marche.

— Avons-nous assez de force pour atteindre le Tanganyka sans renouveler notre provision à Livingstone?

— Sans aucun doute. Il nous reste plus d'un mètre cube d'hydrogène liquide. »

Le docteur et le physicien échangèrent un regard rapide.

L'agronome, rassuré par les paroles de l'ingénieur, s'approcha des deux savants et commença à développer devant eux l'ensemble des travaux qu'ils devaient diriger.

L'ingénieur, après s'être assuré que les appareils fonctionnaient parfaitement, était remonté au salon. Ses regards, portés tantôt sur la boussole, tantôt sur le baromètre, contrôlaient fréquemment la marche du navire aérien.

Éva lisait attentivement un livre de voyages.

« Le sang-froid avec lequel ces gens-là voyagent à quinze cents pieds du sol commence à me gagner, » murmura Gédéon, qui depuis le départ était immobile.

Il se dirigea vers la fenêtre.

La campagne inondée de soleil fuyait rapidement sous le navire aérien.

« Par exemple, voilà qui est curieux, dit-il à voix basse. Nous dominons en ce moment une immense excavation. Cette apparence déroute mes connaissances en matière de géographie physique du globe. La terre ne serait-elle pas sphérique, comme on l'affirme ou plutôt comme on l'affirmait, et l'erreur des astronomes et des géographes ne tiendrait-elle pas à l'impossibilité d'étudier le sol d'un point aussi favorable que celui où nous nous trouvons ? Il faudra que je m'informe discrètement sur ce sujet, car, dans ma nouvelle position de bibliothécaire, ajouta-t-il en se rengorgeant, il ne m'est pas permis de faire des bourdes et surtout d'en conter.

« Voilà bien la Seine qui à perte de vue serpente comme autrefois. On n'a pas changé son cours, et on a bien fait ; par exemple, d'ici elle manque de majesté. C'est un simple ruisseau, et le lac qui va disparaître à mes yeux a tout au plus l'ampleur d'une cuvette.

« Malgré la piètre figure qu'elle fait de cette hauteur, je salue la Marne que nous venons de traverser. Elle me rappelle qu'en 1874 on m'a conféré à l'unanimité la présidence des régates.

« Je suis réellement ému de contempler le théâtre de mes anciens exploits nautiques.

« Les environs de Paris sont assez cossus, comme l'attestent ces innombrables petits palais entourés de parcs.

« Maintenant il s'agit de se mettre à l'œuvre et de remplir convenablement le journal de bord que je me suis proposé d'écrire.

« En arrivant là-bas, j'aurai soin d'en extraire un récit pittoresque de notre voyage, dont mes descendants seront, je crois, assez satisfaits.

« Par exemple, comme je prétends y consigner mes réflexions intimes, et que je ne tiens pas à fréquenter les maisons de santé du centre de l'Afrique, je garderai l'original sous le manteau. »

Il quitta la fenêtre et s'assit dans un vaste fauteuil.

Tirant de la poche de revers de son burnous brodé un élégant album à ferrures de platine damasquiné, que lui avait remis le maître d'école au moment du départ, il traça sur la première feuille en lettres d'un demi-pouce de hauteur le titre suivant :

« VOYAGE DU NAVIRE AÉRIEN L'ARAGO DE PARIS AU LAC TANGANYKA. JOURNAL DE BORD, *dressé par* ACHILLE-GÉDÉON CAHUSAC, BIBLIOTHÉCAIRE ADJOINT *des palais de l'illustre* GUILLAUME DRYON, MEMBRE DU CONGRÈS EUROPÉEN, PRÉSIDENT *des cercles des* GRANDS LACS AFRICAINS, PROTECTEUR, *etc.* »

Et, sur le verso, les noms et les titres des six passagers.

Surpris par ces manœuvres calligraphiques, le docteur s'approcha de lui.

Gédéon tendit son album avec confiance et annonça à haute voix qu'il demandait la permission d'écrire pour la bibliothèque du palais ses impressions de voyage, se réservant de ne communiquer ce travail que lorsqu'il l'aurait dégagé des embarras de l'improvisation.

Dryon et sa fille remercièrent le jeune homme et se mirent à sa disposition pour tous les renseignements dont il pourrait avoir besoin.

L'agronome reprit la conversation avec les deux savants, pendant qu'Éva se plongeait de nouveau dans la lecture.

L'historiographe remit la tête au sabord antérieur, mais la retira vivement.

Antius et le physicien l'interrogèrent du regard.

« Un deuxième ballon court parallèlement à nous avec la rapidité de la foudre, dit-il avec émotion. Il agite un pavillon.

— Nous allons lui répondre, » fit tranquillement le propriétaire de l'*Arago*, qui étendit la main et pressa légèrement sur un disque d'ivoire.

Un roulement se fit entendre sur les flancs du navire aérien.

Gédéon regarda de nouveau à travers l'embrasure et aperçut une large bande de toile jaune, couverte de hautes lettres, qui avait été déroulée sur les flancs du transport.

L'agronome saisit une lunette marine et suivit des yeux le vol du ballon.

« Messieur, c'est l'*Orient* qui vient de Calcutta et arrive à Paris avec un chargement d'épices, » dit-il en reposant l'instrument sur la table du salon.

Après un dernier signal de salut, la toile se replia sur elle-même, et pareil mouvement s'effectua sur l'*Arago*.

« L'*Orient* est maintenant aussi bien renseigné sur notre compte que nous le sommes sur le sien, ajouta Dryon en se rasseyant.

— Ces échanges de signaux sont-ils fréquents ? demanda Antius.

— Ce sont des actes de courtoisie auxquels personne ne voudrait se soustraire. Il suffit du reste de déterminer un simple contact électrique pour que l'état sommaire d'un navire se déroule sur ses flancs. »

Chacun reprit sa position.

« Je suis en ce moment fort perplexe, murmura Gédéon. Si, malgré la carte qui est sous mes yeux, j'allais commettre quelque erreur sur les noms des villes que nous traversons et confondre par exemple Yssengeaux avec Lyon et Carpentras avec Marseille ? »

Comme si elle eût deviné les inquiétudes du jeune homme, Éva vint à son secours.

« Monsieur Cahusac, dit-elle de sa belle voix d'or, en tendant un carnet de

Un ballon court parallèlement à nous.

cuir rose au secrétaire, voici un petit livre qui évitera pour vous la peine de suivre la carte pas à pas. Il indique le moment exact de notre passage au-dessus de chaque ville importante. Comme nous allons en ligne droite avec une vitesse constante de soixante lieues à l'heure, il vous suffira de consulter le cadran de l'horloge. »

Gédéon accepta avec empressement et remercia la jeune fille du fond de son âme.

« Cette charmante enfant tire son ancêtre d'un furieux embarras, murmura-t-il. Maintenant établissons nos calculs. Nous sommes partis à deux heures précises, et il nous sera facile de nous reconnaître.

Il ouvrit le carnet. Le premier alinéa était ainsi conçu : « 14 *minutes*. MELUN, 150,000 habitants. »

« Cela veut dire, je pense, que quatorze minutes après le départ on passe sur cette ville, qui n'a jamais été célèbre que par ses anguilles. Il est temps de faire l'observation, car il est deux heures vingt-trois. »

Et, courant au sabord, il aperçut fort loin et en arrière un amas de maisons microscopiques qui fuyaient avec rapidité. A gauche et en avant, on pouvait suivre à perte de vue le cours de la Seine et celui de l'Yonne. Au-dessous coulait tranquillement un ruisseau presque imperceptible, qu'après mûres réflexions il reconnut pour le Loir.

L'aiguille marquait deux heures et demie, lorsqu'un deuxième navire aérien passa à six cents mètres de l'*Arago*.

Éva, qui avait pris la lunette et arboré le pavillon, signala le *Lavoisier*, chargé d'ivoire, arrivant de l'Afrique australe et se dirigeant sur Paris.

En lisant le nom de Guillaume Dryon, le transport multiplia ses signaux de salut.

« La chasse à l'éléphant a été productive, fit remarquer Antius.

— On ne chasse plus l'éléphant, docteur, fit l'agronome. Ce puissant pachyderme est domestiqué en troupeaux nombreux, et le *Lavoisier* est chargé de la récolte de l'année courante, amassée sur tous les points du continent. Toute l'industrie de l'ivoire est concentrée à Paris, qui fabrique des objets d'un goût merveilleux et parfois d'une grande valeur artistique.

A deux heures trois quarts, la Loire, semblable à un ruban étincelant, était signalée sur la droite, et l'*Arago* franchissait l'extrémité des collines du Nivernais. Quoique conservant parfaitement l'horizontale, le navire aérien, en raison de l'altitude de la région, paraissait s'être beaucoup rapproché du sol.

A trois heures, le jeune homme consignait sur son album Nevers et le passage de la Loire, dont le cours supérieur se maintenait définitivement sur la gauche.

Depuis un moment l'historiographe tenait ses regards attachés sur les massifs de l'Auvergne, qui au sud-ouest rompaient brusquement le cercle de l'horizon, lorsque Dryon, après avoir consulté l'horloge du salon, déclara qu'on devait être à la hauteur de Lyon.

L'éléphant est domestiqué en nombreux troupeaux.

Les passagers se portèrent aux fenêtres de gauche et purent voir dans la direction de l'est un amas important de maisons et d'édifices qui couvraient le point de jonction de deux belles rivières.

« Lyon compte douze cent mille habitants, dit l'agronome. Sa position sur le Rhône et sur la Saône en ont fait une cité très florissante. »

Quelques minutes plus tard, Saint-Étienne était en vue.

« Je m'attendais à trouver une ville hérissée de hauts fourneaux, et on n'aperçoit aucune trace de fumée, dit Gédéon à voix haute.

— Saint-Étienne est toujours une ville industrielle de premier ordre ; mais tous les ateliers sont mus par l'électricité, fit observer Guillaume Dryon. Cette ville alimente le nord de l'Afrique de ses instruments aratoires les plus perfectionnés. »

A quatre heures et demie, les Cévennes, étaient franchies, et les voyageurs purent admirer la longue ligne du Rhône, qui du nord au sud papillotait sous les rayons du soleil.

Le ballon fut en ce moment salué par un convoi de touristes de Madagascar, qui allaient passer quelques jours sur les bords de la Seine.

Le physicien, qui depuis un moment ne quittait pas l'embrasure tournée vers l'est, venait d'annoncer Avignon, lorsque le secrétaire, qui avait tenu scrupuleusement ses notes, accompagnées de quelques réflexions intimes, mit la tête au sabord.

Au lieu de regarder Nîmes, Avignon et Montpellier, qui étaient presque sous ses pieds, son attention se concentra sur une ligne brillante qui, coupant l'extrême limite de l'horizon vers le sud, s'étendait peu à peu.

Il appela discrètement son oncle et lui demanda à voix basse quelle était ce vaste cours d'eau dont la largeur croissait avec tant de rapidité.

« Ce cours d'eau est la Méditerranée, ô géographe habile, dit le savant Ne va pas au moins changer son nom et la prendre pour la Manche, par exemple.

— Soyez tranquille. Mais ni vous ni moi n'avions encore vu la mer de cette hauteur et à une aussi grande distance. Il était donc permis de se tromper. N'est-ce pas Marseille qui est là-bas au sud-ouest ?

— Oui. Tu es en progrès. »

Cependant le ballon courait rapidement vers le sud. La Méditerranée se découvrait progressivement. Ils étaient encore à quelques lieues de la côte que l'immense plaine liquide embrassait le tiers de l'horizon.

Un quart d'heure plus tard, ils dominaient directement la mer, et le rivage fuyait rapidement vers le nord.

Bientôt la terre ferme ne présenta plus qu'une étroite bande grise, qui ne tarda pas à disparaître.

Les eaux bleues de l'immense lac jeté entre l'Europe et l'Afrique paraissaient dans un état d'immobilité absolue et présentaient l'aspect d'une vaste glace polie où l'image du ballon se réfléchissait avec une netteté parfaite.

Vers l'ouest, deux soleils symétriques poursuivaient paisiblement leur route et s'inclinaient peu à peu vers la surface des eaux.

Le magnifique spectacle de la mer, vue d'une hauteur de cinq cents mètres, avait attiré les voyageurs aux embrasures. Gédéon paraissait en proie à une fascination étrange.

Tout à coup il releva la tête.

« On peut à la rigueur se rendre compte du phénomène sur la terre ferme, murmura-t-il, mais en pleine mer il défie toute interprétation. Ou j'ai la berlue ou la Méditerranée est creuse à sa surface. J'en aurai le cœur net. »

Il se dirigea vers le physicien, qui, accoudé sur le sabord, promenait des regards attentifs sur l'horizon.

Le jeune homme prit place à côté du savant et resta un moment silencieux.

« Je parie deviner la cause de votre étonnement, dit-il en relevant la tête.

— Je n'éprouve aucun étonnement, répondit Terrier d'une voix tranquille.

— Quant à moi, je suis saisi par la majesté du spectacle ; mais je suis encore plus étonné que ravi.

— Pourquoi?

— Je vous demanderai de me répondre en toute sincérité.

— Parle.

— Vous doutiez-vous que la surface des eaux était concave?

— Non.

— Ni moi non plus.

— Je l'espère bien.

— Cependant il faut nous rendre à l'évidence. »

Le professeur regarda son ancien disciple avec stupeur.

« Il y a alors, dit celui-ci avec abattement, quelque chose de dérangé chez moi dans les organes de la vision, ce qui peut être fort grave en raison de mes fonctions futures. Depuis notre départ, il me semble que nous naviguons au-dessus d'un immense cratère. »

Le physicien se mit à rire.

« Tu crois sérieusement à une infirmité?

— Je l'avoue.
— Eh bien, mon cher ami, elle est dans ton cerveau et non dans tes yeux.

Le magnifique spectacle de la mer.

Tu es le jouet d'une illusion qui est commune à tous ceux qui se sont élevés en ballon.

— Comment cela? demanda Gédéon désormais rassuré.

— Parce que les bords de l'horizon, en général fort éloignés, nous paraissent continuellement à la hauteur de la trajectoire du navire aérien, et que nous avons en même temps une conception exagérée de la profondeur de la verticale, double apparence qui engendre l'aberration que tu viens de signaler.

— Je vous remercie et vais consigner l'observation. »

A six heures et demie, les côtes de la Corse, qui depuis quelque temps s'étendaient à l'est de la route suivie par l'*Arago*, disparaissaient entièrement, et celles de la Sardaigne commençaient à se montrer comme une ligne sombre perdue dans le sud-est.

Vingt minutes plus tard, les voyageurs embrassaient l'ensemble de l'île, qui s'étendait sur l'Océan comme un vaste quadrilatère.

Au moment où le ballon coupait le sud-ouest de l'île, plusieurs transports fendaient les airs avec une extrême rapidité. L'*Arago* ne put saluer que le *Lincoln*, arrivant de Rio-de-Janeiro et se dirigeant vers Constantinople.

Vers sept heures le navire était à la hauteur du *Neptune*, transport de grande dimension, chargé de voyageurs qui allaient passer la saison des bains sur la plage élégante de Livingstone.

L'*Arago*, sans accélérer sa vitesse, prit les devants.

« Nous arriverons avant le *Neptune*, qui marche à cinquante lieues à l'heure, » déclara M. Humphrey, qui en ce moment pénétrait dans le salon. Soudain, Guillaume Dryon, qui depuis un moment tenait sa lunette braquée dans la direction du sud, s'écria :

« Messieurs, la terre d'Afrique. »

Et il remit l'instrument au docteur, qui découvrit une longue bande jaunâtre qui s'étendait rapidement.

Terrier, ayant à son tour reconnu la côte africaine, tendit la longue-vue au jeune homme, qui le remercia en assurant que pour son compte il n'avait besoin d'aucun secours artificiel. Ses yeux de lynx, dont la puissance aurait lutté sans désavantage avec celle de l'astronome Struve, qui voyait à l'œil nu des étoiles de dixième grandeur, avaient déjà reconnu comme exacte l'affirmation de son arrière-petit-fils.

Le navire aérien continuait à dévorer l'espace avec la même rapidité, et le continent se déroulait peu à peu sous les regards des passagers.

Au moment où la terre ferme occupait une moitié de l'horizon, les voyageurs dominaient une grande ville dont les coupoles étincelaient sous les feux du soleil couchant.

« Nous sommes au-dessus de Bône, dit l'ingénieur, à qui l'historiographe assez embarrassé pour la continuation de son journal, avait demandé avis. Si nous nous élevions de quelques centaines de mètres, nous apercevrions à l'ouest Bougie et plus loin Alger, capitale de l'Afrique septentrionale. Du côté de l'orient, nos lunettes marines nous permettraient de plonger jusqu'à

Le continent se déroulait peu à peu.

Tunis, qui pendant l'hiver est occupée par une nombreuse colonie d'étrangers du nord de l'Europe. »

Gédéon s'empressa de consigner cette observation sur son album; mais, oubliant l'hypothèse de l'ingénieur, il orna son procès-verbal de quelques lignes sur l'aspect enchanteur que présentaient les anciennes capitales de la Tunisie et de l'Afrique française.

Qnelques minutes plus tard, l'*Arago* planait sur de hautes collines parallèles au rivage, et le rocher de Constantine était signalé au sud-ouest.

Vers huit heures, les passagers se trouvaient en face de la partie orientale de la chaîne de l'Atlas, qui paraissait se précipiter sur le ballon.

La hauteur du navire aérien fut portée à quinze cents mètres.

La température, qui jusqu'alors s'était régulièrement maintenue entre 20 et 21 centigrades, tomba brusquement à 16°.

Les voyageurs suivaient du regard la haute crête des montagnes qui tra-

Un plateau élevé dominait le nord de la ville.

versent le nord du continent, lorsque mademoiselle Dryon appela leur attention sur le lac algérien, qui, semblable à un immense miroir, se développait rapidement vers le sud.

Toutes les lunettes furent braquées dans la direction de la mer intérieure.

Un magnifique tableau se déroulait sous les yeux ravis des étrangers.

Encadré dans toute son étendue par des collines couvertes d'une végétation luxuriante, le lac resplendissait sous les rayons brûlants du soleil d'Afrique.

Plusieurs villes florissantes s'étendaient sur ses bords.

Tout à coup, les puissantes élytres qui soutenaient l'appareil parurent ralentir leur mouvement, et le ballon s'abaissa peu peu vers la surface des eaux.

Ils étaient maintenant à quelques centaines de mètres d'une superbe cité, couverte de palais splendides et entourée de parcs magnifiques.

Un plateau assez élevé dominait le nord de la ville. Le ballon, maintenu à trois cents mètres du sol, s'avançait lentement vers ce monticule. Cinq minutes plus tard, il descendait jusqu'à terre et touchait sans secousse les rails de l'embarcadère.

Quelques hommes, qui depuis un moment suivaient du regard les manœuvres du navire aérien, s'élancèrent vers les voyageurs.

L'ingénieur remonta au salon et pressa un ressort attaché à la paroi. La porte s'ouvrit lentement, pendant que l'escalier mobile se déroulait jusqu'à terre.

« Messieurs, nous voici arrivés à Livingstone, dit Guillaume Dryon. Nous allons descendre à ma villa, pendant que notre ingénieur donnera des ordres pour le départ de demain matin. »

M. Humphrey s'inclina, et les passagers mirent pied à terre.

CHAPITRE XXXIII

LA VILLE DE LIVINGSTONE

La caravane prit un chemin gazonné, qui descendait en pente douce jusqu'à une grande place demi-circulaire, d'où le regard pouvait embrasser la vaste nappe liquide du lac algérien.

L'animation était fort grande sur ce point de la ville. Un grand nombre de baigneurs de tout âge et de tout sexe se promenaient à l'ombre, sans s'éloigner d'un orchestre formidable, qui occupait le centre de la place et faisait par moments entendre de puissantes symphonies.

Sur les bords sablonneux du lac, plusieurs centaines de tentes multicolores, rangées avec symétrie, produisaient l'effet le plus pittoresque. D'élégantes embarcations sillonnaient en tous sens la surface des eaux.

L'agronome expliqua à ses hôtes comment la ville, fondée depuis trois siècles, avait pu prendre un grand développement, grâce à la douceur de son climat et à la beauté de ses environs.

« Il me semble que le nom de Livingstone, qui a le premier fait connaître l'Afrique australe et les régions voisines de l'équateur, eût été plus judicieusement adopté dans le sud, objecta Antius.

— Il y en a en Afrique quatre grandes cités qui portent le nom du célèbre explorateur, répondit Guillaume Dryon. On les distingue les unes des autres par leur situation géographique, et, si l'on n'avait redouté la confusion, il y en aurait plus de cent, car c'est le nom le plus vénéré du continent. »

Guidés par l'agronome, les passagers s'engagèrent sur le quai. A deux cents mètres de la place, leur hôte s'arrêta et montra à ses amis un magnifique jardin ombragé, dont la terrasse, couronnée par une longue balustrade de marbre blanc, dominait le lac.

« Messieurs, dit-il, nous sommes chez nous. »

Il s'avança vers la porte, qui était ouverte à deux battants, et signala son arrivée en pressant un bouton électrique, fixé sur l'une des colonnes de pierre qui ornaient l'entrée de la maison.

Un vieux serviteur accourut et s'inclina devant les passagers.

Une large allée qui s'enfonçait sous une voûte sombre de verdure conduisait à la villa. Les voyageurs se mirent en marche et en quelques minutes arrivèrent devant un escalier de marbre qui précédait le vestibule.

Les gens de la maison, rangés en bataille, attendaient le maître et ses invités. Deux jeunes filles s'empressèrent autour d'Éva, qu'elles conduisirent à son appartement.

Une heure après, tous les passagers, réunis sous un kiosque élégant, dressé sur la terrasse, entouraient une table somptueuse. Sous leurs yeux se déroulait un magnifique panorama.

Une double rangée d'élégantes maisons de campagne, encadrait les eaux bleues de la mer Algérienne, qui s'étendaient à perte de vue. Une flottille de bateaux de toutes formes et de tous systèmes sillonnait les bords du lac.

« Je conçois que ce séjour enchanté attire la société élégante des cinq parties du monde, dit Antius, ému par la splendeur du spectacle.

— Et les Français doivent être fiers de compter parmi leurs aïeux du dix-neuvième siècle le vaillant capitaine Roudaire, le promoteur infatigable des lacs algériens, ajouta le physicien.

— Nous en sommes fiers, en effet, répondit Guillaume Dryon. Je parle ainsi, car je suis d'origine française, comme le témoigne du reste la généalogie de ma famille, établie avec le plus grand soin, depuis mon vénérable ancêtre, Gédéon Cahusac. »

En entendant ces mots, Gédéon faillit s'étrangler. Il rejeta vivement la tête en arrière.

« Avez-vous avalé quelque arête, mon jeune ami? demanda l'hôte avec intérêt.

— Oui, Monsieur, et une fameuse ; mais, tant pis pour elle ! » répliqua le jeune homme, qui avait perdu la tête.

L'ancien Sahara.

Les deux savants s'empressèrent de détourner le cours de la conversation, qui était pleine de périls.

« Le désert que nous allons traverser demain, dit Antius, n'oppose plus aux voyageurs cette barrière infranchissable qui a séparé l'Afrique centrale de l'Europe pendant plus de cinquante siècles.

— Le désert ? fit l'agronome.

— Sans doute. Je parle de ces immenses plaines de sable, parsemées d'oasis, qui s'étendent du Nil au cap Bojador, et de Ghadamès à Tombouctou, embrassant près de cinquante degrés de l'est à l'ouest et plus de vingt du nord au sud.

— L'ancien Sahara, vous voulez dire, docteur.

— Oui, répliqua Antius, craignant de s'être trop avancé.

— Ce désert n'existe plus, dit Guillaume Dryon. Les sables mouvants, qui ont englouti tant de caravanes, reposent tranquillement sous dix mètres d'eau limpide, et la plupart des oasis sont des îles très fertiles et très florissantes. Vous n'ignorez pas que le Sahara était une ancienne mer desséchée. Il y a au moins quatre siècles que le génie de l'homme lui a rendu son état primitif, et c'est au merveilleux succès de la transformation des *chotts* qu'a été due l'initiative de cette œuvre gigantesque. »

Sur la demande des étrangers, l'agronome exposa dans un rapide tableau l'état politique, scientifique, industriel et commercial du continent africain. Il établit par des statistiques que les mers intérieures étaient le centre d'activité le plus fécond du monde entier.

Depuis un moment, les ombres de la nuit avaient envahi la surface du lac algérien, et les vagues, comme des écailles brillantes, scintillaient sous la pâle lumière de la lune.

Dryon donna le signal de la retraite, et, une heure plus tard, les passagers de l'*Arago*, retirés dans les somptueux appartements de la villa, dormaient d'un profond sommeil.

CHAPITRE XXXIV

A TRAVERS L'AFRIQUE

Au soleil levant, tout le monde était sur pied.

L'agronome fit transporter dans le navire aérien plusieurs paniers de vivres, dont la taille et le poids rassurèrent tous les esprits au point de vue de l'alimentation.

Malgré l'heure matinale, un déjeuner substantiel fut servi dans la salle à manger, et chacun des passagers prit du lest en quantité suffisante pour braver le voyage même sans renfort.

A sept heures Dryon et ses hôtes pénétraient dans le salon du transport. Cinq minutes plus tard, le ballon s'élançait de nouveau dans l'espace.

« Messieurs, dit l'agronome aux passagers réunis dans le salon, la distance qui nous sépare de l'extrémité nord du Tanganyka est exactement de douze cents lieues à vol d'oiseau. En conservant la vitesse que nous avons adoptée, la traversée durerait vingt heures ! mais je crois qu'en faveur de nos hôtes, qui ne connaissent pas l'Afrique centrale, nous ne devons pas nous soumettre absolument à la ligne droite. Nous nous porterons d'abord vers la région des grands affluents du Nil. D'autre part, comme, en voyageant la nuit, nous perdrions un grand nombre de tableaux fort intéressants, je proposerai de prendre ce soir nos quartiers de nuit à Kartoum, qui domine la sixième cataracte. Cette ville est à huit cent vingt-cinq lieues de nous, et nous l'atteindrons en moins de quatorze heures. »

Antius et ses compagnons, émus par cette nouvelle marque d'intérêt, formulée avec tant de bienveillance et tant de délicatesse, se confondirent en remerciements.

« Je promets à la bibliothèque de mon arrière-petit-fils une relation de voyage flamboyante, dit Gédéon en serrant fiévreusement son album. Quels hommes que ces Cahusac ! Celui-ci se condamne à faire un détour de trois cents lieues pour nous faire admirer les sources du Nil ! Quand on pense que dans le bon vieux temps le propriétaire le plus hospitalier aurait préféré voir ses hôtes se casser bras et jambes, plutôt que de lui prêter son cheval pour un voyage de dix kilomètres ! »

Il s'arracha à ces réflexions misanthropiques pour donner un coup d'œil sur la contrée.

Le lac algérien fuyait rapidement en arrière, et le golfe de Gabès, illuminé par les feux du soleil levant, brillait à l'horizon vers l'est.

Gédéon porta son fauteuil près du sabord qui s'ouvrait en avant de l'aérostat et un peu sur la gauche, position qui lui permettait d'embrasser un horizon fort étendu.

« A gauche, dit-il, nous voyons une suite de hautes collines qui depuis un moment courent du nord au sud et tournent maintenant à angle droit vers l'orient. Consultons le carnet. »

Le livret était muet sur ce point.

« Un oubli, » pensa-t-il.

Il était neuf heures et un quart lorsque le ballon rasa le sommet d'une montagne dont il cherchait vainement le nom.

« Oh, oh ! fit-il, est-ce que nous allons traverser toute l'Afrique sans avoir un mot à dire ? Ce serait désastreux pour la géographie contemporaine.

« Étourneau, s'écria-t-il, en se frappant le front, le carnet de notre jeune Éva est fait pour la ligne droite et non pour le chemin que nous suivons en ce moment. J'ai bien fait de m'en apercevoir, car j'allais commettre une série de bourdes, capables de faire sortir brusquement du cercueil MM. Levasseur, Cortambert et Élysée Reclus.

« Me voici maintenant dans une impasse funeste, dit-il au physicien, qui, surpris par ses allures, s'était doucement rapproché.

« Comment vais-je faire, mon cher maître, pour me reconnaître d'ici à Kartoum ? demanda-t-il.

— Comment as-tu fait jusqu'a présent ?

— J'avais un *guide-âne*, je l'avoue.

— Et il ne peut plus te conduire ?

— Non, » répondit simplement l'historiographe amateur.

Et il énuméra devant Terrier tous les services qui lui avait rendus l'agenda.

« Je vais te tirer d'embarras, » dit le savant, qui alla prendre sur la table du salon une carte du continent africain. Après l'avoir déployée, il traça au crayon une ligne droite de Livingstone à Kartoum et la divisa en treize parties égales correspondant aux treize heures de traversée, en réservant toutefois une fraction pour les quarante-cinq minutes complémentaires.

« Tes calculs, maintenant, se réduisent à la consultation fréquente de l'horloge, » ajouta-t-il en remettant la feuille au jeune homme.

Et il revint s'asseoir près de l'agronome.

Pendant ce dialogue, l'*Arago* courait sur une chaîne de montagnes qui séparaient la région tourmentée de la Tripolitaine des plaines du Fezzan.

A l'aide de longues-vues, les passagers purent constater que toute la contrée était au plus fort de la moisson. Des convois nombreux, remorqués par des machines électro-motrices, parcouraient les champs. A une heure, le ballon dominait de nouveau la plaine et passait à dix lieues d'un lac de verdure qui s'étendait sur le territoire occupé autrefois par l'oasis de Koufarah.

Quelques moments après, l'horizon du sud fut tout entier envahi par un vaste lac d'un bleu sombre qui couvrait de dix pieds d'eau l'ancien désert de Libye.

Le navire aérien coupa bientôt le zénith de Kebbah, devenue une ville industrielle de premier ordre, communiquant avec la Méditerranée par des canaux larges comme des bras de mer.

A deux heures, l'*Arago* avait perdu le rivage de vue. En ce moment, l'agronome, qui venait de consulter le cadran, annonça qu'il était temps de se mettre sérieusement à table, car on n'aborderait à Kartoum qu'à huit heures quarante-cinq minutes du soir.

La proposition fut accueillie avec faveur par tous les passagers. « Maintenant, Messieurs, ajouta-t-il, il faut nous servir nous-mêmes. Que chacun travaille au profit de tous. »

Tout le monde se mit à l'œuvre.

Pendant qu'Éva rangeait le couvert d'or massif dont le ballon était muni,

L'historiographe abandonnait ses hautes fonctions pour moudre du café.

Dryon dégageait une cave portative pleine de vins frappés, Antius sondait une énorme corbeille, dont il tirait des pièces froides où dominaient les conserves de cailles et de perdreaux, qu'il remettait dans les bras du physicien, et l'historiographe abandonnait ses hautes fonctions pour moudre du café.

« Les mânes de Van Ostade doivent tressaillir de joie devant ce tableau d'intérieur, » murmura-t-il.

Dix minutes plus tard, les passagers étaient réunis autour de la table et livraient assaut au dîner avec un appétit aiguisé par une traversée de cinq cent vingt lieues, à quinze cents pieds au-dessus du sol.

Le moka parfumé valut quelques compliments à Gédéon, qui eut la modestie de les rapporter au moulin de la famille. La conversation prit alors le tour le plus aimable et le plus enjoué.

Vers trois heures, l'ingénieur, qui avait quitté la table pour contrôler la marche du ballon, signala plusieurs transports qui se dirigeaient vers le nord et put faire échange de signaux avec l'un d'eux.

Le rédacteur du journal du bord put inscrire sur ses tablettes l'*Équateur*, portant une mission scientifique qui revenait de l'océan Glacial antarctique.

En quatre heures la terre ferme reparut. Une demi-heure plus tard, le navire aérien dévorait l'espace au-dessus des plaines de l'ancienne Nubie, exploitées en ce moment par une armée d'agriculteurs.

Vers six heures, l'agronome montra à l'extrême bord de l'horizon une ligne étroite et brillante.

« Voici le Nil, Messieurs, » dit-il.

Les étrangers se portèrent aux embrasures et tinrent longtemps leurs regards attachés sur le fleuve mystérieux qui avait été le berceau de la vieille civilisation égyptienne.

Sept heures sonnaient lorsque le ballon franchit les hautes collines qui dominaient l'ancien désert de Bahiouda. La nuit commençait à tomber, et le ballon avait allumé tous ses feux.

A huit heures, toutes les lunettes étaient braquées sur Kartoum, dont les foyers électriques illuminaient tout l'horizon vers le sud-est.

Quarante minutes plus tard, l'*Arago*, sous l'habile direction de l'ingénieur Humphrey, descendait doucement dans l'embarcadère de Kartoum, resplendissant de lumière.

Les voyageurs mirent pied à terre et se dirigèrent vers l'entrée du palais aérostatique.

En quittant la partie centrale de l'édifice, ils se trouvèrent sur une large promenade circulaire qui dominait la ville de deux cents pieds.

Accoudés à une balustrade de marbre rouge, ils furent d'abord témoins d'un spectacle magique.

La ville de Kartoum qui, s'étendait en avant, était sillonnée dans tous les sens par de magnifiques avenues qui partageaient la cité orientale en plusieurs quartiers.

Un grand nombre de promeneurs se portaient vers les deux quais qui bordaient, l'un le Nil Blanc, l'autre le Nil Bleu.

Le fleuve mystérieux qui avait été le berceau de la vieille civilisation égyptienne.

Plusieurs ponts monumentaux reliaient la ville à la campagne, couverte de villas dont les toits émergeaient de massifs de plantes tropicales.

De magnifiques avenues.

En amont les deux rivières s'écartaient sous un angle aigu et formaient deux lignes étincelantes qui couraient vers le sud.

Du côté du nord, la masse des eaux, désormais réunies, roulait ses flots écumants dans une vaste cataracte, dont le bruit sourd et profond couvrait la ville entière.

Guillaume Dryon arracha les étrangers à l'état extatique où la vue de ce superbe panorama les avait plongés.

Les passagers de l'*Arago* descendirent par un vaste escalier en face duquel flamboyait l'enseigne de l'*Hôtel du Nil*, immense et superbe édifice, qui, par un avis annexé à la porte d'entrée, apprenait aux voyageurs que l'établissement mettait à leur disposition des appartements, un restaurant, un café, une bibliothèque, des salles de bain, de lecture, de gymnastique, de conférences et de concerts.

L'agronome, en tête de la caravane, pénétra dans le vestibule et remit sa carte à un majordome, qui s'inclina profondément.

Vingt minutes plus tard, les passagers, qui avaient pris possession de plusieurs appartements, entraient dans une salle à manger grande comme une halle et ornée avec autant de goût que de richesse.

Plusieurs groupes de voyageurs, arrivés depuis peu et disséminés dans la vaste salle, achevaient leur repas. Par des lambeaux de conversation qui arrivaient jusqu'à eux, les voyageurs purent comprendre qu'un certain nombre d'ingénieurs et de chimistes se trouvaient parmi les hôtes de l'*Hôtel du Nil*.

Les voyageurs de l'*Arago* se trouvèrent bientôt seuls dans la salle à manger et causèrent assez joyeusement de la fin du voyage.

A dix heures, ils quittaient la table.

Désireux, après quatorze heures de suspension dans les airs, de fouler librement le sol, ils laissaient en souffrance une élégante calèche électrique que le majordome avait fait avancer à leur intention.

Suivant une large avenue de palmiers, ils descendirent dans la partie centrale de la ville et s'engagèrent sur un boulevard qui conduisait au Nil Bleu.

« Je suis véritablement surpris, murmura Gédéon, de n'avoir pas encore aperçu un véritable nègre. »

Tourmenté par cette anomalie apparente, il s'approcha du docteur et lui soumit la question.

Antius lui tourna le dos.

Le jeune homme se porta vers le physicien, qui, étudiant la carte céleste de cette latitude, marchait les yeux tournés vers le firmament, et pria le savant de le tirer d'embarras.

« Adresse-toi à ton oncle, répondit le professeur sans quitter du regard les constellations qui brillaient au zénith. En sa qualité d'anthropologue, il t'éclairera mieux que moi.

— Merci, j'en sors. Il m'a reçu comme d'ordinaire avec la grâce d'un sanglier.

Alors le physicien, redescendant sur la terre, expliqua longuement à son ancien élève comment, par la suite des temps, les signes caractéristiques des races tendaient à se fondre les uns dans les autres et par conséquent à disparaître. Il ajouta que par une sage loi de la nature les types se rapprochaient insensiblement du plus parfait, sans quoi la métamorphose eût été une calamité lamentable.

Joignant l'exemple au précepte, il lui rappela que chez la plupart des convives qui les entouraient dans la salle à manger de l'hôtel, un œil exercé pouvait aisément reconnaître le type africain. Le teint était généralement chaud et brun, la chevelure noire, la carrure musculeuse : mais on aurait vainement cherché, ajouta-t-il, ce nez aplati, ces cheveux crépus et cet angle facial caractéristiques qui distinguaient autrefois les enfants déshérités du vieux continent africain.

L'auditeur se déclara satisfait et promit d'annexer à son journal quelques réflexions de haute philosophie que lui inspirait le sujet.

Après une assez longue promenade sur le quai de la rive gauche du Nil Bleu, envahi par une foule élégante qui devenait de plus en plus compacte, Dryon et ses compagnons de voyage remontèrent vers l'hôtel.

Les passagers de l'*Arago* échangèrent quelques souhaits de bonne nuit et regagnèrent leurs appartements respectifs.

Le départ pour le Tanganyka avait été fixé à huit heures du matin.

CHAPITRE XXXV

AU CŒUR DE L'AFRIQUE

Les chambres-salons que l'administration du grand hôtel africain avait mises à la disposition des passagers regorgeaient de tous les objets de service intérieur que le rentier le plus méticuleux, le plus difficile et le plus sybarite eût pu désirer dans sa propre maison, et différaient singulièrement en ce point des cellules de nos caravansérails modernes, où le voyageur, entouré de murs tristes et nus, éprouve l'impression si pénible du vide et de l'abandon.

Le sommeil des passagers de l'*Arago*, bercés par le murmure sourd de la cataracte, fut calme et profond.

A sept heures, tout le monde était sur pied.

Sur le conseil de Guillaume Dryon, qui avait réuni tous ses hôtes dans le vestibule, les voyageurs pénétrèrent dans la salle à manger, où un déjeuner chaud et léger était servi.

A huit heures moins un quart, l'agronome et ses amis, arrivés au sommet de l'escalier qui donnait accès dans l'embarcadère, jetaient un dernier regard sur le merveilleux panorama de Kartoum et de ses environs.

Dix minutes plus tard, les six aéronautes franchissaient tour à tour d'un pas assuré l'escalier mobile, dont le palier communiquait de plain-pied avec le salon du transport.

Au moment où huit heures sonnaient à l'horloge du palais aérostatique, la coque métallique glissait sur ses patins et chassait en avant le navire aérien.

Vingt secondes ne s'étaient pas écoulées que l'*Arago*, suivant une ligne légèrement oblique, s'élançait vers le sud.

Gédéon avait repris son poste et chargeait son manuscrit de quelques observations qui avaient à ses yeux une haute importance.

Pendant une heure, le ballon suivit à peu près le cours du Nil Blanc en remontant vers la source, et les voyageurs, accoudés aux embrasures, purent constater que la campagne était soumise à cette culture exagérée qui tourmente habituellement le sol dans le voisinage des grandes cités.

Vers dix heures, l'agronome signala au levant le massif des montagnes de l'*Amarha*, qui brisaient la ligne circulaire de l'horizon.

Le Nil Blanc poursuivait maintenant une ligne sinueuse à dix lieues vers l'est.

A onze heures, le navire aérien franchissait le fleuve au point où il recevait les eaux de deux grandes rivières.

L'une, qui descendait du nord-ouest, avait dans son cours supérieur baigné les plaines du Darfour; l'autre venait directement de l'est. Celle-ci, à cinquante lieues en amont, s'infléchissait brusquement vers le sud, séparée des confluents directs de l'océan Indien par les montagnes du pays de Kaffa et la chaîne des Gallas.

Du côté de l'ouest la région était baignée par un riche réseau de rivières importantes et paraissait le siège d'un grand mouvement agricole et industriel.

A midi, l'*Arago* coupait encore le Nil Blanc et le laissait définitivement sur la gauche. Le sol s'élevait insensiblement vers les hauts plateaux, et la trajectoire du ballon fut légèrement déviée de bas en haut, direction qui lui permit de maintenir sa marche parallèle au sol.

A une heure de l'après-midi, l'agronome signala sur l'est Gondokoro, point presque imperceptible à l'œil nu, mais où les puissantes longues-vues purent reconnaître un amas d'édifices importants.

Le docteur aborda avec une certaine émotion l'histoire de cette contrée, qui pendant un siècle fut le terme des explorateurs des sources du Nil et devint la tombe des plus intrépides.

« En admirant d'ici ce magnifique réseau de chemins de fer et ces longs convois de denrées et de produits industriels remorqués par de rapides et puissantes machines électro-motrices, ajouta-t-il, on a peine à reporter sa pensée à dix siècles en arrière et à entrevoir la contrée nue et sauvage où des peuplades féroces se déchiraient entre elles ou accueillaient traîtreusement les missions scientifiques pour les égorger pendant le sommeil.

« Nous allons maintenant pénétrer dans l'ancien pays des Nyams-Nyams, hordes anthropophages, sur lesquelles les géographes anciens avaient établi les légendes les plus extraordinaires et auxquelles plusieurs d'entre eux attribuaient une queue semblable à celle qui orne certaine variété de singes, que ces indigènes ne dépassaient guère du reste au point de vue intellectuel. »

Le navire aérien voyait en effet se dérouler devant lui les vastes plaines dont le docteur venait de rappeler l'histoire sanglante.

A deux heures, l'horizon de gauche était rompu par la chaîne des montagnes Bleues, qui couraient du nord-est au sud-ouest sur une longueur de cent lieues.

Sur la demande de Guillaume Dryon, le ballon fut porté en quelques minutes à deux mille mètres d'altitude, et les passagers purent voir se développer à vingt lieues au levant la surface étincelante de l'Albert-Nyanza, dont la découverte, malgré l'activité des explorateurs, ne fut sérieusement établie que dans la deuxième moitié du dix-neuvième siècle.

« Voici, Messieurs, dit-il, le grand lac intérieur où vient se confondre le fleuve mystérieux dont la conquête géographique, comme nous le disait tout à l'heure le docteur Antius, a coûté tant de désastres.

« A dix lieues de son extrémité septentrionale, le lac reçoit le cours supérieur du Nil, qui à vingt lieues vers l'est s'infléchit brusquement vers le sud et remonte jusqu'aux montagnes qui séparent l'Uganda de l'Ounyoro. »

Vers trois heures, le navire aérien traversait la pointe sud-est de l'Albert-Nyanza, et le grand lac, long de soixante lieues sur une largeur moyenne de quinze, se développait dans toute sa splendeur à trois mille pieds au-dessus du niveau de la mer.

Grâce à la hauteur de deux mille mètres que l'ingénieur avait maintenue, les passagers de l'*Arago* pouvaient saisir dans le lointain les contours vagues du lac Victoria, qui, parsemé d'îles verdoyantes, couvre un territoire de soixante mille kilomètres carrés.

Pendant une heure, les deux grands lacs restèrent en vue du navire aérien.

A quatre heures, l'agronome signala en avant l'Alexandra-Nyanza, qui formait sensiblement une ellipse à foyers rapprochés, d'une largeur moyenne de dix lieues.

L'*Arago*, qui depuis une heure dominait les crêtes des montagnes Bleues, se trouvait en ce moment au-dessus des plateaux inférieurs, et son altitude fut ramenée à cinq cents mètres. La température remonta brusquement à 25° centigrades.

A quatre heures et demie le ballon passait à une lieue du lac Alexandra.

Quelques moments après, Guillaume Dryon, qui depuis un moment interrogeait l'horizon avec sa longue-vue, s'écria joyeusement :

« Messieurs, le Tanganyka ! »

Les voyageurs se rapprochèrent vivement de leur hôte, et, à l'aide des instruments, chacun d'eux put apercevoir dans le sud une légère tache bleue qui représentait l'extrémité septentrionale du fameux lac central.

Le navire aérien continuait à dévorer l'espace, et à cinq heures les passagers embrassaient du regard une immense étendue d'eau, dont les vagues formaient de brillantes écailles mobiles, resplendissantes sous les feux du soleil couchant.

Le panorama était féerique.

La vue s'étendait à la fois sur le bord oriental et le bord occidental de la mer Intérieure, qui dix siècles auparavant avait soulevé tant de polémiques et sur les bords de laquelle le voyageur Stanley, après quatre mois du plus pénible et du plus périlleux voyage, retrouvait le grand Livingstone malade et sans ressources. De nombreux cours d'eau se jetaient dans le lac, circonstance qui conduisit le célèbre explorateur à chercher l'effluent nécessaire, par lequel les eaux devaient s'écouler, problème dont la solution, vainement poursuivie, eût été le couronnement glorieux de toute une existence consacrée à la science et à l'humanité.

De magnifiques cités s'élevaient sur ces bords autrefois déserts, dont le

L'agronome et ses nouveaux hôtes se mirent en marche vers le palais

silence n'était troublé que par les cris de guerre des hordes ennemies, se ruant le javelot en main les unes sur les autres.

A cinq heures, l'*Arago* passait comme une flèche sur les faubourgs d'Ouvira, ville superbe, dont le port magnifique rivalisait d'étendue et d'importance avec celui d'Oudjdji, la grande cité de l'Afrique équatoriale.

Vingt minutes plus tard, Éva jetait un cri de joie en désignant à son père un amphithéâtre de hautes collines, couvertes de forêts, qui rompaient le cercle de l'horizon du côté du sud.

Le ballon courait maintenant à six cents pieds du sol, et bientôt les étrangers, armés de longues-vues, purent apercevoir le profil d'un immense palais de marbre blanc, dressé au sommet d'une colline verdoyante et abrité contre les vents torrides de l'équateur par une haute montagne couverte de bois, dont le ballon suivait le contour.

« Messieurs, dans cinquante minutes nous serons dans l'embarcadère du palais, » dit l'agronome en montrant à la hauteur de l'édifice une plate-forme dominée par un sémaphore, qui agitait un pavillon.

A mesure que le navire aérien approchait de sa destination, les voyageurs découvraient une admirable contrée où la nature semblait avoir répandu toutes ses richesses.

Des fermes grandes comme des villages, établies sur les bord de rivières artificielles, qui roulaient leur onde pure au milieu de prairies couvertes de troupeaux, montraient leurs toits de brique rose à travers les éclaircies du feuillage des arbres géants de l'Afrique centrale.

Les magnificences du palais se déroulaient progressivement devant les yeux éblouis des étrangers.

Les mouvements du sémaphore avaient dû signaler l'arrivée des maîtres de la maison, car de nombreux serviteurs de tout sexe couvraient la terrasse du palais et suivaient avec attention le vol rapide du ballon.

A mille mètres de la station aérostatique, le navire aérien modéra peu à peu sa vitesse et, courant sur l'horizontale, vint en quelques secondes s'asseoir sur les rails de l'embarcadère.

L'équipe de service se précipita vers le marchepied et les passagers de l'*Arago* mirent pied à terre.

Les saluts et les félicitations pleins de franchise et de sympathie qui accueillirent Guillaume Dryon et sa fille émurent doucement les étrangers.

A l'extrémité de la voie s'ouvrait un large chemin gazonné qui conduisait à l'habitation.

L'agronome et ses nouveaux hôtes se mirent en marche vers le palais et descendirent sur la terrasse, où les maîtres de la maison durent recevoir de nouveaux témoignages de dévoûment.

Guillaume Dryon présenta hautement Antius et ses compagnons comme les hôtes définitifs du palais, et chargea son intendant de leur faire préparer sur l'heure un appartement très confortable dans le voisinage de la bibliothèque.

Les étrangers purent alors admirer de près toutes les merveilles de l'édifice qui présentait à l'est, dans la direction du Tanganyka, un front de six cents colonnes de porphyre étagées et soutenant des balcons de marbre sculpté.

La vue d'un observatoire élevé de vingt mètres au-dessus du toit plongea le physicien dan le ravissement.

En avant de la terrasse, une route de vingt mètres de large, bordée d'arbres d'essence précieuse, descendait les rampes de la colline et à trois mille mètres rejoignait les hautes berges du Tanganyka.

La splendeur du paysage frappa vivement Gédéon.

« Après la plume le pinceau, » dit-il en serrant convulsivement son album, oubliant que son développement artistique n'avait pas franchi la limite où le débutant doit mettre prudemment une légende explicative au bas du tableau, s'il tient à ce que l'on sache ce qu'il a voulu peindre.

Quelques minutes plus tard, les étrangers prenaient possession de leurs appartements, où une main prévoyante avait accumulé tout ce qui peut être agréable sans préjudice de ce qui peut être utile.

Sept heures sonnaient lorsque les passagers se réunirent autour d'une table aussi somptueuse que celle de la place des États.

Après un repas égayé par une conversation pleine de charme, de gaieté et de sympathie, tous les convives descendirent s'asseoir sur la terrasse, sous les rayons argentés de la pleine lune.

A neuf heures, les groupes se séparèrent.

Antius et ses compagnons regagnèrent leur pavillon.

En pénétrant dans sa chambre à coucher, le docteur ne put contenir un cri d'admiration reconnaissante, en voyant étendu sur son oreiller un superbe bonnet de nuit, digne de coiffer un roi de Babylone.

Avant de monter à l'assaut d'un lit haut comme un mausolée égyptien, Terrier se demanda avec inquiétude :

« Comment allons-nous aborder nos travaux scientifiques ? »

De son côté, Gédéon, donnant un dernier coup d'œil sur la campagne baignée par la douce lueur de l'astre des nuits, se demanda tout haut :

« Que faut-il être ? poncif ou impressionniste ? »

Une heure plus tard, le dieu du sommeil couvrait de son manteau tous les habitants du palais africain.

CHAPITRE XXXIV

CONCLUSION

Les habitants du quartier Montparnasse n'oublieront certainement pas de longtemps les événeménts mémorables qui marquèrent la matinée du 15 juin 1880.

Ce jour-là, à sept heures et demie du matin, une dame respectable, entourée de la sympathie et de la considération générales, madame Madeleine Boquet, gouvernante depuis vingt-cinq ans du célèbre médecin Antius, une des sommités de l'arrondissement, s'était précipitée hors de la maison de son maître, en jetant de grands cris, et s'était élancée vers le carrefour de l'Observatoire.

Il est reconnu que le premier témoin de ce fait, déjà extraordinaire, fut le plus proche voisin du docteur, l'épicier Collardot, homme important et dogmatique, qui, en ce moment, se tenait les bras croisés sur le seuil de sa boutique, attendant la clientèle.

A la vue de la vieille dame courant de toute la force de ses vieilles jambes et poussant des cris inarticulés, l'estimable commerçant ne put s'empêcher de dire à ses trois commis, rangés derrière lui :

« Pour sûr, il y a du nouveau chez le docteur. »

A quinze pas de distance, M. Camuzet, fabricant de maroquins et membre du Conseil des prud'hommes, planté au milieu de la rue, le nez en l'air, pour reconnaître si le temps serait favorable à une partie de campagne longuement débattue en famille, avait failli être renversé par la vieille gouvernante, qui avait passé outre sans s'excuser.

Un troisième témoin, le fabricant d'ornements funéraires, Balochard, dont le nom jurait peut-être avec la profession, mais était d'autre part surabondamment justifié par la jovialité du caractère, n'avait pu garder ses impressions pour lui seul et était allé rejoindre les deux industriels ci-dessus mentionnés, qui déjà se livraient à toutes sortes de conjectures.

Quelques clients de l'épicier, arrivés depuis un moment, s'étaient mêlés à la conversation, et, malgré le calme habituel de ce paisible quartier, les passants s'arrêtant les uns après les autres, un groupe important s'était bientôt formé au milieu de la rue.

Comme il arrive toujours en pareil cas, toutes les suppositions, depuis les plus simples jusqu'aux plus extravagantes, n'avaient pas tardé à se faire jour.

Contrairement à l'aphorisme qui prétend que de la discussion jaillit la vérité, un quart d'heure plus tard, la cause originelle du rassemblement, noyée dans les suppositions et surtout dans les affirmations successives, avait été entièrement oubliée.

Une oreille exercée, qui aurait pu saisir à la fois toutes les conversations qui s'agitaient dans sept à huit groupes séparés, aurait pu entendre un curieux spécimen des élucubrations qui naissent chaque jour dans les attroupements de la voie publique.

« A-t-on au moins arrêté les assassins? demandait un petit rentier timide, qui allait faire sa promenade habituelle sous les marronniers du Luxembourg.

— On en a arrêté quatre, répondit avec aplomb un perruquier du voisinage, qui, le rasoir en main, avait laissé en souffrance un client savonné jusqu'aux sourcils.

— On dit qu'ils sont une quarantaine dans cette bande, fit un troisième.

— Est-ce qu'il y a un crime? interrogea un nouvel arrivant.

— J'en ai peur, formula un garçon boucher.

— On aperçoit d'ici la fumée, observa quelqu'un dans le groupe voisin.

— Il y a déjà deux pompiers blessés, ajouta son vis-à-vis.

— Tout comme je vous vois, Monsieur, disait ailleurs un rapin, j'ai vu le cheval entrer dans la boutique.

— On ne sait pas qui a commencé, vous dites. Voilà qui va embarrasser le commissaire.

— Il n'y a qu'un parti à prendre : faire abattre tous ceux qu'il a mordus, » proposa un homme qui n'y allait pas par quatre chemins.

Lorsque les commentaires furent épuisés, la foule se dispersa peu à peu, et vingt minutes plus tard il ne restait en présence qu'une demi-douzaine d'épilogueurs, qui avaient fait dériver la conversation sur le ministère.

D'un autre côté, le marchand de couronnes, qui était resté en faction sur la porte de l'épicier, appela ce dernier, qui, la plume à l'oreille, s'empressa d'accourir.

« Je viens de voir passer la mère Boquet et le docteur Dulaurier, dit Balochard.

— Vous le connaissez donc? demanda son interlocuteur.

— Si je le connais ! Un homme qui fait si bien marcher mon commerce ! »

Le voisin Camuzet, qui interrogeait le ciel de nouveau, fut hélé par ses deux amis, et, après avoir tenu conseil, les trois commerçants déclarèrent à l'unanimité que non seulement le voisinage et la solidarité, mais encore l'estime profonde qu'ils professaient pour la maison du docteur Antius, leur faisaient un devoir d'aller s'informer directement des événements qui avaient mis tout le quartier en émoi.

En conséquence, ils se dirigèrent vers la maison du docteur, suivis à distance par le groupe de flâneurs.

Arrivé devant la porte, qui était entr'ouverte, l'épicier entra bravement dans le jardin et fut suivi par le maroquinier, qui hésita un moment, mais fut porté en avant par une vigoureuse poussée du marchand d'emblèmes funéraires. A peine ce dernier eut-il franchi le seuil, qu'il ferma brusquement la porte au nez de l'arrière-garde.

Les trois hommes, arrivés au bout de l'allée, pénétrèrent dans la maison, qui paraissait déserte. Après être restés un moment indécis, il furent tout à coup orientés par la voix de madame Boquet. Ils traversèrent le corridor et gagnèrent la cour intérieure.

Les trois négociants aperçurent alors le docteur Dulaurier, qui, se haussant sur ses jambes d'échassier, plongeait à travers les vitres un regard attentif dans le laboratoire du célèbre médecin.

En entendant les pas des nouveaux venus, la gouvernante avait tourné la tête, et, au moment où l'estimable épicier allait, dans un discours bien senti, expliquer sa présence et celle de ses compagnons, elle dit en sanglotant :

« Ah, mes bons voisins, si vous saviez quel malheur vient de frapper notre quartier ! Mon pauvre maître et ses deux amis sont morts cette nuit. Ils sont tous les trois enfermés dans le laboratoire. Et dire que je ne m'en suis aperçue que ce matin en allant réveiller monsieur. J'ai trouvé la chambre vide, et…..

— Madame Boquet, interrompit Dulaurier, il faut entrer là dedans, quoique la porte soit fermée à l'intérieur. Nous n'avons pas le temps d'aller chercher un serrurier. Peut-être est-il encore temps de les sauver. Je vais briser un carreau et ouvrir la fenêtre. Un de ces messieurs entrera et ouvrira la porte. Quel est celui qui voudra bien tenter l'escalade ?

— Moi, s'écria le brave Balochard. C'est bien le moins que je puisse faire pour la médecine.

Sur cette assurance, le docteur, avec sa clef, brisa la vitre, qui vola en éclats. Puis, passant la main à l'intérieur, il fit jouer l'espagnolette et poussa les deux montants. La fenêtre s'ouvrit brusquement.

Le médecin se pencha en avant, et, après avoir largement dilaté son nez monumental, qui plongeait dans la salle, il dit avec calme : « Il n'y a aucun gaz délétère dans cette pièce. »

Balochard, dont la tête atteignait à peine le bord de la fenêtre, fut vigoureusement hissé sur l'entablement. Mais, à peine eut-il jeté un coup d'œil dans l'intérieur du cabinet, qu'il faillit être renversé en arrière par l'émotion soudaine que lui causa le spectacle qui s'offrit à ses yeux.

Trois hommes exsangues, immobiles et les traits violemment contractés, étaient renversés dans de larges fauteuils. Auprès d'eux, une grosssse lampe de cuivre, allumée sans doute depuis longtemps, achevait de s'épuiser, en jetant un reflet jaunâtre sur ce funèbre tableau.

Après un moment d'hésitation, le commerçant sauta courageusement sur les dalles et courut ouvrir à ses compagnons.

Camuzet et Collardot hasardèrent un regard et reculèrent d'épouvante.

Dulaurier, qui en avait bien vu d'autres, se précipita vers les trois victimes qu'il examina tour à tour.

« Dieu soit loué, cria-t-il tout à coup. Nos amis se portent à merveille. »

Quoiqu'elle leur parût exagérée, cette opinion causa une joie immodérée à tous les assistants.

La vieille Madeleine se jeta à genoux en remerciant la Providence, pendant que le fabricant de couronnes esquissait un pas de haute fantaisie.

Rassurés par l'exclamation du docteur, l'épicier et le marchand de maroquins étaient entrés à leur tour.

« Maintenant, il faut les rappeler énergiquement à la vie, déclara le médecin.

— S'il s'agit d'une opération, je m'en vais, car je me trouverais mal, avoua ingénûment Camuzet.

— Il suffit de leur mouiller la tête fortement et sans relâche, fit Dulaurier. Ils sont tous les trois sous le coup d'une congestion qui dure depuis longtemps et qui aurait bien pu avoir un résultat funeste.

Et il envoya la gouvernante chercher des linges et de l'eau froide.

« Que diable ont-ils pu avaler pour se trouver dans cet état, se demandait le docteur. Chez le plus agité, l'artère n'a pas soixante pulsations. Pourquoi se tiennent-ils par la main ? Il y a là-dessous un mystère qui m'intrigue au plus haut degré. »

Madame Boquet venait de rentrer avec trois nappes et deux cruches pleines.

Dulaurier assigna à chacun son poste. Sur son ordre, Collardot couvrit la tête d'Antius avec le linge préalablement trempé dans l'eau fraîche, Camuzet et Balochard appliquèrent le même topique, le premier au physicien, l'autre à Gédéon.

La gouvernante tendait tour à tour un verre plein aux trois opérateurs, qui en peu de temps entretenaient avec conscience une triple cascade.

Au bout d'un quart d'heure, les mains se détendirent, phénomène qui parut d'un bon augure au docteur. Une demi-heure plus tard, Gédéon poussa un profond soupir et entr'ouvrit les yeux, qu'il ferma immédiatement en murmurant des mots inintelligibles. Le jeune homme se renversa de côté et parut s'endormir profondément.

Peu de temps après, Terrier et Antius présentèrent exactement les mêmes symptômes.

Le praticien suspendit les douches et put constater que, chez les trois malades, le nombre des pulsations avait regagné son échelle normale.

« Ils dorment paisiblement, dit-il. J'estime que dans une demi-heure on pourra les réveiller sans danger. »

Les commerçants s'écartèrent et allèrent s'asseoir sur la table du laboratoire. Là, ils purent échanger à voix basse les réflexions que leur suggérait l'événement extraordinaire qui se passait sous leurs yeux.

Madame Boquet, suffoquée par l'émotion, couvrait du regard les trois convives de la veille.

Vingt minutes s'étaient à peine écoulées, lorsque Gédéon tendit les jambes en avant, ouvrit brusquement les yeux et, sous l'empire d'une hallucination singulière, s'élança vers une jarre pleine de sulfate de cuivre, qu'il enleva et serra contre sa poitrine en s'écriant :

« Éva, mon enfant, nous ne nous quitterons plus. »

Sans dire un seul mot, Dulaurier alla saisir le bras du jeune homme, qui ne fit aucune résistance, et se laissa docilement conduire à son fauteuil, sur lequel il retomba lourdement sans lâcher sa cruche.

Peu après, à la stupéfaction croissante des braves bourgeois, qui avaient déjà été fortement étonnés par la scène précédente, Antius se redressa sur ses pieds en criant avec colère :

« Cet imbécile va-t-il passer sa vie à faire sur la toile des plats d'épinard ? »

Et il se renversa en arrière sur son siège.

« Que diable va dire le troisième ? » fit Balochard.

La réponse ne se fit pas longtemps attendre.

Le physicien, après avoir lentement passé la main sur son front, agita doucement les lèvres.

« Quel peut être en force vive le rendement de l'hydrogène liquéfié ? » murmura-t-il.

« Rassurez-vous, Messieurs, dit le docteur aux obligeants voisins, ceci est la fin de quelque formidable cauchemar. Il n'y a plus rien à redouter quant à l'état de ces messieurs ; dans une demi-heure au plus tard, ils seront sur pied, Il nous reste à vous remercier sincèrement pour vos bons offices. »

Les estimables commerçants ne se retirèrent qu'après la promesse formelle qu'on leur fit de les rappeler en cas d'alerte, et promirent au médecin de garder un silence profond sur ce qu'ils avaient vu.

Le secret fut si bien gardé, que le même soir, dans un rayon de cinq cents mètres, de la loge aux mansardes, on ne parlait que de l'accident, avec toutes les variantes et tous les commentaires habituels. Deux heures après, Dulaurier, Antius, Terrier et Gédéon, attablés dans la salle à manger, livraient assaut au merveilleux festin que madame Boquet avait préparé pour célébrer la résurrection.

ÉPILOGUE

Le rapide voyage qu'ils venaient de faire dans le monde futur avait diversement impressionné les trois héros de cette histoire.

Dès le jour même, le physicien, sous l'empire d'une préoccupation profonde, rentra dans son laboratoire et couvrit de formules de mécanique deux grandes feuilles de papier bristol. Le lendemain, secondé par le jeune Rastoin, son préparateur, il établit un puissant appareil destiné à la liquéfaction de l'hydrogène. Il était huit heures lorsqu'il sortit de son cabinet. A dix pas de sa porte, il s'arrêta brusquement au milieu de la rue en se frappant le front.

« La solution du problème de la navigation aérienne est là ! » s'écria-t-il.

Le jeudi suivant, Antius fréquemment interrompu par les applaudissements, lisait devant l'Académie un rapport très remarquable, qui traitait de l'action particulière de certains alcaloïdes végétaux sur les centres nerveux.

Le lendemain, il recevait la visite de Gédéon, qui s'avança vers lui d'un pas grave et compassé.

« Mon oncle, dit le jeune homme, le séjour que nous venons de faire dans un monde où chacun est honnête, bon, laborieux et instruit m'a conduit à une résolution sincère. Je veux devenir un homme sérieux. »

Le docteur, convaincu que son neveu préparait, pour une escarmouche d'un nouveau genre, quelque assaut à son portefeuille, se contenta de sourire.

« Au mois de novembre, poursuivit froidement le jeune homme, je me ferai inscrire à la Faculté de droit.

Antius releva la tête.

« Et dès demain j'entre comme clerc chez Mᵉ Desiflard. »

Il s'arrêta brusquement en se frappant le front.

Les sourcils du docteur se contractèrent.

« Il a besoin d'une forte somme, » pensa-t-il.

« Eh bien, mon garçon, que puis-je faire pour toi ?

— M'accompagner chez votre notaire et vous porter garant de ma conduite. »

Le ton sérieux du jeune homme fit quelque impression sur le savant.

« Je te prends au mot, dit-il. Au reste, il faut battre le fer pendant qu'il est chaud. »

Ils sortirent.

Deux heures après, M° Desiflard, convaincu à son tour, donnait rendez-vous à son nouveau clerc pour le lendemain.

Huit heures sonnaient à l'École des mines lorsque Gédéon vint prendre place devant son pupitre. Il déploya gravement une paire de manches de lustrine et fit jouer deux fois le bec de sa plume sur l'ongle de son index.

Au bout d'une quinzaine, le premier clerc dit d'un ton d'oracle : « M. Cahusac fera un parfait notaire. »

La certitude de cette prédiction flatteuse s'accrut de jour en jour par l'exactitude chronométrique et le zèle infatigable que le futur tabellion apporta dans ses nouvelles fonctions.

Sa garde-robe fantaisiste, qui naguère avait le privilège de faire hausser subitement d'une octave le ton glapissant des brocanteurs d'habits qui passaient sous ses fenêtres, avait été philanthropiquement portée à l'asile de nuit le plus voisin.

Sévèrement vêtu de noir de la tête aux pieds, le clerc modèle avait adopté sans peine cette gravité de maintien et de langage qui constituent l'ornement essentiel du notariat.

Tout en franchissant régulièrement les diverses étapes de l'étude, il suivait rigoureusement les cours de l'École de droit, et les professeurs le comptaient parmi les plus méritants de la phalange aussi honorable que restreinte des grands travailleurs.

Il venait de remporter le premier prix de droit romain lorsque maître Desiflard lui confia le poste difficile de premier clerc.

Notre héros fut à la hauteur de la situation. La remarquable aptitude pour les affaires, qui s'était développée si miraculeusement chez lui, préserva en maintes circonstances les capitaux de ses clients des embûches de toute espèce dont le monde de la spéculation est hérissé.

Il était devenu l'oracle du quartier.

Choisi comme arbitre dans plusieurs affaires importantes, sa sagacité, son impartialité et son esprit de conciliation, avaient toujours ramené la paix entre les parties adverses, qui se trouvaient ainsi écartées de l'engrenage meurtrier de la procédure, et du contact périlleux des trois hommes de loi dont il avait autrefois tracé le portrait avec tant de verve et d'humeur comique.

Un an plus tard, Gédéon descendait l'escalier de l'École de droit, chargé des félicitations de ses professeurs, qui venaient de lui conférer la licence.

Antius, émerveillé, ne savait à quelle cause attribuer la révolution profonde qui s'était opérée dans la vie du jeune homme. Un jour cependant, après avoir longtemps réfléchi sur ce sujet, il s'écria :

« J'ai trouvé ! Mon neveu a réellement vieilli de mille ans. » D'un autre côté, mademoiselle Dorothée Desiflard, jeune fille douée de tous les charmes et de toutes les qualités, avait déjà, depuis un an, nettement refusé quatre prétendants successifs, et passait pour une héritière très fantasque, lorsque un incident mit à jour un double mystère que personne ne soupçonnait.

Au milieu d'une brillante soirée donnée chez le notaire, la jeune fille, ayant constaté que Gédéon invitait pour la quatrième fois une veuve entre deux âges, fut prise d'une violente crise, que l'on attribua à la chaleur de l'appartement.

Le jeune avocat donna immédiatement de telles marques d'inquiétude, que maître Desiflard, tout en courant vers sa fille, qu'on transportait hors du salon, ne put s'empêcher de murmurer avec satisfaction :

« Allons, je pourrai bientôt me reposer ; l'étude sera en bonnes mains. »

La jeune fille reprit rapidement ses sens.

« Cette petite indisposition avait singulièrement effrayé notre excellent premier clerc, lui dit tout à coup son père.

— Il est bien bon de s'occuper de moi, répliqua la jeune demoiselle d'un ton sec.

— Les parties sont parfaitement d'accord, s'écria le notaire en riant. Je vais m'occuper du contrat. »

Un mois après, une foule brillante assistait au bal de noces des deux jeunes gens.

Pour cette solennité, Antius avait arboré la brillante cravate de commandeur qu'il avait reçue du ministre de l'instruction publique, et Terrier avait apposé au bas de sa signature le titre de membre de l'Académie des sciences.

« Eh bien, mon enfant, demanda tout à coup le docteur au nouveau marié que ferons-nous de mon premier petit-neveu, un médecin ou un notaire ?

— Ou un physicien? ajouta le professeur.

— Non, Messieurs, répondit maître Gédéon Cahusac, un géographe... *c'est écrit !*

TABLE DES MATIÈRES

PREMIÈRE PARTIE

LE SECRET DU DOCTEUR ANTIUS

CHAPITRE PREMIER
Un savant dans l'embarras. 1

CHAPITRE II
Le neveu d'Antius. 7

CHAPITRE III
Coup d'œil rétrospectif sur les trois héros de cette histoire. . . , ... 13

CHAPITRE IV
Inter pocula. 19

CHAPITRE V
Incident académique. 25

CHAPITRE VI

Première expérience. 31

CHAPITRE VII

Cas d'ubiquité. 37

CHAPITRE VIII

L'épreuve. 47

DEUXIÈME PARTIE

MILLE ANS APRÈS

CHAPITRE PREMIER

Résurrection. 53

CHAPITRE II

Étonnement réciproque. 59

CHAPITRE III

Dépêches officielles de 2880. 69

CHAPITRE IV

Un monument utile. 81

CHAPITRE V

Heureux incident. 87

CHAPITRE VI

L'école. 93

CHAPITRE VII
Le maître d'école. 103

CHAPITRE VIII
Le téléphone et le phonographe. 113

CHAPITRE IX
Paris en 2880. 119

CHAPITRE X
Cave et cuisine modèles. 128

CHAPITRE XI
Le railwao atmosphérique. Le fleuve. 139

CHAPITRE XII
Le lac. 147

CHAPITRE XIII
Un vieux souvenir. 153

CHAPITRE XIV
Meubles et tentures. 163

CHAPITRE XV
Le réveil. Le muséy. La bibliothèque. 171

CHAPITRE XVI
Un procès en 2880. 191

CHAPITRE XVII
Deux antiquaires. 199

CHAPITRE XVIII
La presse du nouveau monde. La maison commune. 211

CHAPITRE XIX
Discours des deux savants. 227

CHAPITRE XX
Conférence humoristique. 245

CHAPITRE XXI
Le musée des antiques. 263

CHAPITRE XXII
Antiquités excentriques. 271

CHAPITRE XXIII
Le Pont-Neuf. Questions météorologiques. Le Gulf-stream. 287

CHAPITRE XXIV
Les Halles. 301

CHAPITRE XXV
La Nécropole 311

CHAPITRE XXVI
L'impôt-assurance. 321

CHAPITRE XXVII
Une école modèle. 325

CHAPITRE XXVIII
L'Académie des sciences. 331

CHAPITRE XXIX
Le palais de l'opulence. 343

CHAPITRE XXX
Résolutions funestes. Un coup de foudre. 357

TABLE DES MATIÈRES

CHAPITRE XXXI
Témoignages expansifs. 369

CHAPITRE XXXII
Le ballon. 379

CHAPITRE XXXIII
La ville de Livingstone. 401

CHAPITRE XXXIV
A travers l'Afrique. 405

CHAPITRE XXXV
Au cœur de l'Afrique. 415

CHAPITRE XXXVI
Conclusion. 427

ÉPILOGUE 437

CORBEIL. — Typ. et stér. B. RENAUDET.

www.ingramcontent.com/pod-product-compliance
Lightning Source LLC
Chambersburg PA
CBHW070220240426

43671CB00007B/713